Victor Langlois

Numismatique générale de l'Arménie

Anatiposi

Victor Langlois

Numismatique générale de l'Arménie

Réimpression inchangée de l'édition originale de 1859.

1ère édition 2023 | ISBN: 978-3-38274-462-5

Anatiposi Verlag est une marque de Outlook Verlagsgesellschaft mbH.

Verlag (Éditeur): Outlook Verlag GmbH, Zeilweg 44, 60439 Frankfurt, Deutschland
Vertretungsberechtigt (Représentant autorisé): E. Roepke, Zeilweg 44, 60439 Frankfurt, Deutschland
Druck (Imprimerie): Books on Demand GmbH, In de Tarpen 42, 22848 Norderstedt, Deutschland

BIBLIOTHÈQUE HISTORIQUE

ARMÉNIENNE

OU

CHOIX DES PRINCIPAUX HISTORIENS ARMÉNIENS

TRADUITS EN FRANÇAIS

ET

ACCOMPAGNÉS DE NOTES HISTORIQUES ET GÉOGRAPHIQUES

Collection destinée à servir de complément aux Chroniqueurs byzantins et slavons,

PAR

M. EDOUARD DULAURIER

Professeur à l'Ecole impériale des Langues orientales vivantes.

NUMISMATIQUE GÉNÉRALE DE L'ARMÉNIE

PAR

VICTOR LANGLOIS

PARIS

C. ROLLIN, LIBRAIRE-ÉDITEUR,   A. DURAND, LIBRAIRE-ÉDITEUR,

12, rue Vivienne.   7, rue des Grés-Sorbonne.

LONDRES

M. CURT, 125, Great-Portland street, Regent street.

M DCCC LIX.

5 5

NUMISMATIQUE GÉNÉRALE

DE

L'ARMÉNIE

PAR

VICTOR LANGLOIS

Membre de l'Académie Impériale d'Archéologie de Saint-Pétersbourg,
de l'Institut des Langues orientales de Moskou , associé - correspondant de l'Académie Royale
des Sciences de Turin ; chargé par le Gouvernement français de l'exploration scientifique
de la Petite-Arménie pendant les années 1852-53.

INTRODUCTION.

§ Ier. PROLÉGOMÈNES.

Les origines de l'histoire d'Arménie, comme celles des autres empires de l'Asie, sont enveloppées d'épaisses ténèbres. Pendant longtemps, la tradition orale seule put transmettre les événements du passé aux générations successives et, de bonne heure, l'oubli vint effacer les traces, si défectueuses déjà, de la plus ancienne histoire.

Cependant, quelques-unes de ces voix primitives ont pénétré jusqu'à nous. Les traditions orales ont fini par trouver des écrivains, et quoiqu'elles aient été altérées dans cette transmission séculaire, quoique le symbolisme qui les enveloppe les rende souvent obscures et inintelligibles, quoiqu'elles présentent des lacunes nombreuses et quelquefois des vides qu'il est impossible de combler, elles nous permettent néanmoins de suivre la ligne des événements accomplis dans le passé et de retracer les phases principales de l'activité de la nation haïcienne.

L'Arménie, dans son enfance, était une tribu, seule forme patriarcale des premières sociétés humaines qui se sont formées sur la terre. Si nous voyons une longue suite de rois, depuis Haïg, le fondateur de la première dynastie arménienne, jusqu'au dernier monarque de la race, c'est que la tribu arménienne ne vivait pas, et, par conséquent, ne pouvait pas mourir. Elle végéta de la sorte pour se transformer plus tard, sous les rois de la deuxième dynastie, rois étrangers à l'Arménie, et qui tiraient leur ori-

a

gine des Parthes Arsacides. Semblable à ces zoophytes que l'on brise sans les détruire, et dont chaque partie, une fois qu'elle est détachée, devient elle-même un tout complet, la tribu arménienne se divisa, sans cependant cesser d'exister. Ainsi, les conquêtes des Assyriens, des Perses, des Romains, et, plus tard, des Grecs et des Arabes, la division de son territoire, n'enlevèrent pas à l'Arménie son homogénéité ; car, en la divisant, elle se partagea pour se multiplier. Et, tandis que nous voyons les grands empires de l'Asie, qui ont été si puissants, disparaître de la face du monde, comme un navire que la mer a englouti, nous voyons, au contraire, la nation arménienne résister à tout, même au temps qui n'épargne rien. Il reste aujourd'hui bien peu de nations qui vivent encore, quoique asservies et divisées, et qui n'aient jamais perdu un seul instant le souvenir de leurs annales, de leur grandeur passée et de leur nationalité. Le gouvernement de l'Arménie était constitué de telle sorte, son organisation était ainsi faite, qu'il atteignit la perfection : cette perfection consista moins à vivre beaucoup qu'à vivre longtemps.

L'histoire de l'Arménie, comme celle de tous les peuples qui prennent leur rang dans le monde, est partagée en trois époques. D'abord, elle se posa, si je puis m'exprimer ainsi, puis elle vécut, et enfin elle arriva, par une lente transition, à sa période de décadence et de suggestion. Telles sont les grandes divisions de l'histoire de l'Arménie dans l'antiquité. Sous la première race, la tribu se forma un corps de nation, se conquit un empire ; tandis que, sous les Arsacides, la nationalité arménienne constituée, se fit connaître aux autres peuples, plutôt par l'histoire de ses institutions que par ses conquêtes. C'est sous les rois de la seconde dynastie que l'Arménie fut florissante ; mais bientôt sa puissance diminua, et l'on vit les Parthes et les Romains ériger, en théâtre de leurs querelles, le royaume arménien, qui était placé entre eux comme une barrière. La puissance de ces deux voisins diminuait d'autant la force des Arméniens, qui se trouvaient dans la position la plus critique : servir l'un, était faire, en quelque sorte, une guerre sourde à l'autre ; abandonner le parti des premiers pour embrasser celui des seconds, c'était vouloir marcher à sa perte. Cependant la neutralité était impossible ; l'Arménie était donc fatalement sacrifiée au caprice de l'un ou de l'autre des deux grands empires. Elle tomba, sans cependant succomber, et pour se relever un jour moins puissante, il est vrai, qu'auparavant, et pour faire revivre, à d'autres époques et dans d'autres contrées, sa nationalité, ses institutions, sa religion et son idiome.

§ II. RELIGION.

La religion primitive des Arméniens fut semblable à celle des races indo-germaniques, c'était le polythéisme; puis, vinrent des cultes nouveaux apportés de l'Occident, qui modifièrent cette religion primitive et en déterminèrent les derniers caractères; enfin, toute la signification des traditions fut oubliée dans la suite des temps, et tous les cultes dégénérèrent en une superstition grossière.

Chez les Arméniens, comme chez les Grecs et les autres peuples panthéistes, les croyances populaires ne dépassaient pas la mythologie sensuelle, et s'il était, pour quelques-uns, des rites mystérieux, des initiations qui pouvaient leur faire connaître une théologie plus haute, le peuple prenait à la lettre toutes les histoires que l'on racontait des dieux, et pour lui, c'étaient des êtres réels, revêtus des caractères que leur attribuait leur culte.

Sous les rois prédécesseurs de Tiridate (Dertad), l'Arménie suivait une religion qui était, à n'en pas pas douter, la même que celle des Parthes (1), dont ils étaient les voisins, c'est-à-dire un mélange des opinions de Zoroastre fort altérées, avec le culte des divinités grecques, et quelques autres superstitions apportées de la Scythie par leurs aïeux. C'était donc à la fois un mélange de polythéisme et de monothéisme, un syncrétisme particulier qui tenait aussi bien aux religions de l'Orient qu'à celles de l'Occident. Ainsi on voyait, dans les temples de l'Arménie, un grand nombre de statues de divinités nationales, auxquelles on faisait des sacrifices d'animaux, ce qui ne se

(1) Strabon, liv. XI, ch. 13.

pratiquait pas dans la religion de Zoroastre qui avait beaucoup d'analogie avec le culte mosaïque (1), car elle n'admettait l'existence d'aucune autre divinité que le *Temps sans bornes*, Zerwan, nom qui fut traduit, par les Grecs et les Romains, par ceux de Κρονος et de Saturne (2).

Aramazd, l'Ormuzd des Persans, le Ζευς des Grecs (3), créateur du ciel et de la terre (4), qui était adoré sous quatre formes différentes et avec des noms divers (5), recevait un culte spécial en Arménie. Il paraît qu'il était le même que Baal ou Bel, car Eusèbe (6) dit, à propos d'Aramazd : « Τὸν δὲ Βῆλον, ὅν Δία μεθερμηνέουσι, » mots auxquels la traduction arménienne du cinquième siècle ajouta : Ա Զորեբէն Արամազդ, c'est-à-dire « Belus, que les Grecs appellent Ζευς, et que les Arméniens appellent Aramazd. » Ce témoignage est confirmé par les paroles de saint Jean Osnietzi contre les Pauliciens : « Les Cyzi-« ciens appellent Aramazd, Nemrod ; les Babyloniens, Belus ; les Philistins, « Baal ; les Grecs, Zeus ; les Persans, Ormuzd ; les Arméniens, Aramazd. » Aramazd avait un temple à Ani, où étaient conservées les histoires nationales, et qui fut détruit au quatrième siècle par saint Grégoire Lousavoritch ou l'Illuminateur (7). On appelait aussi Aramazd, *l'hospitalier* ou *l'ami des hôtes*. On sait, en effet, par le témoignage d'Eusèbe (8), qu'Antiochus éleva, sur le mont Garizim, un temple à Jupiter hospitalier ; c'est aussi sous cette dénomination qu'il en avait un autre à Bazarana, dans le territoire de Pédagarania, et où on célébrait une fête le premier jour de navasart (11 juillet). On lui sacrifiait, au dire d'Agathange, des animaux, et on recevait le sang des victimes dans des vases d'or et d'argent. Aramazd avait aussi, dans son temple de Medzpin, une statue qu'Abgar transporta à Edesse (9).

(1) Er. Renan, *Hist. du peuple d'Israël.* — Cf. *Etudes d'hist. relig.*, p. 120.

(2) Cf. l'*Ordonnance de Mihr-Nerseh aux Arméniens*, dans Saint-Martin, *Mém. sur l'Arménie*, t. II, p. 472.

(3) Moyse de Khorèn, *Hist. d'Arm.*, liv. I, ch. 31. — Cf. aussi Reland, *Diss. sur les anc. rel. de la Perse.*

(4) Agathange, *Hist. de Tiridate*, 22.

(5) Moyse de Khorèn, liv. I, ch. 31.

(6) *Chroniq.*, 1re partie, p. 25; ed. arm. lat. de Venise.

(7) Agathange, *Hist. de Tirid. et de saint Grég.*, p. 351. — Moyse de Khorèn, liv. II, ch. 13.

(8) 2e part., p. 240.

(9) Moyse de Khorèn, l. II, ch. 27.

Le culte du feu se rattachait à celui d'Aramazd, ainsi que nous l'apprend Moyse de Khorên (1), qui raconte qu'Ardaschir voulut que le feu brulât, sans jamais s'éteindre, sur l'autel de Pakavan. Le territoire de Pakavan, mot qui signifie « le bourg des statues, » répond au district moderne de Bakou, à l'extrémité orientale de l'Arménie, et qui était regardé par les Parsis, comme un lieu saint, à cause du grand nombre de sources de naphthe qui s'y enflammaient naturellement, et qui, en plusieurs endroits, y entretenaient un feu perpétuel. On peut supposer que, du temps des anciens rois d'Arménie, ce lieu était déjà consacré au culte du feu.

Mihr ou Mithra, dont le culte, venu de la Perse, fut suivi en Arménie, était, selon Moyse de Khorên (2), la même divinité que Epheste ou Vulcain. Mihr avait un temple à Pakar'inch, ville de la province de Terdchan, au commencement du quatrième siècle. Saint Grégoire l'Illuminateur le détruisit (3), et les trésors qu'on y trouva furent distribués aux pauvres (4).

Vahak'n est une divinité arménienne dont le culte, au dire de Moyse de Khorên , semble s'être confondu plus tard avec celui d'Hercule, car les pontifes de la race de Vahnouni prenaient la statue virile d'Hercule, faite par Syllis et Dépénus, pour leur maître Vahak'n (5), et l'élevèrent dans le village d'Achdichad, au canton de Daron, après la mort d'Ardaschès I", roi d'Arménie. Dans un autre passage, Moyse dit que Vahak'n, par ses victoires et ses combats contre les dragons, surpassa ceux d'Hercule (6). Ici, le dieu arménien est distingué par l'historien, tandis que les autres écrivains, moins versés que Moyse dans la connaissance des traditions mythologiques, confondent Hercule et Vahak'n, qui semble s'être transfiguré dans la légende arménienne , sous les traits qui rappellent l'Hercule des Grecs. La naissance de Vahak'n est rappelée dans un chant cosmogonique, où respire en plein le génie symbolique du vieil Orient;

(1) Liv. II, ch. 77.
(2) Liv. II, ch. 12, 14.
(3) Agathange, p. 354. — Moyse de Khorèn, liv. II, ch. 13.
(4) Indjidji, *Géogr. anc.*, p. 24-25.
(5) Moyse de Khorèn, liv. II, ch. 12.
(6) Liv. I, ch. 31.

Moyse en a retenu quelques vers, enfantés par le génie improvisateur d'un des plus anciens bardes de l'Arménie :

> Le ciel et la terre étaient dans les douleurs de l'enfantement;
> La mer aux reflets de pourpre était aussi en travail;
> Du sein des eaux naquit un petit roseau vermeil;
> Du tuyau de ce roseau sortait de la fumée,
> Du tuyau de ce roseau sortait de la flamme,
> De cette flamme s'élançait un petit enfant;
> Il avait une chevelure de feu,
> Une barbe de flammes;
> Ses petits yeux étaient deux soleils.

Ces vers étaient encore chantés au temps de Moyse de Khorên, car il affirme les avoir entendu répéter au son du pampyron. On célébrait pareillement les hauts faits de Vahak'n, ses victoires contre les dragons, ses exploits aussi merveilleux que ceux d'Hercule. On disait qu'il avait été mis au rang des dieux; et, dans le pays des Ibériens, on lui éleva une statue devant laquelle on offrait des sacrifices (1). Quoi qu'il en soit, on ne peut s'empêcher de reconnaître dans ce mythe une origine égyptienne, car on retrouve, dans le culte Vahak'n, les formes principales du mythe d'Harpocrate, qui, lui aussi, prend naissance dans le calice d'une fleur de lotus. Jusqu'à présent on avait toujours cru, d'après Jablonsky (2), qu'Harpocrate signifiait *Horus boiteux;* mais il résulte de récentes étymologies prises dans la langue copte et proposées par M. Bunsen (3), qu'Harpocrate ne signifie pas autre chose qu'*Horus enfant,* ϩⲁⲣ-ⲡⲉ-ϫⲣⲟⲩⲧⲓ, *Har-pé-Khrouti.* Cette étymologie explique les représentations des tableaux astromiques de l'Egypte, des médailles du nome Phthéniote (4), des sculptures du Mammisi de Dendérah et des pierres gravées du cabinet de France (5), qui nous montrent le soleil à son lever, sous la forme d'Harpocrate, c'est-à-dire d'un enfant le doigt sur sa bouche, et sortant d'un calice de lotus. Ceci confirme le témoignage de Plutarque (6) qui dit, que les Egyptiens

---

(1) Moyse de Khorên, liv. I, ch. 31.

(2) *Panthéon,* cf. aussi Plutarque, *Isis et Osiris.* 20.

(3) *Place de l'Egypte.*

(4) Ma *Numism. des nomes,* p. 58-59.

(5) Chabouillet, *Catal. des camées,* nᵒˢ 177-9 et 2029.

(6) *De oracul. Pythiæ.*

peignaient Harpocrate assis sur une fleur de lotus (1) : « Ἀιγυπτίους ἕωρακας ἀρχὴν ἀνατολῆς παιδίον νεογνὸν γράφοντας ἐπὶ λωτοῦ καθεζομενον. » Dans la religion de l'Inde, nous voyons aussi Vichnou sortir de la mer primordiale (2).

En admettant, comme nous l'avons dit plus haut, que Vahak'n ait été assimilé à l'Hercule des Grecs, nous trouvons le culte de ce dieu associé à celui d'une autre divinité, la déesse Anahid, qui fait aussi partie du panthéon arménien. En effet, nous savons qu'à Achdichad, ville du canton de Daron, existait une statue d'Hercule, élevée par les Vahnouni, et à côté de laquelle Dikran II fit placer celle d'Aphrodite (3). Le temple d'Achdichad était divisé en trois parties, dont chacune, au dire d'Agathange, était consacrée à une divinité : le vahevajan contenait la statue d'Hercule en bronze doré, le second était consacré à Anahid et le troisième à Aphrodite. Plutarque raconte que Lucullus, en allant à Sinope et en traversant l'Euphrate, vit des troupeaux destinés aux sacrifices d'Anahid.

Anahid ou Anaïtis (4) était le nom arménien de la divinité qui, chez les Grecs, s'appelait Artémise, et Diane chez les Latins. Elle correspondait à la Mylitta où l'Astarté des Chaldéens, et était fille d'Aramazd ou Jupiter. Les Arméniens lui avaient élevé une statue d'or (5), et lui donnaient, pour cette raison, les noms de *Osghia maïr*, mère de l'or ; *Osghiazin*, qui apporte l'or ; *Orghiahad*, dispensatrice de l'or. Si son nom ne lui venait pas de son temple d'Eriza, voisin des mines d'or de la province de S'ber, ne pourrait-on pas supposer, que le mythe de cette déesse avait pris aussi son origine en Egypte, car nous savons qu'il existait dans le panthéon égyptien une déesse d'or, ⲛⲟⲩⲃ, *Noub*, à laquelle les Arméniens pourraient bien avoir emprunté le mythe de leur Anahid (6). Anahid avait des temples en grand nombre dans l'Arménie (7), dans la province appelée Ek'hletsith par les Géorgiens. Les anciens, qui assimilaient à leurs divinités tous les dieux étrangers, traduisaient le nom d'Anahid, tantôt par Vénus, tantòt

(1) Birsch, *Gallery of antiquites*, p. 38.
(2) *Narayâna*.
(3) Moyse de Khorèn, liv. II, ch. 14
(4) Strabon, liv. XI.
(5) Pline, l. V, ch. 24.

(6) *Mém. de la soc. des antiq. de France*. La déesse *Noub*, par Th. Deveria.
(7) Strabon, liv. XI. —Moyse de Khorèn, II, 13, 57 ; cf. Saint-Martin, t. I, p. 71. — Pline, l. V, ch. 24.

par Diana. Agathange, secrétaire de Tiridate (1), raconte que ce roi voulut contraindre saint Grégoire à adorer, dans son temple, la déesse Anahid, disant que « la grande déesse est la gloire et le sanctuaire de la nation, et « que les rois, et principalement celui des Grecs, l'honoraient d'un culte « particulier. » Ce témoignage détruit le récit de Pline, qui affirme que la statue d'Anahid fut renversée, lors de l'expédition d'Antoine contre les Parthes. Au surplus, Agathange nous apprend encore qu'après la conversion du roi Tiridate au christianisme, on fit, avec la statue d'Anahid, des vases saints et d'autre vaisselle d'or pour l'église. Le nom d'Anahid se retrouve jusque dans l'Inde, et particulièrement sur les médailles du roi bactrien Kanerkès, publiées par Ott. Müller (2), et où on lit cette légende : PAO NANO PAO OOHPKI KOPANO. Sur l'une de ces pièces, qui représente au ၊), deux figures en pied séparées par l'instrument, dit à quatre pointes (3), l'une des figures est à quatre bras et accompagnée de la légende OKPO, épithète du Soleil ; l'autre, qui est celle d'une femme, est indiquée par la légende NANA. Or, cette divinité femelle NANO, assise en regard du dieu Soleil, qualifiée par la légende OKPO, est la même déesse qui figure avec le nom de NANAIA, sur d'autres médailles en bronze de Kanerkès. Cette déesse, NANA ou NANAIA, que l'on voit tantôt seule, tantôt opposée au dieu Soleil, ne saurait être, ainsi que l'ont reconnu Prinsep (4) et Ott. Müller (5), que l'Anahid des Arméniens et des Perses, dont le culte fut propagé par Artaxerxès-Mnémon, dans toute l'étendue de son vaste empire et jusque dans la Bactriane : Ἀρταξέρξου..., ὅς πρῶτος τῆς Ἀφροδίτης Ἀναίτιδος τὸ ἄγαλμα ἀναστήσας ἐν Βαβυλῶνι, καὶ Σούσοις καὶ Ἐκβατήνοις, Πέρσαις καὶ Βάκτροις καὶ Δαμασκῷ καὶ Σάρδεσιν ὑπέδειξε σέβειν (6). Strabon (7) dit que le sanctuaire principal de cette déesse était dans l'Elymaïde, où elle portait le nom de Nanœa, selon l'auteur du deuxième livre des Macchabées (8) : Κατεκόπησαν

(1) *Hist. de Tirid.*, ch. 16.
(2) *Gotting. gel. Anzeig.*, p. 1778-9.
(3) R. Rochette, *Méd. de la Bactr.*, 2ᵉ sup., p. 57.
(4) *Journal de la soc. asiat. de Calcutta*, pl. XXV, n° 7, p. 449-452.
(5) *Gotting. g. Anz.*, p. 1777-8.

(6) Bérose, *Ap. s. Clem. Alex.*, *Coh. ad Gent.*, p. 43 ; *Sylburg*, cf. *frag.*, p. 69-70. Ed. Richter.
(7) Liv. XI, XII, XV. — Plut., *in Artax.*, § 17.
(8) I, 13, 14.

ἐν τῷ τῆς Ναναίας ἱερῷ, κ. τ. λ. Cette Anahid d'Arménie, cette Nanœa de Perse et de Bactriane, nommée aussi Nani ou Nana dans l'Inde, était une personnification de l'Aphrodite des Grecs, une forme de la Lakchmi ou de la Parbati indienne, conséquemment, une des principales divinités d'un culte commun à trois grandes nations de l'Asie antique, et qui avait probablement eu, dans la Bactriane, son siége primitif, et peut-être son institution originaire (1). Il est donc tout naturel d'admettre que les Mèdes et les Arméniens, qui ont adopté tous les cultes religieux reçus chez les Perses, leur ont emprunté celui d'Anahid. Polybe (2) prétend qu'à Ecbatane, il y avait un temple d'Æné, dont les colonnes étaient revêtues d'or. Strabon (3), qui parle du culte de cette déesse, dit qu'elle est d'origine persique; seulement, elle devint commune aux Perses, comme elle l'était de toute antiquité aux Lydiens (4), aux Mèdes et aux Arméniens.

Une autre divinité recevait aussi, en Arménie, un culte spécial ; c'était la déesse *Astlice* ou *Astghig*, qui avait un temple au lieu dit Vahévajan, dans le canton de Daron. On lui offrait des roses et on lui sacrifiait des colombes dans le mois de navasart. Cette fête, qui a passé dans le christianisme le jour de la Transfiguration, est celle que les orientaux appellent la fête des Colombes, parce qu'elle a lieu le jour où les Arméniens consacrent des colombes.

Le panthéon arménien comprenait beaucoup de divinités empruntées, soit aux religions de l'Asie, soit au paganisme de l'Occident, et dont les cultes étaient reliés entre eux par une sorte d'assimilation, dont on retrouve les éléments primitifs en comparant la symbolique des différents peuples. Ainsi, nous savons que *Jupiter Olympien* et *Apollon* étaient adorés en Arménie, où ils avaient des temples et des statues (5). Venaient ensuite des dieux indiens, comme *Témèdre* et *Gisané*, dont le culte fut implanté de bonne heure en Arménie, sans qu'on puisse au juste en préciser l'époque, puisque saint Grégoire l'Illuminateur ne put recueillir, des prê-

(1) R. Rochette, *Méd. de la Bactr.*, p. 59 de la 2ᵉ partie, à la fin.
(2) Liv. X, ch. 4, § 27, n° 12.
(3) Liv. XI, ch. 19, § 19.
(4) Pausanias, *Lacon.*, liv. III, ch. 16.
(5) Moyse de Khorèn, liv. II, 11, 12, 49.

b

tres attachés à leur culte, aucun renseignement sur leur origine. Un autre dieu de provenance assyrienne, *Tarata*, était adoré dans la Mésopotamie, et Moyse nous apprend qu'Abgar transporta sa statue à Edesse, quand il quitta Medzpin (1). On ignore ce que pouvait être le dieu *Barris*, dont le temple, au dire de Strabon (2), se trouvait sur la route qui menait de l'Abus, montagne dépendant du Taurus, à Ecbatane. D'autres dieux, qu'on doit plutôt considérer comme des héros, recevaient encore un culte spécial en Arménie, et étaient honorés seulement par les habitants de ce pays; ce sont, outre Vahak'n, *Naboc*, *Patnicagh* (3), *Sbantarad*, *Name* et *Parscham*; ce dernier était un guerrier qu'Aram avait vaincu et tué. Sa statue, faite d'ivoire, de cristal et d'argent, fut apportée de la Mésopotamie par Dikran II, qui la fit ériger dans le village de Tortan (4).

Moyse de Khorên, en racontant la guerre que fit Sémiramis à Ara, roi d'Arménie, guerre dans laquelle ce prince perdit la vie, nous dit que la reine d'Assyrie, qui était éprise d'amour pour Ara, fit entendre ces paroles : « J'ai commandé à mes dieux de lécher les plaies d'Ara, et il sera rappelé à la vie. » Elle espérait en même temps, par la puissance de ses enchantements magiques, le ressusciter. Cependant, la putréfaction ayant gagné le cadavre, elle le fit jeter dans une fosse profonde, loin de la vue de tous. Puis, prenant auprès d'elle un de ses amants qu'elle avait fait travestir en secret, elle répand cette nouvelle : « Les dieux ont léché les plaies d'Ara et lui ont rendu l'existence. » Cette narration de Moyse de Khorên est un écho des ballades qui, sous une forme populaire, racontaient la lutte de Sémiramis et d'Ara. Mais on y découvre un témoignage bien autrement important, c'est celui de la connexion qui rattachait le système religieux de l'Arménie à celui des Assyriens , et au culte des *Aralês*, ⱌⱳⱷⱳⱹⱶⱲⱷ. Les Aralês ou Arlês, dont la signification est « léchant continuellement (5), » paraissent avoir désigné une classe d'êtres surnaturels ou de divinités nées d'un chien (6), et dont les fonctions étaient de lécher

(1) Moyse de Khorên, liv. II, ch. 26.
(2) Liv. XI, ch. 19, § 7.
(3) Moyse de Khorên, II, 27.
(4) Moyse de Khorên, liv. II, ch. 14.
(5) *Nouv. Dict. arm.*, t. II, p. 341.
(6) Esznig, *Refut. des sectes*, p. 98-100.

les blessures des guerriers tombés sur le champ de bataille, et de les faire revenir à la vie. Un curieux passage de Faustus de Byzance (1), rapporté par M. Emin (2), jette de nouvelles lumières sur ce mythe et corrobore les inductions que l'on tire du récit de Moyse de Khorên. Le fait se passe au quatrième siècle de notre ère, à l'époque où le christianisme était déjà devenu la religion dominante du pays; toutefois, le culte des Aralês subsistait encore. Il s'agit de l'assassinat du général en chef des Arméniens, Mouschegh le Mamigonien. Lorsque l'on eut rapporté le corps du général Mouschegh dans sa maison, chez ses parents, ceux-ci ne croyaient pas à sa mort, quoîqu'ils lui vissent la tête séparée du tronc. Ils disaient : Mouschegh a affronté bien des fois les hasards de la guerre, et jamais il n'a reçu de blessures, jamais flèche ne l'a atteint, ni arme ennemie ne l'a percé. » Quelques-uns d'entre eux espéraient le ressusciter et transportèrent son cadavre sans tête sur la plate-forme d'une tour ; ils disaient : « C'est un brave, et les Arlês descendront et lui rendront la vie (3).

Le *cyprès*, en arménien *sôs*, était un arbre sacré ; sous son ombrage on offrait des sacrifices. Moyse de Khôren raconte qu'Anouschavan sacrifiait sous les cyprès de l'antique Armavir, sa capitale, et que le frémissement des feuilles, agitées par un vent léger ou impétueux, servait aux prêtres à tirer des pronostics heureux ou défavorables. Les Arméniens consacraient souvent leurs enfants sous les cyprès sacrés. Moyse nous apprend encore qu'Anouschavan, fils d'Ara, fut appelé *Sôs*, parce qu'il était voué aux fonctions sacrées, dans les forêts de cyprès d'Armavir (4).

Il est bien regrettable que les plus anciens monuments de la littérature arménienne ne soient point parvenus jusqu'à nous, car nous aurions sans doute trouvé, dans ces sources primitives, de nombreux renseignements sur la symbolique arménienne, renseignements qui nous font totalement défaut. On sait qu'Oughioub, prêtre d'Ani, écrivit, vers la fin du premier

---

(1) *Hist. d'Armén.*, liv. V, ch. 14, 15.

(2) *Chants de l'Arménie.*

(3) Cf. *Journal asiat.*, 1852, p. 29-32. —

Dulaurier, *Études sur les chants de l'Arménie.*

(4) Moyse de Khorên, I, 20.

siècle, l'histoire des temples consacrés aux dieux adorés dans la province de Sinope, lieu où se soutenait le paganisme chez les Arméniens (1). Cette histoire a été perdue avec toutes celles qui furent rédigées avant le cinquième siècle de notre ère; il n'en reste plus rien que le souvenir.

Quand saint Grégoire l'Illuminateur résolut d'implanter la religion du Christ en Arménie, il eut à livrer de grandes luttes avec les populations de ce royaume, et particulièrement avec les habitants de la province de Daron. Les cultes nationaux qui étaient empruntés au paganisme de l'Asie, de l'Inde et de la Grèce, s'étaient introduits en Arménie, conjointement avec ceux de la Perse. Il triompha des résistances opiniâtres qu'il rencontra, et, au quatrième siècle, grâce à ses efforts persévérants, la religion chrétienne avait remplacé le paganisme qui s'était écroulé de toutes parts, sauf dans la province de Koghtên, où se conservaient avec soin les antiques mystères des cultes primitifs.

Moyse de Khôren, en parlant de saint Mesrob, qui était allé résider dans le district de Koghtên, rapporte que les païens qui s'étaient tenus cachés dans ce pays, pendant le règne de Tiridate jusqu'à l'époque du séjour de Mesrob, se montrèrent à découvert, lors du déclin de l'empire des Arsacides, et que Mesrob détruisit leurs croyances avec l'aide de Schapitt, chef de leur district (2). Etienne Orbelian raconte également la destruction du paganisme dans le pays de Koghtên par Mesrob, mais en mêlant à son récit des faits légendaires (3).

La première conversion eut lieu, selon les historiens arméniens, sous Abgar Uchama, roi d'Édesse, de la deuxième branche de la dynastie arsacide d'Arménie, par les soins de l'apôtre Thaddée ; tandis que celle qui eut pour résultat la complète conversion des Arméniens, n'eut lieu que sous Dertad (Tiridate), qui, après avoir persécuté les chrétiens, se convertit, avec son peuple, à la foi nouvelle, à la prière de saint Grégoire l'Illuminateur. Cependant, Tiridate, une fois converti, eut à lutter contre les habitants de Daron, dont le pays était sacré à cause de la multitude de temples

(1) Moyse de Khorèn, II, 48.

(2) Moyse de Khorèn, III, 47-50.

(3) *Hist. de la province de Sissagan*, ch. 14.

qui s'y trouvaient. Les prêtres idolâtres s'y défendirent avec opiniâtreté, et ce ne fut que l'épée à la main, qu'on put les en chasser, et y fonder des églises (1).

Nous venons de voir comment le christianisme se répandit en Arménie, et comment aussi il s'implanta de vive force, sur les anciens cultes, presque sans transition et par les efforts persévérants des apôtres et de saint Grégoire l'Illuminateur.

Quoique ce fait soit bien établi, nous voyons cependant que les premiers écrivains chrétiens de l'Arménie ont rattaché aux annales nationales des traditions bibliques qui sont erronées en ce qui touche les temps primitifs de l'histoire d'Arménie. Ainsi, les premiers chapitres du livre de Moyse de Khorên, qui ont servi de prototype aux historiens des siècles suivants, contiennent certainement d'ingénieux rapprochements avec les Livres saints, mais la logique nous démontre aujourd'hui clairement que les Arméniens, n'avaient aucun rapport avec le peuple juif avant les temps qui précédèrent la venue du Christ.

Comment admettre alors les généalogies bibliques relatives à l'Arménie, que Moyse a établies dans son histoire, quand on sait que la version arménienne de la Bible ne date que du cinquième siècle de notre ère, et qu'avant cette époque, les Livres saints n'avaient point encore dépassé les limites de la Judée, ni reçu cette vulgarisation que leur imprimèrent plus tard les progrès du christianisme? Il est vrai que la légende de l'arche de Noé, qui cache, sous une forme allégorique, le salut d'une portion notable de l'humanité après le déluge arménien, semble rattacher au mont Massis ou Ararat, une idée religieuse d'une haute antiquité; mais personne n'ignore que ce grand cataclysme n'est pas seulement spécial aux traditions bibliques, puisqu'on en trouve la trace, aussi bien dans les plus anciens livres de la Chine, de l'Inde, de la Perse, que dans la cosmogonie des Grecs. Comment pourrait-on admettre alors que les Arméniens, que nous savons avoir été, depuis la plus haute antiquité, soumis à l'influence des religions de l'Orient et particulièrement du sabéisme, qui sont si complétement

(2) Agathange, *Hist. de s. Grég.*—Zénob *de Glag, Hist. de Daron.*—Moyse de Kh., *passim.*

différents du monothéisme biblique , auraient pu rattacher à leur histoire
des noms de générations et d'hommes que leur auraient fournis les Livres
saints ? Comment aussi faire concorder les successions des ancêtres des premiers Haïciens avec celles de la Bible, sans tomber dans des erreurs gros-
sières, comme celles que Moyse a popularisées en Arménie et qui sont encore
aujourd'hui, chez ce peuple, la seule doctrine historique qui ait prévalu? Ceci
posé, il ne faut voir, dans la descendance biblique de Haïg , qu'un mythe
ingénieux, mais légendaire, qui tombe devant la saine critique, pour faire
place à une idée plus philosophique, celle de la grande migration des peuples, à l'époque où l'Asie, trop peuplée vers son centre, vit l'humanité
se diviser en tribus, pour ensuite se porter de tous les côtés, afin de chercher des établissements nouveaux, où devait s'effectuer le développement
de chacune d'elles. C'est cet événement mémorable de la dispersion des
hommes et de la formation des langages, questions encore enveloppées de
ténébreux mystères, dont la Bible nous a conservé un vague souvenir
dans la légende de l'érection de la tour de Babel.

Nul doute aujourd'hui que les Arméniens ne sont point issus des pa-
triarches juifs, comme le prétend Moyse; nul doute que leur histoire ne
soit celle qui, pour les temps héroïques, est commune à tous les peuples ;
nul doute aussi que les traditions bibliques, rassemblées avec habileté par
Moyse, propagées par ses successeurs, n'ont rien de commun avec l'histoire ancienne de l'Arménie. L'histoire et les mythes des anciens Arméniens
ont leur source ailleurs que dans la Bible , ils sont par fragments épars
dans les chants populaires, dont quelques passages nous sont parvenus
dans le récit de Mar Apas Catina conservé par Moyse, et c'est là seulement,
à défaut d'autres sources, qu'on doit chercher la vérité.

§ III. ÉCRITURE.

Avant l'introduction des écritures et des langues grecque, syriaque et
pehlvi, les Arméniens se servaient, comme les anciens peuples de l'Asie,
des signes cunéiformes, qu'ils avaient adaptés à leur langage. Ainsi , on

sait aujourd'hui que les Arméniens avaient une écriture qu'on est convenu d'appeler « écriture árménienne archaïque, » dont on ne connaît pas de spécimen, et une autre écriture, dont on a retrouvé les signes conservés sur les rochers de Van (1). Ce système d'écriture cunéiforme, inventé en premier lieu chez un peuple, fut accepté bientôt par d'autres ; seulement on ne sait pas au juste les circonstances qui amenèrent ces transmissions, ni les époques auxquelles elles s'effectuèrent. Le fait existe seulement : quatre peuples, les Scythes, les Susiens, les Arméniens et les Assyro-Chaldéens, se servirent de la même écriture, bien que leurs idiomes fussent différents les uns des autres (2).

Les relations politiques des Arméniens, d'abord avec les peuples de l'Asie, et plus tard avec les Grecs et les Romains, avaient répandu en Arménie l'usage des caractères pehlvi, syriaques et grecs, bien longtemps avant l'ère chrétienne, et on peut croire, avec assez de vraisemblance, qu'à l'imitation des Syriens, des Égyptiens et des autres orientaux, plusieurs écrivains arméniens se servirent de ces différentes langues dans leurs ouvrages. Ainsi, nous savons que le roi Ardavazt, fils de Tigrane le Grand, avait composé des tragédies et des livres historiques en grec (3). Toutes les médailles des anciens rois de l'Arménie que nous possédons ont des légendes grecques, et il paraît qu'on suivit le même usage pour les inscriptions que l'on mettait sur les monuments publics (4). De même aussi, nous savons que le syriaque fut adopté par les Arméniens, bien longtemps avant l'introduction du christianisme, et peu à peu cette langue acquit de grands développements, par suite des migrations syriennes en Arménie, où des prêtres de cette nation venaient prêcher la doctrine évangélique, y fonder de nombreux monastères et y ériger des siéges épiscopaux (5). En effet, dans toute la partie sud-ouest de l'Arménie, située entre

(1) Inscr. cunéif. de Van, recueillies par le docteur Schultz et publiées dans le Journal asiatique, 1840. — Cf. Moyse de Khorèn, I, 16.

(2) Athenæum fr., 1854, p. 991. Oppert. Remarques sur les différentes espèces d'écri-

tures cunéiformes.

(3) Plut., in Crass. — Appien, Parth., t. I, p. 261. — Suidas.

(4) Moyse de Khorèn, II, 65.

(5) Zénob de Glag, Histoire de Daron, p. 47.

le Tigre et l'Euphrate, Hamid et Miaférékin, la Sophène principalement, dépendaient du patriarche syrien d'Antioche (1), et les prêtres ne se servaient, dans l'office divin, que des livres syriaques. On sait aussi qu'avant la traduction de la Bible en arménien, le clergé ne faisait usage que des bibles syriaques (2).

Le phénicien fut aussi en usage dans quelques contrées de l'Arménie, et les légendes des médailles du satrape Tiribaze, qui gouvernait l'Arménie occidentale, en sont une preuve (3).

Au cinquième siècle de notre ère, un moine arménien, Mesrob, résolut d'inventer un alphabet approprié à la langue de sa nation (4) et qui était destiné à remplacer les caractères pehlvi, syriaques et grecs(5).

On peut lire dans Moyse de Khorên, dans Vartan et dans Assoghigh (6), l'histoire de cette découverte, que les auteurs arméniens regardent comme miraculeuse, puisque, selon eux, Dieu lui-même aurait révélé à Mesrob les caractères tracés de sa main sur le mont Palou, comme il l'avait fait jadis pour le législateur Moïse sur le mont Sinaï (7).

Ce témoignage de l'invention de l'écriture par Mesrob, rapporté par beaucoup d'historiens arméniens, détruit l'assertion d'Apollonius de Tyane (8), qui raconte que les Arméniens avaient déjà un alphabet bien avant le cinquième siècle : « Et captam aliquando pantheram in Pamphylia, cum torque, quem circa collum gestabat. Aureus autem erat ille, armeniisque inscriptus litteris, hoc sensu : rex Arsacès deo Nysæo. Regnabat nempe temporibus illis in Armenia Arsacès. »

On ne doit donc pas s'étonner de voir que toutes les médailles des rois arméniens de la première et de la deuxième dynasties ne portent point, comme celles des Goriguéens et des Roupéniens, des caractères mesrobiens, mais seulement des légendes grecques. En effet, toutes ces

(1) Lequien, *Or. chr.*, II, 990-1007.
(2) Gorioun, *Hist. de la découverte de l'alph. arm.*, dans Lazare de Pharbe, p. 25-26.
(3) De Luynes, *Num. des satrapies*, p. 1 et suiv.
(4) Moyse de Khorèn, III, 47, 53.

(5) Agathange, *Hist. de la conv. de Tirid. et de la préd. de s. Grég.*, p. 374-75. — Laz. de Pharbe, *Hist.*, p. 25.
(6) *Hist. univ.*, 2e part, ch. 1er.
(7) Vartan, *Hist. univ.*, ms.
(8) Liv. II, ch. 2.

médailles furent frappées antérieurement à l'invention des caractères arméniens par Mesrob. Il est donc tout naturel de penser aussi que, nonseulement l'emploi des caractères grecs, mais encore l'usage de cette langue, étaient fort répandus en Arménie avant l'ère chrétienne, puisque les légendes des médailles sont toutes rédigées en grec, et que nous ne trouvons aucun mot de la langue arménienne, même écrit en caractères grecs, sur les monuments numismatiques qui nous sont parvenus. Ce fait corrobore l'opinion des anciens qui disent que les Arméniens se servaient de la langue grecque concurremment avec la leur, et que beaucoup des écrivains de cette nation employaient cette langue, de préférence à leur idiome, dans leurs ouvrages (1).

§ IV. NUMISMATIQUE.

La numismatique de l'Arménie, dans les temps antiques, peut se diviser en deux grandes catégories : d'abord, la série des monnaies frappées par les satrapes achœménides, gouverneurs de l'Arménie, et par les rois des dynasties collatérales qui régnèrent sur quelques provinces de ce royaume, après le démembrement de l'empire d'Alexandre ; ensuite la série des pièces frappées par les Arsacides d'Arménie et par les princes issus de cette famille, qui gouvernèrent, avec la plénitude du pouvoir souverain, certaines provinces de l'Arménie et de l'Osrhoène, jusqu'au moment où l'empire romain, croulant de toutes parts, se vit arracher les provinces d'Orient par les rois sassanides, dynastie nouvelle, entée sur celle des Parthes, et qui devait, pendant plusieurs siècles, continuer l'empire des Perses.

Les monnaies qui appartiennent à la première série datent des derniers temps de la dynastie de Haïg ; ce sont des pièces frappées par les satrapes achœménides de l'Arménie et par les dynastes collatéraux de la race haïcienne, qui, n'ayant aucun rapport avec celle-ci, si ce n'est toute-

(1) Diod. Sic., t. II, l. XIX. — Polyen, l. XIV, ch. 8, § 3.

fois une commune origine, fondèrent des États particuliers dont l'existence fut de courte durée. Ces dynastes arméniens, qui étaient fort nombreux, au dire de Pline, au temps dont nous parlons, n'avaient pas tous
la même puissance, et il est probable même que très-peu d'entre eux jouissaient d'une indépendance absolue et s'étaient arrogé le droit de battre
monnaie. Parmi ceux qui semblent avoir conquis la plénitude du pouvoir
royal, il faut citer les dynastes d'Arsamosate, de Samosate et de la Petite-Arménie, dont les médailles, qui sont arrivées jusqu'à nous, corrobo-
rent de leur témoignage les récits tronqués des écrivains de l'antiquité.

Les monnaies qui rentrent dans la deuxième série sont plus nombreuses.
Ici, le rôle de la numismatique devient important, et le domaine de l'histoire s'arrondit sur un horizon plus vaste. Conformément aux données
qui nous sont fournies par l'histoire des Arsacides d'Arménie, que nous
trouvons longuement racontées dans les écrivains arméniens, grecs et romains, les médailles viennent corroborer les faits historiques. Ce ne sont
plus quelques rares monnaies comme celles de la série précédente, ce sont
de nombreux et intéressants monuments émanés, tantôt des ateliers arméniens, et tantôt des officines de l'empire romain. La numismatique des
Arsacides arméniens comprend les monnaies de Tigrane le Grand et de
ses successeurs, Artavazt, Alexandre, Tigrane II, Tigrane III et Erato,
Vononès le Parthe, et Artaxias. Puis, apparaissent les nombreuses monnaies frappées par les toparques arméniens de l'Osrhoène, dont la série
fournit à l'histoire d'Edesse des éclaircissements qu'on ne trouve point
dans Denys de Thelmar et dans la chronique anonyme d'Edesse.

On aurait pu supposer que les princes de la Commagène, indépendants
dans leur royaume, et qui, sur les médailles, portent tous la tiare arméniaque, qui est le signe distinctif de la nationalité arménienne, devaient
faire partie de la série des rois d'Arménie ; il n'en est rien, et s'ils firent
l'emprunt de cette coiffure, c'était, comme on le verra plus loin, par une
raison purement politique, car ils n'étaient point issus des rois d'Arménie,
mais des Séleucides de Syrie.

Cette digression nous amène tout naturellement à parler de la tiare qui
figure constamment sur la tête des souverains arméniens. Cette coiffure

est le signe caractéristique de leur nationalité ou de leur origine. On sait que la tiare fut très-usitée chez les orientaux : « Tiara est genus pileoli quo Persarum Chaldæorumque gens utitur (1). » Celles dont se servaient les particuliers étaient rondes ou recourbées par-devant et semblables, pour la forme, au bonnet phrygien et à la coiffure actuelle des Kurdes. Il n'était permis qu'aux souverains de porter la tiare droite et élevée (2). L'histoire nous apprend que les rois de Perse étaient si jaloux de ce droit, qu'ils auraient puni de mort ceux de leurs sujets qui auraient osé se l'attribuer ; et l'on en faisait tant de cas, que le Lacédémonien Demarate, après avoir donné un conseil utile à Xerxès, demanda pour toute récompense de pouvoir faire une entrée publique dans la ville de Sardes, avec la tiare droite sur la tête (3).

La tiare des orientaux est citée souvent par les écrivains grecs, latins et arméniens. Anacréon dit, dans l'une de ses odes, qu'on reconnaît les Parthes à leur tiare :

Καὶ Παρθαίους τις ἄνδρας
Ἐγνώρις ʼἂν τιάραις.

Strabon atteste l'usage que les Arméniens avaient de se couvrir la tête, à l'exemple des Mèdes et des Perses, d'un bonnet particulier que les Grecs et les Latins ont désigné par les noms de κίδαρις, τιάρα, tiara (4). Ovide nous apprend que la tiare était couleur de pourpre (5) :

Temporis purpureis tentant velare tiaris.

On se rappelle que Plutarque raconte que Tigrane, vaincu par Pompée, déposa aux pieds du général romain sa tiare (κίδαρις), en signe de soumission (6).

(1) S. Gérôme, *in Daniele*, c. 3, v. 31.
(2) Aristophane, *les Perses;* et son scholiaste. — Josèphe, liv. XX, ch. 2. — Dion Prusæus, *de Parth.*
(3) Suidas, v° Τιάρα. — Sénèque, *de benef.*,
liv. VI, ch. 13.
(4) Strabon, liv. XI.
(5) *Métamorph.*, liv. XI, v. 181.
(6) Plutarque, *V. de Pomp.*

Les historiens arméniens donnent à la tiare le nom générique de couronne, *Թագ*, et nous savons que l'une des charges principales de la cour d'Arménie était celle du *thakatir*, personnage chargé de placer la couronne sur la tête du roi (1).

La tiare est le type invariable et spécial, qui sert à distinguer les rois d'Arménie des autres souverains de l'Orient, surtout à l'époque où les États de l'Asie, ayant été bouleversés par Alexandre et ses lieutenants, passèrent aux mains de maîtres si différents d'origine et de nationalité, et que l'histoire même a de la peine à distinguer.

La tiare qui couvre la tête des rois, est donc l'indice principal qui sert à reconnaître les monnaies des princes arméniens à toutes les époques, de celles des autres souverains de l'Asie.

Bien que cette coiffure n'ait pas toujours le même aspect sur les monuments numismatiques qui nous sont parvenus, nous devons dire cependant que la tiare arménienne se distingue toujours par une forme *sui generis*, qui n'est pas celle des coiffures usitées par les Parthes et les princes leurs voisins.

Les tiares que nous voyons figurer sur la tête des rois de Samosate, d'Arsamosate et de la Petite-Arménie, à l'époque de l'établissement des dynasties collatérales, qui se séparèrent de la branche haïcienne soumise aux Achœménides et aux satrapes perses, diffèrent bien, en effet, de celles qui ornent les têtes de Tigrane le Grand, de la deuxième dynastie arsacide et de ses successeurs, mais on ne peut s'empêcher cependant d'y reconnaître la coiffure spéciale aux rois d'Arménie, qui fut modifiée par la suite à l'époque des Arsacides, pour se conserver intacte depuis lors, sous les princes successeurs de Tigrane, qui régnèrent, soit à Medzpin, soit à Edesse. La tiare des rois de l'Osrhoène offre, en effet, une grande analogie avec celle de Tigrane le Grand, et on sait qu'Abgar et ses successeurs étaient, pour la plupart, issus de ce prince.

(1) Moyse de Khorèn, l. II, ch. 7.

NUMISMATIQUE
DE L'ARMÉNIE

DANS L'ANTIQUITÉ.

PREMIÈRE DYNASTIE.

I. — HAICIENS.

(2350 à 350 avant J.-C.)

Les traditions qui nous sont parvenues des temps où régna la première dynastie, issue de Haïg, ne sont que des légendes imaginées après coup, où l'on ne rencontre rien d'authentique et de réel. Tout ce qu'il est permis d'en induire avec certitude, c'est que les princes arméniens furent, à l'égard des monarques assyriens, dans un rapport de dépendance et de vassalité, jusqu'à Barouïr, le compagnon d'armes d'Arbace et son allié contre Sardanapale, et qui, en retour de l'assistance qu'il prêta au fondateur de la dynastie des Mèdes, reçut de lui le titre de roi, et devint maître souverain de l'Arménie (1).

Le plus illustre successeur de Barouïr fut Tigrane I⁰ʳ ou Dikran, fils d'Erovant I⁰ʳ. Ce prince rétablit l'Arménie dans son ancienne puissance, recula au loin les limites de ses États, et fit connaître, pour la première fois, le nom des Arméniens aux nations étrangères. Quand il eut considérablement établi ses forces, il donna des secours à Cyrus, pour faire la guerre à Ajtahag, roi des Mèdes, l'Astyages des Grecs. Xénophon parle

(1) Moyse de Khorèn, *Histoire d'Arménie*, liv. I, ch. 21. — Jean Catholicos, *Hist. d'Arm.*, ch. 8.

1

avec détails, dans sa Cyropédie (1), des services que Tigrane rendit dans cette occasion à Cyrus ; leurs forces réunies obtinrent enfin la victoire, et Ajtahag périt dans un combat, de la main même de Tigrane. Ce récit, que nous empruntons à Moyse de Khoren (2), n'est point d'accord avec ceux de Xénophon (3), d'Hérodote (4), de Ctésias et de Justin (5), qui s'accordent à dire qu'Ajtahag survécut à la perte de son empire.

Tigrane eut pour successeur son fils Vahak'n, qui se distingua tellement par sa vaillance et ses exploits, qu'il fut mis, par la suite, au rang des dieux du Panthéon arménien, et considéré comme l'Hercule national. Les anciens bardes de l'Arménie le prenaient pour sujet ordinaire de leurs chants (6).

Cependant l'indépendance de l'Arménie ne fut pas de longue durée, car nous voyons déjà, sous les premiers Achœménides, ce royaume soumis aux souverains de la Perse. Les successeurs de Vahak'n continuèrent à administrer leurs états sous la suzeraineté des Grands Rois, et le dernier d'entre eux, Vahé, fils de Van, périt en combattant contre l'un des lieutenants d'Alexandre (7). Avec ce prince finit la dynastie de Haïg, dont les successeurs avaient gouverné l'Arménie, tantôt avec la plénitude de la puissance royale, tantôt comme vassaux des rois d'Assyrie et de Perse, pendant l'espace de vingt siècles environ.

Nous ignorons complétement si les monarques de la dynastie issue de Haïg battirent monnaie à l'exemple des autres souverains de l'Asie, et nous ne pouvons former, à cet égard, que des conjectures, car, jusqu'à présent, rien ne nous prouve que les rois de la première race arménienne aient usé de cette prérogative. Cependant nous savons que les grands vassaux de l'empire Achœménide, qu'ils fussent rois ou satrapes, avaient

(1) Liv. II. ch. 4, et liv. III, ch. 1 à 3.
(2) Liv. I, ch. 29.
(3) *Cyrop.*, liv. I, ch. 5.
(4) *Hist.*, liv. I, § 130.
(5) Liv. I, ch. 6.

(6) Moyse de Khorèn, liv. I, ch. 31. — Jean Cathol., ch. 8.
(7) Moyse de Khorèn, liv. I, ch. 31. — Jean Cathol., ch. 8.

— 3 —

dans leurs attributions le droit de frapper des monnaies, à leur effigie et un assez grand nombre de monuments sont là pour attester ce fait (1). Il est donc permis de supposer que les derniers rois arméniens de la première dynastie usèrent de cette prérogative souveraine, puisque nous savons, par le témoignage de plusieurs écrivains de l'antiquité, qu'à l'époque de Tigrane Ier, l'Arménie était florissante et avait imposé le tribut à plusieurs nations (2).

On sait que l'Arménie était fertile en mines d'or (3) et d'argent (4), et Strabon nous apprend qu'il y avait dans la Grande-Arménie, une province qu'il nomme Ὑσπιράτις ου Συσπιράτις dont le nom et la position semblent correspondre au canton arménien de S'ber, vulgairement Isber, lequel était situé à peu de distance au N.-E. d'Erzeroum. C'est peut-être aussi le même district qui est appelé *Séphar*, dans la Genèse, et dont il est question au chapitre de la généalogie des enfants de Noé (5) : « Et facta est habitatio eorum de Messa pergentibus usque Sephar montem orientalem. » On sait qu'Alexandre avait chargé un de ses généraux, nommé Memnon, de s'emparer des mines d'or de Cambala, dans l'Hyspiratis ; mais celui-ci s'étant fait battre par les habitants de la contrée, périt avec les troupes qui l'avaient accompagné (6).

La seule mention de monnaies frappées par les rois arméniens de la première dynastie se trouve dans l'historien Vartan (7), qui raconte, à propos de l'ancienne écriture arménienne, que « l'on fit la découverte, en Ci-« licie, à l'époque du roi Léon, d'un tram sur lequel était empreint, en « lettres arméniennes, le nom de rois idolâtres de la race d'Haïg. » On comprend combien ce témoignage de l'historien arménien Vartan, qui vivait au treizième siècle de notre ère, est de peu de valeur, puisqu'on sait que les caractères arméniens ne furent inventés et mis en usage par Mesrob qu'à partir du quatrième siècle. En outre, il est bien probable que la

(1) Le duc de Luynes, *Numismatique des satrapies sous les rois Achœménides.*
(2) Moyse de Khorèn, liv. I, ch. 24. — Jean Cathol., ch. 8.
(3) Strabon, liv. XI.
(4) Pline, liv. XXXIII, ch. 22.
(5) Gen., ch. 10, vers. 30.
(6) Strabon, liv. XI, ch. 19.
(7) *Histoire universelle*, ms.

monnaie qui fut découverte en Cilicie, au temps du roi Léon II, était une
pièce de l'époque des satrapes Achœménides, dont les légendes sont tracées en caractères phéniciens, et que Vartan aura pris, à cause de leur
mauvais état de conservation, pour des lettres arméniennes. Une erreur du
même genre a été commise, dans ces derniers temps, par le père Indjidji (1),
qui assure avoir vu dans la collection de lord Ainsley, à Constantinople,
beaucoup de monnaies représentant d'un côté une tête de roi coiffé à la
manière orientale, et de l'autre côté un autel placé entre deux personnages.
Il dit avoir reconnu, dans les légendes, les plus anciens caractères usités
chez sa nation avant l'alphabet de Mesrob. Cette opinion n'est pas admissible, car les médailles en question sont des monnaies sassanides ou des
imitations de ces pièces, et en outre on sait, par le témoigage de Moyse de
Khorên et de Lazare de Pharbe, qu'avant l'invention de l'écriture nationale,
les Arméniens employaient indistinctement les caractères assyriens, persans ou grecs.

Quoiqu'il soit bien établi qu'aucune monnaie des rois issus de Haïg ne
nous soit parvenue, il faut dire cependant qu'à l'époque où l'Arménie était
tributaire des souverains Achœménides, c'est-à-dire à partir des règnes
des successeurs immédiats de Vahak'n, fils de Tigrane, des satrapes persans qui gouvernaient quelques-unes des provinces qui leur avaient été
enlevées, battaient monnaie, et plusieurs pièces portant leurs noms sont
arrivées jusqu'à nous.

TIRIBAZE

Satrape de l'Arménie occidentale sous Artaxerxès-Mnémon (400 à 384 av. J.-C.).

Tiribaze était satrape de l'Arménie occidentale, des Phasianiens et des
Hespérites, au temps de Cyrus le Jeune et de la Retraite des Dix-Mille (2).
Il figure dans l'histoire depuis l'an 400 jusqu'en 384 avant notre ère. Se-

---

(1) *Antiq. de l'Armén.* (Venise, 1835), t. II,   (2) Xénophon, Anab., IV, 4; VII, 8. — Dio-
p. 75, note.   dore de Sic., liv. XIV, ch. 27.

lon Cornelius Nepos, il était satrape de Lydie, en 393 (1). Ce fut lui qui commandait l'armée qu'Artaxerxès envoya, en 386, contre Evagoras, roi de Salamine. Mais, sur ces entrefaites, il fut calomnié par Orontes, son collègue, qui le jeta en prison par ordre d'Artaxerxès. Quelques années après, ayant recouvré sa liberté, il n'en profita que pour ourdir un complot avec Darius, fils d'Artaxerxès, dans le but de détrôner ce prince. La conspiration ayant échoué, Tiribaze fut tué d'un coup de javelot, au moment où il se préparait à prendre la fuite (2).

Gesenius (3) et M. le duc de Luynes (4) ont publié plusieurs monnaies d'argent de Tiribaze. Seulement le premier les rangeait parmi les incertaines de la Cilicie, tandis que M. le duc de Luynes, avec sa sagacité habituelle, les a restituées à Tiribaze.

— תריבדי. *Tribzou*, en caractères phéniciens. — Baal, debout à gauche, le corps à demi nu, enveloppé du manteau grec, s'appuie, de la main gauche sur son sceptre, et de la droite soutient un oiseau battant des ailes. Dans le champ T.

℞ — Ormuzd vu de face et nu jusqu'à la ceinture, le corps terminé par un disque annulaire, d'où partent les deux ailes et la queue d'une colombe, avec deux bandelettes, tient de la main droite élevée une couronne et de la gauche la fleur de hom.

Argent. Pl. I, n° 1.

Collection de M. le duc de Luynes.

Il existe une variété de cette médaille au Musée britannique ; c'est une pièce semblable à la précédente et qui n'en diffère que par le sigle du champ qui est ΣO au lieu de T.—Pl. I, n° 2.

(1) *In Conon.*, ch. 5.

(2) Plutarque, *in Artaxerx.*

(3) *Monum. phœnicia.*, *inc. Cilic.*

(4) *Numism. des satrapies*, p. 1, pl. I, n°ˢ 1 à 3.

II. — DYNASTIES COLLATÉRALES.

Les historiens arméniens ne donnent aucun renseignement sur les événements qui se passèrent dans le royaume d'Arménie, depuis la mort d'Alexandre jusqu'à l'époque où Arsace le Grand, roi des Parthes, ayant vaincu les rois de Syrie, et profitant des troubles qui agitaient l'Arménie, entra dans ce pays et en donna la souveraineté à son jeune frère Vagharschag ou Valarsace, qui fut le chef de la branche des Arschagouni ou Arsacides d'Arménie et le fondateur de la deuxième dynastie.

Moyse de Khorên, qui rapporte l'histoire de son pays avec beaucoup d'exactitude, se contente de dire que, depuis la mort de Vahé, dernier roi de la race d'Haïg, qui fut tué en combattant contre les Macédoniens, jusqu'au règne de Vagharschag, il n'a rien de bien certain à raconter : « Tout « était dans la confusion et le désordre ; on combattait les uns contre les « autres pour savoir à qui serait l'empire du pays (1). »

Jean Catholicos rapporte à peu près la même chose que Moyse, dont le récit lui a servi de guide (2). Ce sont les Grecs qui nous fournissent sur cette période de l'histoire d'Arménie quelques détails. Ils racontent, en effet, qu'après la mort d'Alexandre et le partage de son empire entre ses lieutenants, les provinces de l'Asie ne tardèrent pas à se diviser. D'abord, soumise aux Seleucides dans l'empire desquels elle était comprise, l'Arménie se révolta bientôt contre Antiochus le Grand (319 av. J.-C.), et Artaxias s'empara de la couronne, en proclamant l'indépendance de son pays. En vain Antiochus fit plusieurs expéditions contre Artaxias, il fut toujours vaincu. Pendant ce temps-là, d'autres gouverneurs syriens se révoltaient dans la Petite-Arménie, et l'empire des Seleucides se démembrait de tous côtés (3). Ce fut à cette époque que se formèrent, dans le sein même de l'ancien royaume d'Arménie, plusieurs États indépendants qui

(1) Moyse de Khorên, *Hist. d'Arm.*, liv. I, ch. 30.

(2) *Hist. d'Arm.*, ch. 8.

(3) Cf. Polybe, liv. XXVI, ch. 6. — Diod. de

Sic., liv. XXX, § 23. — Appien. Syr., § 45-46-55-66. — Strabon, liv. XI. — Plutarque, *Lucull.*

subsistèrent jusqu'au moment de la conquête des Arsacides, et même pendant le règne de quelques-uns des princes de cette dynastie.

Pline raconte, en effet, que l'Arménie était divisée en plusieurs petits gouvernements monarchiques : « Dividitur (Armenia) in præfecturas quas στρατηγίας vocant, quosdam ex iis vel singula regna, quosdam barbaris nominibus CXX (1). » Quels étaient ces royaumes ou ces Etats formés aux dépens de l'empire des Seleucides? L'histoire n'en dit rien. Cependant plusieurs médailles nous font connaître les noms de quelques-uns des rois qui régnèrent, à cette époque, sur certains cantons de l'Arménie ; comme, par exemple, à Arsamosate, dans le Douroupéran ; à Samosate, capitale de la Commagène, et dans la Petite-Arménie.

On n'a pas encore résolu le problème qui consiste à savoir si des pièces très-remarquables pour leur module, leurs types et leur belle conservation, acquises dans ces derniers temps par le Musée britannique et le Cabinet de France, et qui offrent une assez grande analogie avec les monnaies des Parthes, appartiennent à des petits souverains de l'Arménie, ou bien à des rois voisins des Parthes et d'une nationalité inconnue (2), ou bien enfin à des satrapes qui auraient régné dans les contrées de l'Elymaïde. Cette importante question est encore indécise, et les savants attendent, pour se prononcer, que quelques renseignements nouveaux les mettent sur la voie de la solution de ces énigmes. Toutefois, M. le duc de Luynes, qui n'a jamais abordé les questions scientifiques les plus ardues sans en donner la solution, se préoccupe vivement de l'étude de ces monuments, et nous avons tout lieu d'espérer qu'un jour ou l'autre, cet illustre savant nous fera connaître le résultat des recherches qu'il a entreprises sur ce sujet, et qui ne manqueront pas de jeter un grand jour sur cette partie tout à fait inexplorée de la numismatique de l'ancienne Asie.

§ Ier. ROYAUME ARMÉNIEN DE SAMOSATE.

L'histoire ne nous dit rien du royaume de Samosate, et les médailles seules nous apprennent qu'un prince, nommé Samès, devait régner dans

(1) Liv. VI, ch. 9. (2) *Numismat. Chron.*, t. XII, art. d'Ed. Thomas.

la Commagène, où il avait fondé la ville à laquelle il donna son nom. Cette
ville, que les Arméniens appellent Samousad ou Schamouschad, est située
au N.-O. de Kalah-Erroum (Hromgla) et au midi de Malathia, sur l'Euphrate. Josèphe (1) nous dit que Samosate était la plus grande ville de la
Commagène : « Σαμόσατα τῆς Κομμαγηνῆς μεγίστη πόλις. » Elle fut assiégée et
détruite plusieurs fois à l'époque des Séleucides, et lors des conquêtes que
les Romains firent en Asie. L'histoire du royaume de Commagène ou de
Samosate n'est point encore très-parfaitement connue, et, bien que les travaux de Masson aient jeté quelque jour sur la question (2) pour ce qui est
des temps postérieurs à l'époque de sa fondation, il faut avouer pourtant
qu'il nous reste encore beaucoup à apprendre sur ce sujet. Tout ce que
nous pouvons affirmer, c'est que la dynastie qui régna sur la Commagène
après celle de Samès, n'était plus arménienne, et bien que les souverains
qui possédaient cette contrée soient représentés sur leurs médailles coiffés
de la tiare arméniaque, on doit cependant reconnaître qu'ils étaient issus de
la race des Séleucides, et que, s'ils avaient pris la tiare, c'était tout simplement pour imiter les rois qui les avaient précédés, et afin de flatter les
populations arméniennes qui étaient répandues en grand nombre dans ce
pays. Au surplus, les noms d'Antiochus et de Mithridate, que portent
presque tous les rois de la Commagène, prouvent suffisamment leur origine syrienne et leur parenté avec les rois séleucides (3), à la suite desquels les historiens et les numismatistes les ont presque toujours placés.

SAMÈS.

(Vers l'an 130 av. J.-C.)

On ne peut émettre que des conjectures très-vraisemblables, du reste,
sur l'époque du règne de Samès. L'abbé Belley, qui, le premier, donna
une interprétation d'une médaille de ce prince, inconnu dans l'histoire,

(1) *De Bello Jud.*, liv. VII, ch. 7.
(2) Haym, *Tesoro Britannico*, t. I, p. 112.
(3) Cf. Visconti, *Iconogr. grecque*, part. II,
ch. XII, § 8; ch. XIV, § 4; et *suppl.*, § 7.

conjectura avec beaucoup de sagacité que Samès avait dû régner vers l'année 130 avant l'ère chrétienne, et que très-probablement Samosate devait être le lieu de sa résidence (1). Mais, avant lui, le P. Frœlich avait publié à Vienne une médaille de Samès qu'il avait attribuée à tort à Arsamès (2). Etant revenu de son erreur, il en donna une nouvelle explication qui consistait à attribuer cette médaille à Samus, jeune poëte grec distingué, fils de Chrysogonus, et qui accompagna le dernier Philippe de Macédoine dans son expédition contre les Etoliens. Il supposa dès lors que Samus avait eu en partage, par la générosité d'Antiochus le Grand, quelque district de la Commagène, où il put prendre le titre de roi (3). Mais le poëte grec s'appelait Samius et il ne mourut point sur un trône, car l'histoire nous apprend que Philippe, prince farouche et sanguinaire, le fit mettre à mort dans un moment d'emportement (4). De Boze émit, à la suite du mémoire de l'abbé Belley, quelques conjectures nouvelles sur la médaille de Samès (5), et crut que la pièce en question avait été frappée par un roi d'Emèse que Josèphe appelle Σόέμος, Σοαίμος, et enfin Σαίμος (6). L'abbé Belley persista dans sa première explication, dans un mémoire qui fait suite au précédent (7), et son opinion, qui a prévalu depuis, a été suivie par Eckhel (8), Mionnet (9) et Visconti (10).

Tête jeune radiée à droite. Grenetis au pourtour.

℞ ΒΑΣΙΛΕΩΣ   Victoire marchant à droite, tenant de la main
ΣΑΜΟΥ   droite une couronne à laquelle sont attachées des
ΘΕ • ΣΕΒ • ΥΣ   bandelettes, dans le champ, ΓΑ.
ΚΑΙ ΔΙΚΑΙΟΥ

Cuivre, 2 ex. Pl. I, n° 3. — Cabinet de France.

---

(1) *Obs. sur une médaille du roi Samus,* dans le t. XXVI des *Mém. de l'Acad. des inscript. et belles-lettres,* p. 355.

(2) *Reg. vet. num.,* p. 13. — Cf. aussi Eckhel, *Mus. Vindob.,* p. 252.

(3) *Notit. elem.,* p. 181, p. XV, 2. — *Accessio nova ad numismata reg. vet.,* p. 63.

(4) Polybe, *Excerpt. de virt. et vit.*

(5) *Mém. de l'Acad. des inscript. et belles-lettres,* t. XXVI, p. 365.

(6) *De Bello Jud.,* liv. VII, ch. 7.

(7) *Mém. de l'Acad.,* t. XXVI, p. 380. — *Nouvelles observat. sur la méd. de Samus.*

(8) *Catal. du Mus. de Vienne,* p. 252.

(9) *Méd. gr.,* t. IV, p. 454.

(10) *Iconogr. grecq.,* part. II, ch. 12, § 2, p. 247 et suiv.

Tête de Samès à droite, coiffée de la tiare arméniaque et ornée de fanons et de perles ; dans le champ, derrière la tête, une palme gravée en creux. Grenetis au pourtour.

℞ ΒΑΣΙΛΕΩΣ   Le thyrse de Bacchus , entre deux cornes
  ΣΑΜΟ[Υ]   d'abondance placées en sautoir et entrelacées
  ΘΕΘΣΕΒΟΥΣ   par l'extrémité inférieure.
  ΚΑΙ ΔΙΚΑΙΟΥ

Cuivre. Pl. I, n° 4. — Cab. de Vienne.

L'inspection de ces deux monuments ne laisse aucun doute sur leur attribution à Samès, roi de la Commagène. En effet, si l'on compare le type du revers de la seconde pièce avec celui de la médaille d'Alexandre Zébina, roi de Syrie, frappée à Samosate (125-123), on remarquera une analogie frappante (1). Ensuite l'épithète δίκαιος, qui se remarque dans les légendes des deux médailles de Samès, a été prise pour la première fois par Arsace VII, Phraate II, roi des Parthes, qui régna de l'an 138 à 128 av. J.-C. Comme ces deux indices de ressemblance de médailles se rencontrent entre les années 138 et 123, il est présumable que les monnaies de Samès ont été frappées vers cette époque, ce qui donne approximativement l'année 130 av. J.-C., comme date moyenne du règne de Samès. Au surplus, on peut conjecturer que ce prince occupa le trône assez longtemps, car la première médaille nous le représente sous les traits d'un jeune homme, tandis que la seconde offre pour type un homme d'un âge mûr. Le sigle ΓΑ, 33, indique très-probablement l'année de l'ère de la fondation du royaume de Samosate ; car il n'est pas probable qu'elle puisse signifier l'année du règne de ce prince, qui, sur la médaille, semble être fort jeune et n'avoir point encore atteint sa trentième année.

Mionnet a décrit dans son catalogue (2) une médaille de cuivre de Pythodoris et de Samès, qu'il dit à tort avoir été publiée par le P. Souciet (3) et

(1) Haym., *Tesor Britann.*, t. I, p. 109. —   part. II, p. 249, note 1.
Sestini, *Descr. num. vet.*, p. 504, n° 7. —   (2) *Méd. gr.*, *suppl.*, p. 723.
Coins of the Seleucid. from the cabin. of   (3) *Hist. des rois du Bosph. Cimmér.*
Duane, pl. XVII, n° 11. — Visconti, *Icon. gr.*,

l'abbé Belley (1). Il s'agit dans ces deux travaux, de Pythodoris, reine de Pont, femme de Polémon, et non d'une alliée de Samès.

§ II. ROYAUME ARMÉNIEN D'ARSAMOSATE.

Le royaume d'Arsamosate devait son nom à la ville de ce nom que les Arméniens appellent Arschamouschad ou Arschamaschad, et qui se trouvait dans le canton d'Arschamounik'h, au nord de l'Euphrate. Nul doute que l'Arschamaschad des Arméniens ne soit l'*Arsamota* de Pline (2) et l'*Arsamosata* de Ptolémée (3). Selon toute probabilité, la ville d'Arschamaschad avait été fondée par un prince arménien du nom d'Arscham, dont les Grecs transcrivirent le nom sous la forme Ἀρσάμης, que nous retrouvons sur les médailles, et avec une variante, Ἀρσάϐης, dans Polyen (4). A l'époque des guerres de Néron et de Vologèse, roi des Parthes, Arsamosate était une place bien fortifiée, et Césonius Petus, que l'empereur avait chargé de défendre l'Arménie contre les incursions des barbares, y avait mis sa famille en sûreté; aussi Tacite (5) la mentionne sous la dénomination de *Castellum*. Au neuvième siècle de notre ère, Arsamosate formait le thème d'*Asmosat* (6). Cependant, il semblerait résulter d'un passage de Strabon (7) que le royaume d'Arsamosate ne porta pas toujours le nom de son fondateur, Arscham, et que sous le règne de l'un de ses successeurs appelé Xerxès, dont le nom a été conservé par Polybe et les médailles, il était connu sous la dénomination de Xerxène. Cette province était, en effet, une région de l'Arménie peu éloignée de l'Euphrate, et Strabon la compte parmi celles qui furent ajoutées à l'Arménie par Artaxias, par Zariadre, et par d'autres princes, leurs successeurs ou leurs alliés.

---

(1) *Mém. de l'Acad. des inscript.*, t. XXIV, p. 67.
(2) Liv. VI, ch. 9.
(3) Liv. V, ch. 13.
(4) *Stratég.*, liv. IV, ch. 17.

(5) *Ann.*, liv. XV, 10.
(6) Constant. Porphyr., *De Adm. imp.*, ch. 50.
(7) Liv. XI.

ARSCHAM (ARSAMÈS).

(Vers 245 av. J.-C.)

Arscham est mentionné dans l'histoire à l'époque de la guerre qu'Antiochus Hiérax soutenait contre son frère Séleucus II. Il paraît même qu'Arscham avait embrassé le parti du premier, à ce que nous apprend Polyen : Ἀυτὸν τὰ τῶν Ἀρμενιῶν ὄρη διελθόντα, φίλος ὢν Ἀρσάϐης ὑπηδέξατο. « Lorsqu'[Antiochus Hiérax] traversait les montagnes de l'Arménie, il fut reçu par Arsabès qui était de ses amis (1). » Il ne faut pas s'étonner de voir le nom d'Arsamès rendu dans Polyen par Ἀρσάϐης, car on sait que dans les manuscrits d'une certaine antiquité, l'μ et le β ont presque la même forme (2). Le nom d'Arscham, Ⴈⴔⵢⵔⵃⵖ, se rencontre souvent dans l'histoire d'Arménie (3), et chez les écrivains grecs sous la forme Ἀρσάμης (4).

La seule monnaie d'Arscham qui nous soit parvenue est connue depuis longtemps. Pellerin (5), qui la publia le premier, lisait le nom du roi ΛΙΣΑΜΟΥ ou ΑΙΣΑΜΟΥ. Nous avons vu que le P. Frœlich avait confondu Samès avec Arsamès (6). Mais Pellerin, après un nouvel examen (7), parvint à déchiffrer complétement le nom d'Arscham, ΑΡΣΑΜΟΥ, et c'est sous cette attribution qu'on trouve la médaille classée dans Mionnet (8) et Visconti (9).

Tête tournée à droite et coiffée d'un bonnet, ayant quelque ressemblance avec celui des Parthes arsacides ; filet au pourtour.

℞ ΒΑΣΙΛΕ[ΩΣ]   Sous la légende, un cavalier coiffé d'un bonnet et
ΑΡΣΑΜΟ[Υ]   vêtu d'une robe flottante, passant à droite et tenant
                        un javelot de la main droite.

Cuivre. Pl. I, n° 5. — Cabinet de France.

---

(1) Stratég., liv. IV, ch. 17.
(2) Cf. Hésychius, v° Αἰϐετός, et le Comment. d'Alberti.
(3) Moyse de Khorèn, liv. II, ch. 24, 25.
(4) Plutarque, Artaxerxès. — Eschyle, Tragéd. des Perses, passim.

(5) Rois, pl. XXI, n° 3.
(6) Cf., plus haut, p. 9.
(7) Lettre II, p. 79.
(8) Méd. gr., t. IV, p. 154. — Suppl., t. VII, p. 723.
(9) Icon. gr., 2° part., p. 243.

XERXÈS.

(174-164 av. J.-C.)

Xerxès est encore un de ces princes sur lesquels l'histoire ne dit que peu de chose. Cependant un fragment de Polybe (1) nous donne sur ce personnage des détails suffisants touchant l'époque où il vécut et le pays où il régna. Xerxès, à ce que nous apprend Polybe, faisait sa résidence à Arsamosate, et il est probable qu'il régnait sur la même région qu'Arsamès, qui était peut-être un de ses ancêtres. Antiochus IV, Epiphane, qui occupait le trône de Syrie, ayant résolu de faire une expédition en Arménie (2), déclara la guerre à Xerxès; celui-ci, voyant qu'il ne pouvait résister aux forces d'Antiochus, mit sa confiance dans la grandeur d'âme du roi de Syrie. Ce prince se contenta alors d'exiger de Xerxès qu'il payât le tribut que son père avait négligé d'acquitter, confirma le traité de paix qui avait existé entre eux, et lui donna sa sœur en mariage. Voici la traduction du passage de Polybe qui a trait à l'histoire de Xerxès : « Antio-« chus [IV, roi de Syrie] étant sur le point de mettre le siége devant « Arsamosate, ville située entre l'Euphrate et le Tigre, dans un lieu nommé « la belle plaine, Xerxès, qui y régnait, prit d'abord la fuite; mais, « réfléchissant ensuite que si l'ennemi s'emparait de la capitale de ses « Etats, il soumettrait facilement le reste, il résolut d'envoyer des ambas-« sadeurs au roi de Syrie et de lui demander une entrevue. Les favoris « d'Antiochus lui conseillaient de s'assurer de la personne de Xerxès et « de faire entrer dans sa propre famille la principauté d'Armosate, en la « donnant à Mithridate, fils de sa sœur naturelle. Loin de suivre cet avis, « Antiochus aima mieux conclure un traité de paix avec Xerxès; il le fit « venir en sa présence, lui remit la plus grande partie des tributs que le « père de ce jeune prince avait refusé de payer, retira de lui trois cents « talents, mille chevaux, mille mulets avec leurs harnais, et lui donna sa « sœur Antiochide en mariage, après avoir réglé les affaires de ce « royaume. La grandeur d'âme et la générosité vraiment royales qu'An-

« tiochus fit paraître en cette occasion, lui attirèrent l'amour et la con-
« fiance des peuples de ces cantons. »

Ces détails sont suffisants pour établir l'existence du prince dont nous allons décrire les médailles, et il est bien évident qu'elles ne peuvent être attribuées à aucun autre roi du même nom, car l'un des signes caractéristiques de leur provenance arménienne est la tiare, qui figure sur les trois pièces de Xerxès connues jusqu'à ce jour.

L'abbé Barthélemy a le premier publié une médaille de Xerxès ; seulement il conjecturait que l'Antiochus qui eut des démêlés avec ce prince était Antiochus III le Grand (1). Le Père Frœlich, au contraire, plaça cet événement sous Antiochus IV, par d'autres motifs (2). Visconti a rétabli les faits dans toute leur vérité, dans une note jointe à sa dissertation sur Xerxès (3). Une autre médaille de Xerxès a été décrite par Mionnet; elle diffère seulement de la première par les monogrammes du droit et du revers (4).

Tête barbue coiffée de la tiare avec la clamyde à droite; derrière la tête, un monogramme. Grenetis au pourtour.

℞ ΒΑΣΙΛΕΩΣ   La Victoire debout, à gauche, tenant de la main
ΞΕΡΞΟΥ   droite levée une couronne, et appuyée de la gauche
                      sur un bouclier. Dans le champ, NK en monogramme.

Cuivre, moy. mod. — Pl. I, n° 6.

Cab. de France.

Tête barbue coiffée de la tiare avec la clamyde à droite. Filet au pourtour.

℞ [ΒΑΣΙΛΕΩΣ]   Victoire debout, à gauche, tenant de la main
ΞΕΡΞΟΥ   droite levée une couronne. Dans le champ : Z.
                      (L'an 6 du règne ?)

---

(1) *Mém. de l'Acad. des inscr.*, t. XXI, p. 404.   (3) *Iconogr. gr.*, 2ᵉ part., ch. xii, § 3, p. 520.
(2) *Accessio ad num. reg.*, p. 64, pl. I,   note 3.
n° 10.   (4) *Méd. gr.*, suppl., p. 724.

Cuivre, pet. mod.

Cab. de M. Rollin.

Tête barbue et coiffée de la tiare, à droite. Filet au pourtour.

℞ [BA]ΣΙΛΕΩ[Σ]   La Victoire debout, à gauche, tenant une couronne
ΞΕΡΞΟΥ   de la main droite et appuyée de la gauche sur un
bouclier. Dans le champ, H. (L'an 8 du règne?)
Filet au pourtour.

Cuivre, pet. mod. — Pl. 1, n° 7.

Cab. de France.

Dans le catalogue d'Ennery (1) on voit figurer une médaille d'argent de Xerxès, que les numismatistes n'ont point comprise dans leurs classements, parce qu'elle a été généralement considérée comme fausse ou douteuse.

Les monogrammes exprimés sur le revers des médailles que nous venons de décrire sont sans doute les dates du règne de Xerxès. Barthélemy avait supposé que l'H, qui figure sur l'une d'elles, n'était pas l'année 8 du règne de Xerxès, mais bien l'initiale de Ηλίγερδα, ville de l'Arménie que Ptolémée place dans la préfecture d'Arsamosate. Une autre médaille porte la date Z, ou 6.

_____

ABDISSAR.

(Vers la moitié du second siècle av. J.-C.)

Le roi Abdissar n'est point connu dans l'histoire; mais la ressemblance des trois médailles qui nous sont parvenues de ce prince avec celles de Xerxès, roi d'Arsamosate, est frappante. La coiffure de ce prince, son nom sémitique, le type de ses médailles comparé avec celles de Xerxès ont engagé Visconti à ranger Abdissar dans la série des rois d'Arsamosate (2).

(1) P. 28, 193.   (2) *Iconog. gr.*, 2ᵉ part., ch. xii, § 4, p. 252.

M. de Saulcy, qui a confirmé cette attribution, suppose qu'Abdissar devait être, selon toute apparence, fils de Xerxès, ce qui fixerait la date de son règne vers la moitié du second siècle avant l'ère chrétienne (1). On peut donc établir ainsi la succession des rois d'Arsamosate :

Arscham, vers 245 avant J.-C.

Lacune de plusieurs règnes.

Xerxès, 174 à 164 avant J.-C.

Abdissar, vers 150 avant J.-C.

Le nom d'Abdissar se rencontre dans plusieurs monuments. Deux inscriptions phéniciennes, celle d'Oxford et celle de Malte, qui est bilingue (2), rapportent ce nom, dont la composition est assurément sémitique. Le nom d'Abdissar, עבר אמר, et mieux encore עבר ארסיר, comme le pense Lindberg, est rendu dans la traduction grecque de l'inscription phénicienne de Malte, par Διονύσιος, qui vient de Διόνυσος, *Bacchus*, que les Grecs, au dire d'Hérodote, avaient assimilé à l'*Osiris* du Panthéon égyptien : Θεοὺς δὲ γάρ ον τους αὐτοὺς πάντες Αἰγύπτιοι σέβονται πλὴν Ἰσιός τε καὶ Ὀσίριος, τὸν δὲ Διόνυσον εἶναι λέγουσι (3). Plus loin, le même auteur dit encore : Ὄσιρις δὲ ἐστὶ Διόνυσος καθ' Ἑλλάδα γλῶσσαν (4). Le dieu Issar, dont le nom entre dans la composition de celui d'Abdissar, paraît donc avoir été regardé par les Grecs comme étant le même que leur Διόνυσος, c'est-à-dire Bacchus ou Osiris. On sait, par le témoignage de Suétone (5) et de Dion (6), que le nom *Æsar* signifiait, dans la langue étrusque, *Dieu*, ou peut-être un dieu parculier, tandis qu'au contraire en hébreu le mot שר, *sar* ou *char*, qui semble appartenir à une même racine sémitique, veut dire tout simplement *prince*.

Cette terminaison en *sar* se rapproche aussi beaucoup de celle des noms propres assyriens.

— 17 —

Il est remarquable de trouver dans les hiéroglyphes que le nom propre lu par Champollion, Poëris, et qui s'écrit 𓀀 𓀁 𓀂 *le chef*, se prononce, selon un monument du Sérapéum découvert par M. Aug. Mariette, 𓀀 𓀁 𓀂 c'est-à-dire PeSA°R, *le chef* (1).

Parmi les satrapes de Tarse en Cilicie, dont les médailles nous sont parvenues (2), il en est un dont le nom se rapproche aussi beaucoup de celui d'Abdissar, c'est Abdsohar, עבד־סהר, *le serviteur de Sohar*, l'étoile brillante de Vénus, personnage qui paraît avoir été contemporain d'Artaxerxès-Mnémon.

Quand Visconti publiait la monnaie d'Abdissar, il ne s'étonnait pas de voir un nom sémitique porté par un roi d'Arménie, confiant dans l'assertion de Strabon (3), qui dit, d'après Posidonius, que la langue des Arméniens avait beaucoup d'affinités avec celles des Syriens et des Arabes. Rien n'est plus erroné que cette opinion du géographe de l'antiquité, car on sait que la langue arménienne appartient à la famille des langues indo-germaniques, et si l'on trouve des rois d'Arménie portant des noms sémitiques, comme Xerxès et Abdissar, par exemple, cela prouve tout simplement que les Arméniens eurent pour rois des monarques étrangers, à l'époque des derniers Séleucides. Nous savons en effet que bien avant le renversement de Vahé, fils de Van, dernier roi de la dynastie d'Haïg, par les Macédoniens, l'Arménie dut subir la domination de gouverneurs étrangers à leur nation, auxquels les rois Achœménides avaient donné des satrapies presque indépendantes et qu'ensuite, elle fut réunie en partie à l'Empire des Seleucides jusqu'à l'époque où Arsace le Grand donna le royaume d'Arménie, qui alors faisait partie de l'empire des Parthes, à son frère Vagharschag, fondateur de la deuxième dynastie arménienne.

---

(1) De Rougé, *Tombeau d'Amhès*, p. 33. — *Bulletin de l'Athenæum fr.*, 1855. Renseignements sur les Apis du Sérapéum de Memphis,

par M. Mariette, § 3, p. 66, note 42.
(2) De Luynes, *Num. des satrapies*, p. 26.
(3) Liv. I.

3

Les premiers numismatistes qui publièrent les monnaies d'Abdissar avaient mal lu le nom de ce roi, qui offrait une véritable difficulté. La forme sémitique du nom d'Abdissar, la mauvaise conservation des légendes avaient aussi induit Eckhel (1) en erreur, et ce fut Sestini qui en donna le premier une bonne lecture et les fit graver; seulement les lettres IE (15), date du règne d'Abdissar, furent omises sur la figure qu'il reproduisit de l'une de ces médailles (2). Visconti, dans son Iconographie grecque (3), a adopté la leçon de Sestini, qui est aujourd'hui admise sans contestation.

Tête d'Abdissar, barbue, coiffée de la tiare arméniaque et tournée à droite. Grenetis au pourtour.

℞ ΒΑΣΙΛΕΩΣ   Aigle tournée à droite.
ΑΒΔΙΣΣΑΡΟΥ
Cuivre, moy. module. — P. I, n° 8.

Cab. de France.

Tête d'Abdissar, coiffée de la tiare arméniaque et tournée à droite. Grenetis.

℞ ΒΑΣΙΛΕΩ [Σ]   Buste de cheval, avec sa bride, tournée à droite.
ΑΒΔΙΣΣΑΡ [ΟΥ]
Cuivre. — Pl. I, n° 9.

Une variété de cette médaille a été publiée par Eckhel et Sestini avec la date IE, l'année 15 du règne d'Abdissar.

Tête d'Abdissar coiffée de la tiare arméniaque et tournée à droite. Grenetis.

℞ ΑΒΔΙΣΣ[ΑΡΟΥ]   Aigle tournée à droite.
ΒΑΣΙΛΕ [ΩΣ]
Cuivre. — Pl. I, n° 10.

Cab. de France.

Les monnaies d'Abdissar nous fournissent deux types fort curieux à

(1) *Doct. num. vet.*, t. II, p. 208.   (3) Part. II, chap. 12, § 4, p. 252.
(2) *Lettres*, t. IX, p. 104.

étudier ; ce sont : le cheval que nous avons déjà vu figurer sur les monnaies de Arscham, et l'aigle. Les auteurs arméniens et grecs sont d'accord sur ce point, que l'Arménie produisait beaucoup de chevaux (1). Ainsi, nous avons vu que Xerxès, roi d'Arsamosate, dans le traité de paix qu'il signa avec Antiochus, dut s'engager à lui fournir mille chevaux et autant de mulets (2). Nous savons aussi que les rois d'Arménie envoyaient tous les ans au roi de Perse vingt mille poulains en tribut (3). Nous verrons plus loin que le cheval est un type assez fréquent sur les monnaies des Arsacides. Mais déjà à une époque antérieure, le cheval était une des ressources principales du commerce des anciens Arméniens. Ainsi nous trouvons dans les livres saints, un passage d'Ezéchiel, qui dit : « De domo Thorgoma (id est Armeniæ) equos et equites et mulos adduxerunt ad forum tuum (4). »

L'aigle qui figure ici pour la première fois sur deux monnaies d'Abdissar, est un type qui paraît emprunté aux médailles des Séleucides, sur lesquelles il commence à paraître à l'époque d'Antiochus IV. Cependant nous savons, par le témoignage des anciens historiens de l'Arménie, que l'aigle était aussi un emblème spécial à ce royaume. Moyse de Khorèn nous apprend, en effet, que Vagharschag, en organisant sa cour et son empire, institua une satrapie en faveur d'une famille qui avait le privilége de porter devant lui les aigles, et à laquelle il donna le nom d'Ardzivouni, et plus simplement Ardzrouni, c'est-à-dire porte-aigles : *և զարծրունիք գիտեմ ոչ արծրունիս, այլ արծիւ ունիս, որք արծուիս առաջի նորա կրէին*. « Je sais que le nom de ceux qui portaient les aigles devant lui (Vagharschag), n'était pas Ardzrouni, mais bien Ardziv-ouni (5). » L'historien Mesrob rapporte que sous le règne d'Arsace, l'aigle et l'arc étaient les emblèmes du royaume d'Arménie (6). Nous verrons plus tard, sur une monnaie frappée par Tigrane II, roi de la dynastie arsacide d'Arménie, figurer un personnage debout qui tient de la main gauche un arc.

---

(1) Moyse de Khorèn, liv. II, ch. 62. —
Faustus de Byzance, liv. III, ch. 20. — Strabon, liv. XI.
(2) Polybe, *Excerpt.*, t. II, p. 1381.

(3) Strabon, liv. XI.
(4) Ezech., XXVII, 14.
(5) Moyse de Khorèn, liv. II, ch. 7.
(6) Mesrob, p. 5.

Polybe nous apprend qu'environ 170 ans avant J.-C., une partie de la Petite-Arménie située entre l'Euphrate et les Etats du roi de Pont, obéissait à un prince du nom de Mithridate, auquel il donne le simple titre de satrape. Cependant il paraît que ce prince était indépendant, puisqu'il faisait la guerre et la paix, et concluait des traités en son nom, avec les rois de l'Asie. Il est présumable, que le royaume de la Petite-Arménie était un de ces nombreux Etats formés après le démembrement de l'empire d'Alexandre, et dont Pline affirme que le nombre s'élevait à cent vingt stratégies.

MITHRIDATE.

(Vers 170 avant Jésus-Christ.)

Le personnage dont nous allons nous occuper est mentionné par Polybe (1) qui en parle à propos de la coalition qu'il forma avec Pharnace Ier, roi de Pont, pour faire la guerre à Eumène II, roi de Pergame, à Prusias II, roi de Bythinie, à Ariarathe VI, roi de Cappadoce et à leurs alliés. Le traité qui mit fin à cette guerre et qui nous a été conservé parmi les extraits de Polybe recueillis par Constantin Porphyrogénete, fut signé environ 170 ans avant notre ère. Visconti suppose avec raison que ce Mithridate n'est autre que le petit-fils d'Antiochus le Grand, auquel Antiochus Epiphane, son oncle, aurait donné les Etats de Xerxès, roi d'Arsamosate, si des sentiments plus généreux ne l'en avaient détourné (2). On ne connaît pas les autres circonstances de la vie de Mithridate, ni du sort de ses Etats après sa mort. On peut croire que l'un de ses successeurs était cet Antipater, fils de Sisis, qui céda tous les pays de sa domination à Mithridate le Grand.

---

(1) *Excerpt. de virt. et vit.* (2) *Icon. gr.*, 2e part., ch. 12, § 5, p. 255.

— 21 —

Plusieurs numismatistes ont parlé de la monnaie de Mithridate, roi de la
Petite-Arménie ; ce sont Béger (1), Spanheim (2), Frœlich (3), Eckhel (4),
Mionnet (5), Visconti (6), etc. Spanheim avait lu le nom du roi, ΜΙΘΡΑΔΑ-
ΤΟΥ, et avait attribué la médaille à un prince qui portait le même nom que
le roi de la Petite-Arménie. Béger et Frœlich avaient aussi proposé une
attribution qui fut combattue victorieusement par Eckhel. Ce savant, guidé
sans doute par le type de la médaille, déclara qu'on devait ranger le Mithridate en question parmi les princes arméniens. Visconti a adopté l'attribution d'Eckhel qu'il a précisée davantage. Mionnet et d'autres numismatistes, trompés sans doute par la ressemblance du nom, ont attribué à
tort, au prince dont nous nous occupons, des médailles portant pour légende ΒΑΣΙΛΕΩΣ ΜΙΘΡΙΔΑΤΟΥ ΚΑΛΛΙΝΙΚΟΥ (7); mais, nous le répétons,
Visconti a prouvé d'une manière irréfutable que ces pièces appartenaient
à Mithridate II, roi de la Commagène (8).

Tête du prince coiffée de la tiare arméniaque et tournée à gauche ; derrière la tête du roi, une palme en contremarque semblable à celle qui se
voit sur celui de la médaille de Samès.

℞ ΒΑΣΙΛΕ[ΩΣ]   Massue d'Hercule.
ΜΙΘΡΙΔΑ[ΤΟΥ]
[ΦΙΛΕ]ΛΛΗ[ΝΟΥ]

Cuivre. — Pl. I, n° 11.
Cabinet de Berlin.

L'épithète mutilée, qui se lit au revers de la médaille de Mithridate est,
selon Visconti, le commencement du mot φιλόμετορ, parce qu'il suppose que
ce prince, né d'une sœur d'Antiochus le Grand, se glorifiait de cette origine, mais il est plus logique de penser que Mithridate avait pris le titre

(1) Trés. de Brandebg., t. III, p. 8.
(2) T. I, p. 182.
(3) *Not. élém.*, t. X, n° 5.
(4) *D. N. V.*, t. III, p. 206.
(5) *Méd. gr.*, t. IV, p. 456.
(6) *Icon. gr.*, 2° part., ch. 12, § 5, p. 255.
(7) *Méd. gr.*, t. IV, p. 456.
(8) *Icon. rom.*, suppl. gén., p. 14 et suiv.

de φιλέλληνος, comme le firent dans la suite quelques-uns des rois Arsacides de l'Arménie, à l'imitation de beaucoup de princes de l'Orient, comme par exemple les rois de Parthie, et Arétas, roi de Damas ; c'est par sa mère que Mithridate se regardait comme issu de la race d'Hercule, et cette prétention est indiquée par la massue qui figure sur le revers de la médaille.

Au moment où je terminais ce chapitre, j'ai reçu une lettre des RR. PP. Mékhitaristes de Vienne, qui m'annoncent que l'un des plus savants archéologues de la congrégation, le P. Clément Sibilian, qui voyage en ce moment en Arménie, a découvert des médailles du plus haut intérêt. Voici le passage de cette lettre, relatif à ces découvertes : « Le P. Sibilian a trouvé une médaille, au type arsacide, portant le nom d'Arscham (1), qu'il croit être le père d'Abgar, et une autre pièce, avec le nom de Vagharschag, dont le type diffère entièrement de celui des rois parthes. Il ne nous a pas encore envoyé la collection qu'il a formée et qui fait de notre cabinet numismatique le plus riche en monnaies arméniennes (2). »

(1) C'est peut-être une monnaie d'Arscham (Arsamès), roi d'Arsamosate, semblable à celle   que j'ai publiée page 12.

(2) Lettre du P. Avkérian, du 29 juillet.

DEUXIÈME DYNASTIE.

ARSACIDES.

Quand la puissance des Grecs eut commencé à baisser dans la Haute-Asie, un demi-siècle environ après la mort d'Alexandre, les querelles intestines, causées par l'ambition des lieutenants du conquérant macédonien, inspirèrent aux peuples soumis au joug de ces usurpateurs étrangers le désir de profiter de leurs divisions et de recouvrer leur indépendance.

Un Parthe, nommé Arschag ou Arsace, profitant de la disposition générale des esprits, leva bientôt, dans la Bactriane, l'étendard de la révolte contre les Séleucides. Vainement ces princes envoyèrent contre lui de nombreuses armées pour le faire rentrer dans le devoir, il les vainquit toujours, et parvint même à les chasser des provinces de la Parthyène et de l'Hyrcanie. Ses descendants, imitant son exemple, poursuivirent le cours des conquêtes d'Arschag, et repoussèrent jusqu'aux bords de l'Euphrate les faibles successeurs d'Alexandre.

Un autre Arschag, surnommé le Grand, et connu aussi sous le nom de Mithridate, qui vivait cent ans après le fondateur de la dynastie des Parthes, vainquit de nouveau les rois de Syrie, répandit la terreur de ses armes dans presque toute l'Asie et, profitant des troubles qui agitaient l'Arménie, y entra à la tête d'une armée formidable. Secondé par les Arméniens, qui le reçurent comme un libérateur, Arschag se rendit maître de tout le pays et en donna la souveraineté à son jeune frère Vagharschag, qui devint ainsi le chef de la dynastie des Arsacides d'Arménie. La ville de Nisibe (Medzpin), dans la Mésopotamie septentrionale, fut la capitale de ce nouveau royaume. Bientôt Vagharschag étendit les limites de son empire, soumit à ses lois une partie de l'Asie-Mineure, de la Haute-Arménie et du pays des Lazes, et s'empara même des montagnes du Caucase. C'est du règne de ce prince que date l'organisation satrapale de l'Arménie et la grandeur de cet empire (1).

(1) Moyse de Khorèn, liv. II, ch. 2-7. — Jean Catholicos, ch. 8. — Samuel d'Ani, *Chron.*

I. — PREMIÈRE BRANCHE.

La numismatique des Arsacides d'Arménie n'est point aussi riche que l'on pourrait le supposer au premier abord. La longue liste de rois qui nous est fournie par les historiens orientaux et occidentaux ne présente pas beaucoup de monuments monétaires. Ainsi, nous ne connaissons aucune monnaie de Vagharschag et de ses premiers successeurs jusqu'au règne de Tigrane le Grand ou Dikran, comme le nomment les Arméniens. Nous nous expliquons du reste cette lacune, en parcourant l'histoire d'Arménie, qui nous apprend qu'Arschag le Grand, dans le but de rendre indissolubles les liens qui attachaient les deux royaumes de Parthie et d'Arménie, décida que les princes de la branche aînée, maîtres de la Perse, seraient investis de la suzeraineté et du droit exclusif de battre monnaie. Mais cette suzeraineté ne fut pas de longue durée, car dès le règne d'Ardaschès Ier, fils d'Arschag, deuxième successeur de Vagharschag, qui régna depuis l'année 114 jusqu'en 89 avant notre ère, l'Arménie s'affranchit, à ce qu'il paraît, de la domination des Parthes, et Ardaschès, que Moyse de Khorên nous représente comme un prince superbe et ami des combats, jaloux d'augmenter la gloire et d'étendre la domination de son pays, enleva à Arschagan, roi des Parthes, la suzeraineté que les princes de la branche aînée avaient exercée jusqu'alors sur les Arsacides d'Arménie, lui donna le second rang et prit le titre de *roi des rois*. Il voulut en outre, dit Moyse, que la monnaie des deux pays fût frappée à son effigie . զրամ առաձին զիւր պատկերն Հայկանէր (1). Assoghig de Daron confirme ce témoignage dans son *Histoire universelle :* « Ardaschès succéda « à son père Arschag, la vingt-quatrième année d'Arschagan, roi de Perse. « Par la puissance qu'il acquit, il sortit du second rang pour prendre « la préséance, et revendiqua le droit de battre monnaie en y impri- « mant son effigie (2). »

---

(1) *Hist. d'Armén.*, liv. II, ch. 11.   (2) Assoghig, 1re partie, ch. 5. *Rois Arsac. d'Arménie.*

C'est seulement à partir du règne de Tigrane, successeur d'Ardaschès, que nous voyons apparaître les médailles des Arsacides d'Arménie. La suite en est assez complète jusqu'au règne d'Artaxias, époque à laquelle les rois arméniens de la première branche cessèrent tout à fait de battre monnaie. C'est aussi à partir de ce moment, que le numéraire des Parthes et celui des Romains remplacèrent en Arménie les monnaies nationales qui devinrent dès lors d'un usage très-restreint, et disparurent bientôt, par les soins des officiers chargés de recueillir en Orient les pièces étrangères, qui devaient être fondues, pour être converties ensuite en monnaies par les Parthes et les Romains, d'après le système en usage dans les deux empires.

TIGRANE I*ʳ* (1) LE GRAND. — DIKRAN.

(89 av. J.-C. — Associe Ardavazt, son fils, à l'Empire en 55. — Mort en 36.)

Tigrane, fils d'Ardaschès, que les historiens représentent comme un des plus grands conquérants de l'Orient, était fort jeune lorsqu'il arriva au trône d'Arménie, et il paraît même, au dire des historiens grecs et latins (2), qu'il fut, pendant quelque temps, dans la dépendance des Parthes. Etant parvenu à s'affranchir de leur empire, Tigrane songea à ranger tous les peuples de l'Asie sous sa domination. Il réunit d'abord, aux états de ses pères, la Syrie et plusieurs provinces de l'Asie Mineure; puis, ayant attaqué les princes de la branche aînée des Arsacides qui régnaient en Perse, il leur enleva la Mésopotamie, l'Adiabène et l'Atropatène, et reçut des souverains perses le titre de *roi des rois*. Fier de ses victoires et de ses conquêtes, il embrassa la cause de Mihr-tad ou Mithridate, roi de Pont, son beau-frère, qui, vaincu par les Romains, était venu chercher

(1) Ce prince est le deuxième du nom dans la série des rois d'Arménie, mais il est le premier dans la suite Arsacide. Aussi les auteurs l'appellent-ils indifféremment Tigrane Iᵉʳ ou Tigrane II.

(2) Strabon, liv. XI. — Justin, liv. XXXVIII. — Appien, *Syr.*, *passim.*—Longuerue, *Ann. reg. Parth.*, ann. *A. C.* 95, p. 15.

4

un asile dans ses états et implorer son appui. Mais, la fortune l'ayant abandonné, Tigrane dut céder devant les forces romaines, fut contraint de renoncer à toutes ses conquêtes, de souscrire de honteux traités avec les princes qu'il avait offensés et de quitter le titre fastueux de roi des rois (1). Tigrane mourut dans un âge fort avancé, en laissant son royaume, considérablement réduit, à son fils Artavazt ou Artabaze.

L'histoire fait mention des trésors immenses que Tigrane avait amassés pendant le cours de ses conquêtes, et l'on peut juger en effet de leurs richesses par le tribut onéreux que Pompée exigea de ce prince après sa défaite, en 66. Strabon raconte, à cette occasion, que le général romain demanda à Tigrane une contribution de guerre de six mille talents d'argent, qui furent distribués sur-le-champ aux troupes ; chaque légionnaire eut pour sa part cent cinquante drachmes ; chaque centurion, mille drachmes ; chaque éparque et chiliarque, un talent (2). Cependant les historiens grecs et latins ne sont pas d'accord sur la somme que Pompée exigea de Tigrane (3), mais il n'en est pas moins vrai que cette contribution était énorme, puisque les écrivains de l'antiquité en ont tous fait mention dans leurs récits.

Les trésors de Tigrane, ainsi que ceux d'Ardavazt, son fils et son successeur, étaient conservés, au dire de Strabon, près d'Artaxata, dans les deux forteresses de Babyrsa ou Barbyrsa et d'Olané (4).

Les médailles de Tigrane qui nous sont parvenues et qui se rencontrent assez fréquemment dans les collections, ont été frappées à Antioche et dans d'autres villes de l'empire des Séleucides, alors que ce prince était

(1) Moyse de Kh., liv. II, ch. 13-22. — Jean Cath., ch. 8. — Appien, *Syr. et Mith.* — Plutarque, *Lucull., Pomp., Anton.* — Dion Cassius, liv. XXXVI, XXXVII, XL, XLIX. — Velleius Patercul., liv. II.

(2) Strabon, liv. XI, ch. 19.

(3) Plutarque, *Pomp.* — Dion Cassius,

liv. XXXVI. — Appien, *Mithr.* — Suidas. Πομπήϊος. — Ciceron, *pro Sextio.* — Vell. Patercul., liv. II. — Val. Maxim., liv. XV, ch. 1. — Orose, liv. VI, ch. 4. — Eutrope, liv. VI, ch.3.

(4) Strabon, liv. XI, ch. 19.

maître de la Syrie. Nous avons donc la date assez précise de l'époque où ces médailles furent frappées, car on sait que le règne de Tigrane en Syrie dura dix-huit ans, selon Justin (1), c'est-à-dire depuis l'an 83 avant J.-C., jusqu'à l'an 66 (2).

Les monnaies de Tigrane offrent de grandes variétés de coins et de types ; elles ressemblent en tout point à celles des princes Séleucides, ses prédécesseurs, et on reconnaît facilement, à une première inspection, que ces pièces ne peuvent avoir été frappées que dans les ateliers monétaires de la Syrie ; aussi les numismatistes sont-ils unanimes pour ranger les médailles de Tigrane parmi les pièces de la série des Séleucides. La seule différence à signaler, entre les monnaies de Tigrane et celles de ses prédécesseurs, est le type qui figure invariablement sur le droit des pièces, nous voulons parler de la tête du prince qui est constamment coiffée de la tiare arméniaque, tandis que sur les monnaies des autres Séleucides, la tête est nue et les cheveux sont simplement retenus par un bandeau.

Voici la description des différents types que nous offre la série des monnaies frappées par Tigrane le Grand (3) :

Tête de Tigrane tournée à droite et coiffée de la tiare arméniaque ornée de deux aigles opposés et d'une étoile. Perles au pourtour.

℞ ΒΑΣΙΛΕΩΣ   Femme tourellée assise (Antioche) sur un rocher,
ΤΙΓΡΑΝΟΥ   tournée à droite, tenant de la main droite une palme;
           elle a le pied posé sur un fleuve (l'Oronte) sortant de
           terre. Dans le champ , ΣΙ en monogramme; le tout
           entouré d'une couronne de laurier.

Tétradrachme d'argent. — Pl. II, n° 1.

Cab. de France.

On connaît plusieurs variétés des coins de cette médaille où figurent des monogrammes souvent très-compliqués et que, jusqu'à présent, on n'est

(4) Liv. XI, ch. 1.
(2) Card. Noris, *ad cenot. Pisan.*, dissert., II, ch. 2.
(3) Cf., Mionnet, *Descr. des méd. grecq.*, t. V, p. 168-9 ; et *suppl.*, t. VIII, p. 78 et suiv.

point parvenu encore à déchiffrer. Cf., pl. II, n° 3, 4, 5. — Des médailles presque semblables à celle dont on vient de lire la description, ont été publiées par Sestini (1) qui observe que la femme tourellée représentée au revers de ces médailles porte aussi un voile. Ennery (2), l'auteur du catalogue du cabinet Duane (3) et Mionnet (4), qui ont décrit plusieurs monnaies de Tigrane, a signalé plusieurs variétés de monogrammes.

Le type du revers de la plupart des tétradrachmes de Tigrane et des autres monnaies de ce prince, est assurément un des plus curieux qui nous soient offerts par la numismatique des Séleucides. Il représente, en effet, la ville d'Antioche sous les traits d'une femme coiffée d'une couronne murale, tenant une palme et assise sur un rocher, dont la base est baignée par les flots du fleuve Oronte, qui est représenté sous la figure d'un homme nu et nageant aux pieds de la ville. Ce type de la ville d'Antioche et de son fleuve personnifiés, ne se rencontre pas seulement sur les monnaies de Tigrane, mais il se voit encore sur beaucoup d'autres médailles des princes Séleucides et sur les monnaies impériales ou coloniales frappées à Antioche. Cette représentation avait pour prototype un groupe de bronze, ouvrage d'Eutychide, élève de Lysippe, et que les habitants d'Antioche avaient en grande vénération (5).

Tête de Tigrane, à droite, coiffée de la tiare.

℞) ΒΑΣΙΛΕΩΣ   Femme tourellée assise sur un rocher à droite, te-
ΒΑΣΙΛΕΩΝ   nant de la main droite une palme, et le pied posé
ΤΙΓΡΑΝΟΥ   sur un fleuve sortant de terre. Dans le champ, deux
               monogrammes ; le tout entouré d'une couronne de
               laurier.

Tétradrachme d'argent.

Cette médaille, qui diffère de la précédente par la légende, a été frappée,

---

(1) *Desc. num. vet.*, p. 502, n° 1-9.

(2) *Mus. Vindob.*, p. 29 et suiv.

(3) *Coins of the Seleuc.*, pl. XXII.

(4) T. V, p. 168-9, et *suppl.*, t. VIII, p. 78 et s.

(5) Pausanias, V, 2. — Museo Pio Clément., p. 72, pl. XLVI, 61.

ainsi que ses variétés, lorsque Tigrane prit le titre de roi des rois, après avoir conquis la Syrie.

Tête de Tigrane, à droite, coiffée de la tiare.

℞ ΒΑΣΙΛΕΩΣ Femme tourellée assise sur un rocher, à gauche,
[ΤΙ]ΓΡΑΝΟΥ le bras droit étendu et portant une corne d'abon-
ΑΜΝ(?) dance de la main gauche; à ses pieds un fleuve na-
geant. Dans le champ, le monogramme d'Antioche,
AN; à l'exergue, des lettres altérées; le tout dans
une couronne de laurier.

Tétradrachme d'argent. — Pl. II, n° 2.
Cab. de France.

Tête de Tigrane, à droite, coiffée de la tiare. Grenetis au pourtour.

℞ ΒΑΣΙΛΕΩΣ Femme tourellée assise sur un rocher, à droite,
ΒΑΣΙΛΕΩΝ tenant une palme de la main droite; à ses pieds,
ΤΙΓΡΑΝΟΥ un fleuve nageant. Dans le champ, ΕΛ en mono-
gramme; à l'exergue, ΞC.

Drachme d'argent. —Pl. II, n° 6.
Cab. de France.

Duane, coins of the Seleucid., Pl. XXIII, n° 8, p. 145. —Sestini, Descr. num. vet., p. 502, n° 10.

On connaît plusieurs variétés de cette médaille, qui ne diffèrent de la précédente que par les monogrammes et les sigles qui se remarquent au revers des pièces.

Tête de Tigrane, à droite, coiffée de la tiare. Grenetis.

℞ ΒΑΣΙΛΕΩΣ Femme tourellée assise sur un rocher, à gauche,
ΤΙΓΡΑΝΟΥ tenant de la main droite une palme, et de la gauche
une corne d'abondance; à ses pieds, un fleuve nageant. Grenetis.

Cuivre. — Pl. II, n° 7.
Cab. de France.

Tête de Tigrane, à droite, coiffée de la tiare constellée. Grenetis.

℞ ΒΑΣΙΛΕΩΣ   Femme tourellée assise sur un rocher, à droite,
ΤΙΓΡΑΝΟΥ   tenant de la main droite une palme, et ayant le pied
               sur un fleuve nageant.

Cuivre. — Pl.II, n° 8.

Cab. de France.

Tête de Tigrane, à droite, coiffée de la tiare. Grenetis.

℞ ΒΑΣΙΛΕΩΣ   Femme debout, drapée, à gauche, tenant de la
ΤΙΓΡΑΝ[ΟΥ]   main droite une corne d'abondance.

Cuivre. — Pl. II, n° 9.

Cab. de France.

Tête de Tigrane, à droite, coiffée de la tiare.

℞ ΒΑΣΙΛΕΩΣ   Cheval en course, passant à gauche.
ΒΑΣΙΛΕΩΝ
[ΤΙ]ΓΡΑΝ[ΟΥ]
ΘΕΟΥ

Cuivre. — Pl. II, n° 10.

Cab. de France.

ΒΑΣΙΛΕΩΣ ΒΑΣΙΛΕΩΝ. — Tête de Tigrane tournée à gauche, derrière un arc. Grenetis.

℞ ΜΕΓΑΛΟ[Υ] ΤΙΓΡΑΝΟΥ. — Victoire, passant à droite, tenant une palme dans la main droite. Dans le champ, ΄ΑΜΣ. (An 244 de l'ère des Séleucides, = 71 av. J.-C.)

Cuivre. — Pl. II, n° 11.

Cab. de France.

Pellerin, Méd. des peuples et des rois.

Tête de Tigrane, à droite, coiffée de la tiare.

℞ ΒΑΣΙΛΕΩΣ Femme tourellée assise sur un rocher, à droite,
ΒΑΣΙΛΕΩΝ tenant une palme de la main droite ; à ses pieds, un
ΤΙΓΡΑΝΟΥ fleuve nageant. Dans le champ, T.
Cuivre.

Sestini, Descr., p. 502, n° 11.

Tête de Tigrane coiffée de la tiare.

℞ ΒΑΣΙΛΕΩΣ Femme tourellée assise sur un rocher, à gauche,
ΤΙΓΡΑΝΟΥ tenant un épi de la droite et une corne d'abondance
     de la gauche. Dans le champ, N.
Cuivre.

Sestini, Descr. du Mus. Hederwar., t. III, p. 20, n° 3.

Tête de Tigrane coiffée de la tiare.

℞ ΒΑΣΙΛΕΩΣ Femme tourellée assise sur un rocher, la main
ΤΙΓΡΑΝΟΥ étendue, et tenant de la main gauche une corne
     d'abondance ; à ses pieds, un fleuve. Dans le
     champ, H.
Cuivre.

Sestini, Descr., p. 502, n° 12.

Tête de Tigrane coiffée de la tiare.

℞ Figure à demi nue, assise sur un rocher et tournée à gauche, ayant
la main droite levée et tenant une corne d'abondance de la main gauche.

Cuivre.

Duane, pl. XXII, n° 9. — Sestini a publié dans sa description, p. 503,
n° 13, une médaille presque semblable qui ne diffère de la précédente que
par le type du revers. Outre la figure assise sur le rocher, on remarque
encore le fleuve nageant, comme sur les tétradrachmes que nous avons
décrits plus haut.

Tête de Tigrane coiffée de la tiare.

℞ Victoire conduisant un bige et tenant une palme à la main droite.

Cuivre.

Sestini, Descr., p. 503, n° 14.

Tête de Tigrane coiffée de la tiare, à droite.

℞ [ΒΑΣΙΛΕΩΣ]   Victoire passant à gauche.

ΤΙΓΡΑΝΟΥ

Cuivre.

Duane, pl. XXII, n° 10. — Sestini a publié (Descr., p. 530, n° 15) une variété de cette médaille : derrière la tête du roi, on remarque un A; et Haym (Tesor. Brit. I, p. 103, n° 98) en a publié une semblable qui porte au revers la légende ΠΑΡ à l'exergue.

Tête de Tigrane coiffée de la tiare. Derrière A.

℞ ΒΑΣΙΛΕΩΣ   Femme vêtue de la stola, passant à gauche, la

ΤΙΓΡΑΝΟΥ   main droite levée et tenant de la main gauche un

                    pan de sa stola.

Cuivre.

Duane, pl. XXII, n° 12.

Tête de Tigrane coiffée de la tiare, ornée d'une étoile.

℞ ΒΑΣΙΛΕΩΣ   Hercule nu, debout, la main droite appuyée sur

ΒΑΣΙΛΕΩΝ   sa massue et tenant de la gauche la dépouille du

ΤΙΓΡΑΝΟΥ   lion.

Cuivre.

Combe, Vet. popul. et reg. numism., p. 215, n° 4, pl. XII, fig. 15.

ARTAVAZT.

(55. — Seul, 36 à 34 av. J.-C.)

Tigrane le Grand avait associé son fils Artavazt ou Artabaze à l'empire dès l'année 55, mais il ne lui succéda réellement qu'en 36. Plutarque raconte qu'Artavazt avait des talents littéraires, car il avait composé en grec des tragédies, des discours et des mémoires historiques, dont une partie existait encore de son temps (1). Le règne de ce prince fut très-malheureux ; placé entre les Romains et les Parthes, ni les uns ni les autres n'eurent à se louer de sa loyauté. Mithridate III et Orode I", lui déclarèrent la guerre (2). Crassus, l'ennemi d'Orode, était mécontent d'Artavazt ; Antoine, de son côté, se crut trahi par ce prince et s'en vengea par une autre trahison. Il s'avança vers lui en ami, l'enleva avec toute sa famille, et l'ayant fait attacher avec une chaîne d'or, il l'offrit en présent à Cléopâtre, reine d'Egypte (3). Artavazt, vaincu et prisonnier, conserva vis-à-vis de l'orgueilleuse souveraine, un maintien dédaigneux dont elle fut si blessée, qu'elle le fit décapiter après la bataille d'Actium, afin qu'Octave, dont on supposait qu'Artavazt avait embrassé la cause contre Antoine, ne pût le rendre à la liberté (4). Ardaschès II ou Artaxias, fils d'Artavazt, parvint à s'échapper de sa prison et occupa quelque temps le trône d'Arménie.

On connaît plusieurs monnaies frappées sous le règne d'Artavazt, mais dont la plus curieuse est assurément une pièce de cuivre offrant les têtes de Tigrane et d'Artavazt accolées. Il est évident que ce monument a été frappé à l'époque de l'association d'Artavazt au trône d'Arménie.

Têtes accolées de Tigrane et d'Artavazt, coiffées de la tiare. La tête de Tigrane est barbue, tandis que celle d'Artavazt est imberbe.

(1) Plutarque, *Vie de Crassus*.
(2) Justin, liv. XLII, ch. 2, 4. — Plutarq., *Crass.*
(3) Moyse de Khorèn, liv. II, ch. 23.
(4) Dion Cassius., liv. XLIX, § 41, et liv. LI, § 5.

℞ ΒΑΣΙΛΕΩΣ — La Fortune assise sur un gouvernail, à gauche,
ΤΙΓΡΑΝΟΥ — ayant la main droite posée sur l'extrémité du gouvernail, et tenant de la main gauche une corne d'abondance.

Cuivre.

Tête d'Artavazt coiffée de la tiare, à droite. Grenetis.

℞ ΒΑΣΙΛΕΩΣ — Quadrige passant à gauche et conduit par un
ΒΑΣΙΛΕΩΝ — personnage qui tient de la main droite une pe-
ΑΡΤΑΥΑΣΔΟΥ — tite victoire. Dans le champ, deux monogrammes.

Drachme d'argent. —Pl. III, n° 1.

Mémoires de la société d'archéolog. de Saint-Pétersb., t. III, p. 179-181. Drachme d'Ardavasde par M. de Bartholomei.

Tête d'Artavazt coiffée de la tiare, à droite ; derrière A. Grenetis.

℞ ΒΑΣΙΛΕΩΣ — Victoire, à gauche, tenant une couronne et une
ΒΑΣΙΛΕΩΝ — palme.
ΑΡΤΑΥΑΣΔ[ΟΥ]

Cuivre. — Pl. III, n° 2.

Cab. de France.

Pellerin, Méd. des rois, pl. XV. — Visconti, Iconogr. grecq., 2ᵉ part., chap. XII, § 7, p. 264, pl. XLV, n° 7.

Tête d'Artavazt coiffée de la tiare. Derrière, une aigle avec une couronne.

℞ ΒΑΣΙΛΕΩΣ — Tête du roi coiffée d'une autre tiare.
ΒΑΣΙΛΕΩΝ
ΑΡΤ[ΑΥΑΣΔΟΥ]

Cuivre .

Sestini, Descr. num. vet., p. 491. — Visconti, Icon. grecq., 2ᵉ part., ch. XII, § 7. — Mionnet, Suppl. à la descr. des méd. grecq., p. 726.

ALEXANDRE.

(Vers 33 avant Jésus-Christ.)

Antoine, après avoir livré Artavazt à Cléopâtre qui le fit mourir, et soumis toute l'Arménie, en donna la couronne à un fils qu'il avait eu de la reine d'Egypte et qui s'appelait Alexandre; mais les Arméniens ne tardèrent pas à chasser cet étranger, dont les historiens nationaux ne font même pas mention. Le royaume d'Alexandre ne comprenait pas toute l'Arménie, car il paraît qu'une portion en avait été donnée par Antoine à Polémon, roi de Pont, tandis qu'il avait fait don des provinces orientales au roi des Mèdes.

___

Les médailles qui rappellent la conquête de l'Arménie par Antoine nous sont parvenues. Il est vrai qu'elles ne portent pas le nom d'Alexandre, mais la tiare qui figure derrière la tête d'Antoine nous a engagé à ranger ces pièces dans la série arménienne. On sait que les numismatistes classent les monnaies en question dans la suite des monnaies consulaires romaines, à la fin de la famille Antonia (1).

CLEOPATRAE REGINAE REGUM FILIORUM REGUM. — Tête diadémée de Cléopâtre tournée à droite. Dessous, une proue de navire. Grenetis.

℞ ANTONI ARMENIA DEVICTA. — Tête nue de Marc-Antoine, à droite. Derrière, la tiare arméniaque. Grenetis.

Argent. — Pl. III, n° 3.

Cab. de France.

___

(1) Mionnet, *Descr. des monnaies romaines*; *Cléopatra reg.*

TIGRANE II.

(Vers l'an 20 av. J.-C.)

Depuis l'époque de la mort d'Artavazt, l'Arménie tomba dans une complète décadence. Les successeurs de Tigrane le Grand, jouets de la politique des Romains ou de celle des Parthes, virent leurs Etats ravagés par ces deux puissances; trop heureux encore quand ils purent conserver, sous la protection de l'une des deux, un trône avili. En effet, par la position des princes arméniens entre les Parthes et les Romains, par le gouvernement intérieur de ce royaume et par sa constitution physique, il leur était impossible d'acquérir une puissance capable de les faire respecter des étrangers et de les mettre en état de repousser leurs attaques. « Ambigua gens ea antiquitùs, dit Tacite (1), hominum ingeniis, et situ « terrarum quo nostris provinciis latè prætenta, penitus ad Mædos por- « rigitur; maximisque imperiis interjecti, et sæpius discordes sunt, « adversus Romanos odio et in Parthum invidia. » Souverains d'un pays assez étendu, mais composé presque entièrement de hautes montagnes et de vallées profondes, ils ne pouvaient que très-difficilement en être entièrement les maîtres, d'abord par les difficultés de terrain, et ensuite parce que la plupart de ces vallées ou cantons étaient possédés par des princes leurs vassaux, qui ne reconnaissaient, qu'autant qu'ils le voulaient, l'autorité du roi, et qui, presque toujours, servaient les projets des étrangers contre leur patrie. Il est vraisemblable que la forme du gouvernement établie dans ces contrées de l'Orient, où les satrapies de chaque canton se perpétuaient souvent dans les familles, et offraient quelque ressemblance avec le régime féodal, était la raison qui faisait prendre aux monarques le titre fastueux de roi des rois ou même de grand roi. Pline nous apprend en effet que les satrapies des Perses et des Parthes portaient le nom de royaumes (2), et Josèphe met dans la même catégorie les satrapes et les toparques ou dynastes (3). Les auteurs arméniens se servent aussi fort

(1) *Ann.*, liv. II, § 56.   (3) *Antiq. judaïq.*, liv. XII, ch. 3, n° 2.
(2) Liv. VI, § 16 et 29.

souvent des titres *Arkh'aïtz Arkh'a*, rois des rois, et de *Medz-Plechkh'*, grand prince.

Nous savons qu'après la mort d'Artavazt, Artaxias ou Ardaschès, d'abord prisonnier d'Antoine, était venu ensuite chercher un asile chez les Parthes, qui l'aidèrent à reprendre la couronne d'Arménie, après la bataille d'Actium. Ennemi des Romains, Artaxias s'était maintenu sur son trône par la puissance du roi des Parthes; mais lorsque cet appui lui manqua par suite de la conciliation de Phraate avec Auguste, il s'éleva des troubles et des factions contre lui dans le sein même de sa cour, et plusieurs des grands de son royaume demandèrent pour roi Tigrane II, son frère, qui était venu à Rome depuis la mort d'Antoine. Auguste donna aux Arméniens le roi qu'ils demandaient, et Tibère fut chargé de placer Tigrane II sur le trône (1). Un passage du testament d'Auguste, gravé sur le monument d'Ancyre, rapporte cet événement : « Ἀρμενίαν τὴν μείζονα ἀνειρεθέντος τοῦ βασι. λέως [Ἀρταξία] δυνάμενος. Ἐπαρχείαν ποίησαι μᾶλλον ἐβουλήτην κατὰ τὰ πάτρια ἡμῶν ἔθη βασιλέιαν Τιγράνῃ Ἀρ=[αου]ἀσδου υἱῷ υἱωνῷ δὲ Τιγράνου βασιλέως δ[οῦναι] διὰ Τι- 6ερίου [Ν]έρωνος, ὃς τότ' ἐμοῦ πρόγονὸς ἦν (2) » Mais bientôt Tigrane, oubliant les services que l'empereur lui avait rendus, trahit son bienfaiteur et se joignit aux Parthes. Une armée romaine marchait contre lui pour le punir de son ingratitude, quand la mort vint le surprendre.

Tête de Tigrane coiffée de la tiare, à gauche.

℞ ΒΑΣΙΛΕΩΣ˙   Arménien debout, dans le costume du pays et
ΜΕΓΑΛΟΥ   tourné à droite, tenant une haste de la main droite
ΤΙΓΡΑΝΟΥ   et un arc de la gauche.
ΦΙΛΕΛΛΗΝ[ΟC]

Cuivre. — Pl. III, n° 4.

Cab. de France.

Sestini, Mus. Hederv., II, p. 380, n° 1, pl. XIX, p. 15. — Mionnet, Suppl., p. 726.

(1) Suétone; *Tibère*, ch. 9.   (2) Bœckh, *Corp. inscr. grœc.*, n° 4040, col. ıv, lig. 2-7.

Il existe encore une autre médaille de ce prince, conforme à la précédente et qui porte une contremarque arabe (1).

TIGRANE III ET ERATO.

(Vers l'an 12 à 6 av. J.-C., et 3 à 1 av. J -C.)

Tigrane III, fils et successeur de Tigrane II, avait, suivant l'usage d'Orient, épousé sa sœur Erato (2). Ces deux princes occupèrent ensemble le trône d'Arménie à la mort de leur père. Il est probable que le jeune Tigrane montrait du penchant pour les Parthes, car Rome le détrôna et donna la couronne à Artavazt vers l'an 6 avant Jésus-Christ. Tigrane, avec l'aide des Parthes, se ressaisit quatre ans après du sceptre d'Arménie. Ce fut alors que Caïus César, petit-fils et fils adoptif d'Auguste, passa en Orient pour faire la guerre aux Parthes et soumettre l'Arménie. L'influence des Romains ayant suscité à Tigrane de nouveaux ennemis parmi les peuples barbares qui environnaient ses Etats, il marcha contre eux, mais son expédition fut malheureuse, puisqu'il y aurait perdu la vie : « Τιγράνου ἐκ πολέμου τινὸς βαρβαρικοῦ φθαρέντος (3). » Cet événement eut lieu un an environ avant l'ère chrétienne. Erato quitta alors une couronne qu'elle n'espérait pas conserver, et Caïus, qui était en Asie, donna, en l'an 3 du Christ, pour roi aux Arméniens, Ariobarzane, fils du roi des Mèdes, Artabaze, issu des anciens rois d'Arménie. Ariobarzane vécut peu de temps et laissa la couronne à son fils Artavazt qui ne put se maintenir sur le trône. La table d'Ancyre nous donne sur tous ces événements des détails très-précis : « Καὶ τὸ αὐτὸ [ἔθ]νος ἀφιστάμενον καὶ ἀναπολεμοῦν δαμασθὲν ὑπὸ Γαίου τοῦ υἱοῦ μου βασιλεῖ Ἀριοβαρζάνει, βασιλέως Μήδων Ἀρταβάζου υἱῷ, παρέδωκα καὶ μετὰ τὸν ἐκείνου θανάτον τῷ υἱῷ αὐτοῦ Ἀρταούασδη (4). » Après la déchéance d'Artavazt, Erato reprit la couronne l'an 15 du Christ, mais les Arméniens, qui se las-

(1) *Revue archéol.*, VIII° année, p. 225.
(2) Tacite, *Ann.*, liv. II, ch. 3, 4. — Dion Cassius, liv. LV, § 11. — *Frag. de Dion*, publ. par Morelli.
(3) Dion Cassius, *Hist. frag.*, publ. par Morelli, f° 78.
(4) Bœckb, C. I. G., n° 4040, col. IV, lig. 7-11.

saient d'être gouvernés par une femme, la firent descendre du trône et y placèrent un prince du sang royal d'Arménie, appelé Tigrane, dont la table d'Ancyre fait aussi mention : « Οὗ ἀναιρεθέντος (Artavazt) Τιγράνην, ὃς ἦν ἐκ γένους Ἀρμενίου βασιλικοῦ, εἰς τὴν βασιλείαν ἔπεμψα (1). » C'est à cette époque que Vononès, qu'Artabaze III venait de renverser du trône de Parthie, s'empara de la coufonne d'Arménie.

BACIΛEYC BACIΛEωN TIΓPANHC. — Tête de Tigrane coiffée de la tiare, à droite.

℟ EPATω BACIΛEωC TIΓPANOY AΔEΛΦH. — Tête d'Erato, à gauche, ayant les cheveux roulés, et sans diadème.

Cuivre. — Pl. III, n° 5.

Sestini, lett. V, p. 5-18. — Visconti, Icon. gr., suppl. , p. 307. — Mionnet, Méd. gr., t. IV, p. 457.

BACIΛEYC MEΓAC NEOC TIΓPANHC. — Tête de Tigrane coiffée de la tiare, à droite.

℟ EPATω BACIΛEωC TIΓPANOY AΔEΛΦH.—Tête d'Erato, à gauche. Cuivre.

Pinkerton, Essay of medals. — Visconti, loc. cit., note 3. — Mionnet, loc. cit., t. IV, p. 457.

On voit figurer dans la riche collection de pierres gravées du cabinet de France, une intaille en grenat-chevé portant un buste de profil, tourné à droite, coiffé de la tiare arméniaque, constellée et diadémé (Cf. Pl. III, n° 6). M. An. Chabouillet a attribué ce monument à Thermusa ou Musa, femme de Phraate IV, roi des Parthes (2). Nous ne nous serions point élevé contre cette attribution, si ce savant lui-même n'avait reconnu, après un nouvel examen, que le monument en question doit représenter les traits

---

(1) Bœckh, loc. cit., lig. 11-13. (2) Catal. des camées de la Bibl. Imp., p. 198, n° 1384.

d'une princesse arménienne. En effet, la tiare qui se voit sur la tête du personnage ne laisse aucun doute sur sa provenance exclusivement arménienne et diffère, au surplus, de la coiffure de la reine Thermusa, dont plusieurs médailles nous offrent des spécimen (1). De plus, la figure gravée sur l'intaille du cabinet de France ressemble beaucoup à celle de la reine Erato, et les cheveux sont roulés de la même façon sur les deux monuments, tandis que la reine Thermusa, dont les médailles ont reproduit les traits, est coiffée avec des bandeaux et paraît beaucoup plus âgée que la princesse arménienne dont la figure nous est parvenue sur les médailles et l'intaille, conservés dans la collection de la Bibliothèque impériale. Il n'y a donc point de doute maintenant sur l'attribution de cette pierre gravée à la reine Erato, sœur et femme de Tigrane III.

———————

A la suite des campagnes de Tibère et de Caïus en Arménie, Auguste fit frapper à Rome, à son effigie, des monnaies d'or et d'argent, qui rappelaient ces événements. Ces monnaies, qui portent au revers la légende ARMENIA CAPTA, offrent plusieurs variétés de types ; sur les pièces d'or on remarque la victoire domptant un taureau, ou bien encore, un sphinx accroupi ; et sur les deniers d'argent, figurent les emblèmes du royaume d'Arménie, l'arc, le carquois et la tiare. D'autres deniers d'argent qui rappellent aussi les victoires remportées en Arménie par Tibère et Caïus, ont pour légende ARMENIA CAPTA CÆSAR DIVI F., avec le type de l'Arménie à genoux, ou bien encore ARMENIA RECEPT IMP CÆSAR DIVI F., avec une figure debout. Nous ne nous étendrons pas davantage sur ces médailles qui font partie de la série des monnaies d'Auguste et appartiennent exclusivement à la numismatique romaine.

———————

(1) *Journal des Savants*, 1836. Cf., deuxième   des rois de la Bactriane et de l'Inde, par Raoul
suppl. à la notice sur les médailles grecques   Rochette.

VONONÈS.

(Vers l'an 16 après J.-C.)

Vononès ou Ononès, fils de Phraate, était en otage à Rome, quand les Parthes, qui venaient de tuer Orode II, demandèrent à Auguste l'un des fils de Phraate pour le placer sur le trône (1). L'empereur leur envoya Vononès (2); mais ce prince, doué de grandes qualités, à ce que nous apprend Tacite, déplut aux Parthes, et ses vertus mêmes leur parurent des défauts : « Prompti aditus, obvia comitas, ignotæ Parthis virtutes, nova « vitia (3). » Ils allèrent chercher alors jusque dans la Scythie un autre prince, qui, ayant conservé les antiques traditions de ses ancêtres, ne parut point avec des mœurs romaines, comme un vassal de l'empereur. Ils le trouvèrent dans Artaban qui, marchant contre Vononès avec une armée, se fit battre à la première rencontre. Mais cet insuccès ne découragea pas Artaban; il revint à la charge avec de nouvelles forces, contraignit Vononès à quitter ses Etats et à se retirer dans l'Arménie, qui était alors en désordre et sans chef. Il y fut reconnu pour roi, parce qu'il se flattait de l'espoir que Rome l'y soutiendrait contre son rival qui continuait à le poursuivre. Cependant Tibère, qui venait de succéder à Auguste, refusa de le secourir; alors Vononès, appelé par Silanus Créticus, proconsul de Syrie, vint se réfugier auprès de lui, et bien qu'il fût prisonnier, il n'en conserva pas moins le nom et l'appareil de la majesté royale (4). Sur ces entrefaites, Germanicus, ayant passé en Orient avec toute l'autorité d'un César, revendiqua les droits de Rome sur l'Arménie et força les Parthes à l'évacuer. Voulant ensuite donner un gage de ses intentions pacifiques à Artaban, Germanicus intima à Vononès l'ordre de quitter la Syrie. Le roi détrôné passa en Cilicie avec ses trésors; mais au moment où il allait traverser le Pyrame, il fut assassiné par l'officier romain chargé de sa garde (5).

---

(1) *Table d'Ancyre*, col. VI, lig. 9 et suiv. Cf. Bœckh. C. I. G., n° 4040.
(2) Tacite, *Ann.*, liv. II, ch. 2.
(3) Tacite, *Ann.*, loc. cit.
(4) Tacite, *Ann.*, liv. II, ch. 4.
(5) Tacite, *Ann.*, liv. II, ch. 68.

Les médailles de Vononès qui nous sont parvenues datent du règne de ce prince comme souverain des Parthes ; il ne paraît pas qu'il en ait frappé comme roi d'Arménie, puisque, dès son arrivée dans ce pays, Artaban le poursuivit et l'ayant forcé à abandonner la couronne, il plaça le sceptre d'Arménie entre les mains d'Orode son fils, qui ne le conserva pas longtemps. Il n'est pas probable que les monnaies de fabrique bactrienne qui nous sont parvenues avec le nom d'Ononès, et que Raoul Rochette a publiées dans ses *Notices sur les médailles grecques de la Bactriane et de l'Inde* (1), appartiennent au prince dont nous nous occupons. Leur fabrique, qui diffère essentiellement de celle des monnaies de Vononès frappées en Parthie, fait plutôt supposer qu'elles appartiennent à un roi de la Bactriane d'origine scytique et homonyme du roi des Parthes. Au reste, cette opinion est conforme à celle de Raoul Rochette, qui n'hésite pas à ranger les monnaies à la légende ΒΑΣΙΛΕΩΣ ΒΑΣΙΛΕΩΝ ΜΕΓΑΛΟΥ ΟΝΩΝΟΥ, dans la série des pièces émises par les monarques de la Bactriane; nous nous contenterons donc de décrire ici les deux médailles d'argent qui nous sont parvenues du règne de Vononès , comme roi des Parthes.

ΒΑΣΙΛΕΥΣ ΟΝΩΝΗΣ. — Tête de Vononès ceinte du diadème, à gauche.

℞ ΒΑΣΙΛΕΩΣΒΑΣΙΛΕΩΝ ΑΡΣΑΚΟΥ ΕΥΕΡΓΕΤΟΥ ΔΙΚΑΙΟΥ ΕΠΙΦΑΝΟΥΣ ΦΙΛΕΛΛΗΝΟΣ. — Victoire debout à gauche, et tenant une couronne
  Tétradrachme d'argent. — Pl. III, n° 7.
Cab. de France.

ΒΑΣΙΛΕΥΣ ΟΝΩΝΗΣ. — Tête de Vononès ceinte du diadème, à gauche.

℞ ΒΑΣΙΛΕΥΣ ΟΝΩΝΗΣ ΝΕΙΚΗΣΑΣ ΑΡΤΑΒΑΝΟΝ. — Victoire drapée, tournée à droite et tenant une couronne et une palme. Dans le champ, Ā en monogramme.

(1) *Journal des Savants*, 1834-36, 1er suppl., pl. II, 20, p. 27, et 2e suppl., pl. n° 10, p. 28 et suiv.

Drachme d'argent. — Pl. III, n° 8.

Cab. de France.

La drachme que nous venons de décrire est une de celles dont la légende a une véritable importance historique. Elle rappelle en effet un événement mémorable du règne de Vononès, c'est-à-dire le triomphe qu'il remporta sur Artaban, son compétiteur. La Victoire qui figure sur le revers de cette médaille est expliquée suffisamment par la légende : βασιλευς Ονωνης νεικησας Αρταβανον. On sait que ce succès ne profita pas à Vononès, car il fut contraint par Artaban de quitter ses Etats et d'échanger la couronne de Parthie contre celle d'Arménie, qu'il ne conserva que fort peu de temps.

ARTAXIAS.

(18-34 après J.-C.)

Orode, établi roi d'Arménie par Artaban, son père, depuis la fuite de Vononès, s'était retiré, à ce qu'il paraît, et la couronne d'Arménie était devenue vacante (1). Germanicus la donna à Zénon, deuxième fils de Polémon I⁰ʳ, roi de Pont et de Pythodoris (2). Dès qu'il fut monté sur le trône, Zénon quitta son nom pour prendre celui d'Artaxias ou Artaxate. On peut croire qu'il vécut jusqu'à l'année 34 de notre ère.

La médaille qui rappelle le couronnement d'Artaxias par Germanicus appartient à la numismatique romaine. Le jeune roi pouvait avoir quinze ans, lorsqu'il fut appelé au trône d'Arménie, car il était né vers l'an 3 ou 4 de J.-C.

GERMANICVS [CÆS]AR T[IB AVG F.]. — Tête nue de Germanicus, à à droite. Grenetis.

(1) Josèphe, *Ant. judaïq.*, liv. XVIII, ch. 5. liv. II, ch. 56.
— Suétone, *Caligul.* I. — Tacite, *Annal.*, (2) Strabon, liv. XII, § 29.

Ŋ GERMANIC[VS].   Germanicus debout, tourné à gauche et
ARTAXIA[S].   s'appuyant sur la haste, couronne Ar-
                    taxias debout devant lui et vu de face.

Argent. — Pl. III, n° 9.

Revue numismatique, 1838, p. 338. Médaille inédite de Germanicus,
par M. le duc de Luynes.

Depuis le règne d'Artaxias, l'Arménie fut de nouveau tourmentée par de grandes calamités : une foule de princes arsacides ou autres se succédèrent sur le trône. Cet antique royaume semblait n'être plus que le champ de bataille où les Parthes et les Romains venaient se disputer l'empire de l'Asie. Tous ces événements sont suffisamment connus par les narrations des écrivains grecs et romains (1). On peut lire dans Tacite (2) le récit des brillantes victoires de Corbulon, la puissance de Pharasmane, roi d'Ibérie, l'établissement de son frère Mithridate sur le trône d'Arménie et sa fin malheureuse, les exploits et les revers de Rhadamiste, fils de Pharasmane (3), et enfin l'avénement de Tiridate ou Dertad, fils de Vologèse, roi des Parthes, qui sembla mettre un terme aux malheurs de l'Arménie. On sait que Tiridate fut le premier roi du monde qui, à la prière de saint Grégoire l'Illuminateur, apôtre de l'Arménie, embrassa la religion chrétienne (4).

A partir de l'an 30 environ après l'ère chrétienne, la numismatique de la première branche des Arsacides d'Arménie cesse complétement; car nous ne trouvons aucune monnaie des princes qui précédèrent ou suivi-

---

(1) Josèphe, *Ant. judaïq.* — Tacite, *Ann.*   (3) *Ann.*, liv. XII, 43; XIII, 6, 37.
— Florus. — Velleius Paterculus. — Suétone.   (4) Agathange, *Hist. du règne de Tiridate*
— Dion Cass. — Orose, *passim.*   *et de la prédication de saint Grégoire.*
(2) *Ann.*, liv. VI, ch. 11-15.

rent Tiridate. Cependant nous lisons dans les historiens orientaux que les rois d'Arménie n'avaient point tout à fait renoncé au droit de battre monnaie, puisque nous trouvons dans l'histoire de Géorgie (1) que sous les règnes d'Azorc et d'Asmaël, rois de la troisième dynastie arsacide, qui régnèrent de l'an 87 à 103 de J.-C., la Géorgie eut sans cesse à lutter contre les rois d'Arménie. Ardaschès III, fils de Sanadroug, appelé par les Grecs Exaradès ou Axiradès, ayant vaincu les Géorgiens, leur rendit les provinces qu'il leur avait enlevées, à la condition que les rois de ce pays battraient monnaie à son effigie. Quoi qu'il en soit de ce témoignage historique, les monnaies en question ne sont point parvenues jusqu'à nous.

C'est dans la numismatique romaine que nous trouvons, à de rares intervalles, des pièces ayant trait à l'histoire de l'Arménie. Ainsi, à la suite des campagnes de Corbulon, Néron fit frapper à Rome des monnaies d'argent à son effigie, et qui portaient au revers une victoire tenant une couronne et une palme, avec la légende ARMENIACVS.

Sous le règne d'Erouant II, vers l'an 60 après Jésus-Christ, les rois d'Arménie recouvrèrent une partie de l'ancien royaume, c'est-à-dire les régions au centre desquelles s'élevait la ville d'Armavir. Mais cette indépendance, qu'Erouant semble avoir conquise un instant, ne fut pas de longue durée. Les Arméniens conservaient, il est vrai, un fantôme d'indépendance, mais les empereurs romains leur donnaient des rois de leur choix; ainsi, Trajan qui les avait complétement soumis au joug de Rome, fit frapper des monnaies de bronze à son effigie, au revers desquelles on lit la légende ARMENIA ET MESOPOTAMIA IN POTESTATEM PR REDACTAE, avec la figure de l'empereur en habit militaire, tenant la haste et le parazonium, et ayant à ses pieds l'Euphrate, le Tigre et l'Arménie personnifiés. D'autres médailles, frappées en Orient, étaient destinées à rappeler aux populations asiatiques la soumission de l'Arménie par Trajan. En voici la description :

ΑΥΤΟΚΡΑΤωΡ ΚΑΙC ΤΡΑΙΑΝΟC ΓΕΡ ΔΑΚΙ. — Buste lauré de Trajan, à gauche.

℟ APMENIA. — Trajan, debout, en habit militaire, ayant sur la main droite une petite Victoire placée sur un globe, et devant lui l'Arménie assise au pied d'un trophée.

Cuivre, grand module. — Pl. III, n° 10.

Cab. de France.

Mêmes légende et type.

℟ APMENIA. — L'empereur debout, en habit militaire, couronné par la Victoire et ayant à ses pieds, d'un côté, l'Arménie assise, et de l'autre, des dépouilles.

Cuivre, grand mod. — Pl. III, n° 11.

Cab. de France.

Mionnet, Méd. gr., t. IV, p. 457.

ΑΥΤΟΚΡΑΤωΡ ΑΥΓ ΤΡΑΙΑΝΟC. — Buste lauré de Trajan, à gauche, la poitrine cuirassée.

℟ APMENIA. — L'Arménie éplorée assise à terre, devant un trophée, ayant à côté d'elle l'empereur, debout, vêtu du paludamentum, portant une Victoire sur la main droite et tenant une haste de la gauche.

Cuivre, grand module.

Sestini, Lettr. numism., cont., t. III, p. 58. — Mionnet, suppl., t. VII, p. 727.

L'Arménie, bien que soumise au joug de Rome, sembla recouvrer sous les règnes des successeurs de Trajan, une partie de son indépendance. Antonin et Marc-Aurèle lui donnèrent des rois, puisque nous trouvons, sur quelques médailles qui nous sont parvenues des règnes de ces princes, la preuve du fait que nous avançons. On connaît, en effet, des pièces de bronze, frappées à Rome sous Antonin et qui portent au revers la légende REX ARMENIIS DATVS, avec le type de l'empereur couronnant un roi d'Arménie. Nous savons aussi que, vers l'année 161, Lucius Verus installa sur le trône d'Arménie un prince arsacide du nom de Sohème, après qu'il eut renversé Tigrane VI. Des médailles de bronze, au type de Verus, qui nous sont parvenues ont, au revers, la légende REX ARMENIIS DATVS avec la figure de l'empereur assis sur une estrade, où se trouvent trois personnages debout, tandis qu'au pied de l'estrade, Sohème, dans l'attitude de l'attente, se tient devant l'empereur. Nous devons signaler encore ici les médailles de Marc-Aurèle et de Lucius Verus où le titre d'*Armeniacus* fait partie de la légende, car on sait que ce titre avait été pris par ces deux empereurs à la suite des expéditions qu'ils firent en Arménie, et après la soumission de ce pays (1).

Enfin, nous mentionnerons aussi les médailles frappées à Constantinople, au nom d'Hannibalien, frère de Delmatius et neveu de Constantin le Grand, qui avait reçu de l'empereur, son oncle, le titre de roi de Pont, de Cappadoce et d'Arménie. Ces médailles, dont quelques exemplaires en or et en cuivre nous sont parvenus, ont pour type, outre la figure du prince, un fleuve couché appuyé sur un bâton, et ayant près de lui une urne renversée de laquelle s'échappent des eaux, avec la légende SECVRITAS PVBLICA ou SECVRITAS REIPVBLICÆ. Inutile de dire que ces monnaies font partie de la suite impériale romaine, car on sait qu'Hannibalien, bien qu'il ait porté le titre de roi d'Arménie, n'exerça jamais sa puissance sur les populations arméniennes et qu'il ne fut jamais considéré par celles-ci comme un roi national. Nous savons aussi que les historiens nationaux ne parlent point de lui, car depuis longtemps déjà, les Arméniens avaient perdu leur indépendance, et leur pays avait été annexé aux domaines de l'Empire, dont il formait l'une des frontières orientales.

_____

(1) Histor. August., Jul. Capitol., *Aurel. et L. Ver.*

II. — DEUXIÈME BRANCHE

ROIS DE L'OSRHOÈNE.

L'histoire du royaume d'Edesse et de la dynastie des Osrhoéniens est peut-être un des problèmes les plus difficiles que l'antiquité ait légué à la science moderne le soin de résoudre. Quatre sources principales, qui ont chacune une véritable importance historique, sont tellement en désaccord les unes avec les autres que, jusqu'à présent, les savants qui se sont occupés de cette question n'ont pu parvenir à trancher la difficulté, en cherchant à les concilier entre elles.

Les chroniques syriaques, et particulièrement la chronique anonyme d'E-desse, rédigée vers le sixième siècle de notre ère (1), ainsi que celle du patriarche jacobite Denys de Thelmar, écrite vers le milieu du huitième siècle (2), et qui ont été composées, selon toute vraisemblance, avec l'aide de chroniques plus anciennes et aujourd'hui perdues , donnent une liste assez considérable de princes osrhoéniens qui se seraient succédé, sans interruption, sur le trône d'Edesse, pendant plus de trois siècles.

La première de ces chroniques est moins explicite que celle de Denys ; l'auteur a employé, pour fixer la date des événements qu'il raconte, l'ère des Séleucides, dont le point initial est le 1ᵉʳ octobre de la 312ᵉ année avant J.-C., tandis que Denys s'est servi de l'ère d'Abraham, qui date du 1ᵉʳ octobre 2016 avant l'ère chrétienne. Rien n'est plus facile que de ramener ces deux dates aux années antérieures à notre ère ; toutefois, nous remarquons, dans la chronique de Denys, des erreurs chronologiques qui causent un véritable embarras. Le savant Bayer (3) a reconnu plusieurs des erreurs commises par le patriarche jacobite, et il a dressé une table des années de la période Julienne, de celles avant et après Jésus-Christ, des Olympiades et de l'ère des Séleucides, comparées avec celles d'Abraham, dont Denys s'est servi dans sa chronique.

Les sources grecques et latines relatives au royaume d'Edesse ne sont

---

(1) Assémani, *Bibl. orient.*, t. 1, p. 338.   (3) *Historia Osrhoëna,* liv. I, p. 42-43.
(2) Id., t. 1, p. 417 et suiv.

pas très-considérables ; les détails que nous trouvons dans les classiques sont épars dans leurs récits, et il est bien difficile de les relier entre eux ; c'est une chaîne rompue en beaucoup d'endroits et dont les anneaux sont perdus pour la plupart. Le peu de renseignements que nous fournissent les Grecs et les Latins, sont loin aussi de cadrer avec les détails contenus dans les chroniques syriennnes, et l'on est tenté de croire, en comparant entre elles ces deux sources, qu'il y a eu, de la part des Grecs et des Latins, confusion de personnes et de faits.

Une autre source, qui a une véritable importance historique, est celle qui nous est fournie par les auteurs arméniens. En effet, ceux-ci revendiquent, à juste titre, le royaume d'Edesse en faveur de leur histoire, parce qu'il fut quelque temps gouverné par des princes d'une branche de la dynastie des Arsacides. La version des auteurs arméniens offre bien, à de rares intervalles, des points de contact assez frappants avec les récits des Grecs et des Latins, ce qui serait, pour nous, la preuve évidente des emprunts que la littérature historique arménienne aurait faits aux sources grecques et latines, dans les premiers siècles de notre ère. Toutefois, les données qui nous sont fournies par les Arméniens diffèrent aussi beaucoup des renseignements contenus dans les classiques, mais, ce qui étonnera davantage encore, c'est de voir le peu d'harmonie qui règne entre les historiens arméniens et les chroniqueurs syriens. Ainsi, par exemple, les Arméniens qui ont dû recourir aux mêmes sources que les Syriens, pour écrire l'histoire d'Edesse , n'ont point attaché la même importance aux événements qui se sont accomplis dans l'Osrhoène, avant la venue de l'Abgar, contemporain du Christ. Les Arméniens passent sous silence toute la période de temps qui s'écoula entre la venue d'Osrhoès à Edesse et l'avénement d'Abgar, tandis qu'au contraire les Syriens mentionnent chacun des règnes des princes qui succédèrent au fondateur de la dynastie osrhoénienne. Il est donc probable, comme nous le verrons plus loin, qu'avant l'Abgar, que la tradition nous dit avoir correspondu par lettre avec le Christ (1), les rois d'Arménie exerçaient sur les dynastes osrhoéniens une

(1) Moyse de Khorèn, liv. II, ch. 31-32.

7

sorte de suprématie, et qu'ils possédaient la ville d'Edesse, où plus tard Abgar transporta sa résidence, après avoir quitté Medzpin, et s'implanta en quelque sorte sur une dynastie étrangère, qui avait cessé de régner, par le fait même de l'installation du roi arménien dans la nouvelle capitale qu'il s'était choisie.

La quatrième source de l'histoire d'Edesse, celle qui nous offre le plus de garantie, est la numismatique de l'Osrhoène. Les médailles frappées par les rois de cette contrée sont des témoins d'une irrécusable authenticité, et leur témoignage confirme ou détruit les récits des Syriens, des Grecs, des Latins et des Arméniens. Ces médailles offrent une particularité dont la numismatique fournit du reste de nombreux exemples, c'est qu'elles portent deux effigies, celle du roi osrhoénien d'une part, et, de l'autre, celle de l'empereur romain, son contemporain. De cette manière, l'attribution n'est pas douteuse, et la date de la fabrication des pièces se trouve fixée d'une manière évidente.

Nous n'examinerons pas ici, dans ses détails, l'histoire d'Edesse, notre but étant seulement de faire connaître les monuments monétaires frappés pendant la durée de la deuxième branche de la dynastie arsacide. Disons cependant que les premiers dynastes osrhoéniens, prédécesseurs de l'Abgar, contemporain du Christ, étaient placés dans une sorte de dépendance et de vassalité vis-à-vis des rois d'Arménie, car, nous ne connaissons aucune médaille de ces princes, et l'on peut dès lors supposer qu'ils ne jouissaient pas de tous les droits régaliens. Quand Abgar se fut installé à Edesse, après avoir quitté Medzpin, il y transporta sa cour (1), et Edesse, devenue dès lors la capitale de l'Arménie méridionale, acquit un nouveau lustre. Les rois osrhoéniens jouissaient d'une indépendance parfaite, quoique placés entre l'empire des Parthes et celui des Romains. Pendant quelque temps, les successeurs d'Abgar, grâce à une politique habile, surent se maintenir indépendants entre les deux grands peuples, mais bientôt leur puisssance fut menacée, et, bien qu'ils aient conservé, en apparence,

(1) Vartan, *Hist. univ.*, ms. de l acad.   de Khorèn, liv. II, ch. 27.
imp. de Saint-Pétersb., mus. asiat. — Moyse

tous les dehors de la puissance souveraine et un semblant de pouvoir absolu, ils n'en étaient pas moins de fait les vassaux de Rome. L'effigie des empereurs romains leurs contemporains, sur les médailles qu'ils faisaient frapper à Edesse, en est la meilleure preuve ; cependant, quelques historiens (1) et les médailles tendent bien à nous montrer que.les princes osrhoéniens avaient le titre de rois ; mais d'autres auteurs (2) nous apprennent qu'ils n'étaient, à proprement parler, que des *phylarques*. Suidas, par exemple, le dit positivement : « Ὁ δυνάστης ξυμβάλλει Τραϊανῷ περὶ Ακβάρου, ὃς ἦν Οσροήνης χώρας δυνάστης, ὅυσπερ φυλάρχας ονομάζουσιν ἐκεῖνοι, ὅτε καὶ τὰ χορία αὖ των φύλαι ὀνομάζονται. » Les autres historiens ne sont pas d'accord sur les titres qu'ils donnent aux souverains d'Edesse ; Eusèbe les appelle *toparques*, ainsi que Cédrenus et Constantin Porphyrogénète ; Epiphane leur donne le nom de *dynastes*, et Dion (3) ne leur accorde que le titre d'*archontes*.

On trouve, dans les écrivains syriaques (4), un titre qui pourrait bien avoir été donné aux princes osrhoéniens, c'est le mot لــه, *aboïo ;* mais on ne saurait dire au juste s'il s'applique, plutôt aux rois d'Edesse, qu'aux patriciens de la ville.

En présence des sources si contradictoires de l'histoire d'Edesse, à l'époque de la dynastie osrhoénienne, l'historien dont la mission est de faire revivre les annales du passé dant toute leur vérité, éprouve un véritable embarras. D'une part, les chroniques nationales, qui devraient lui inspirer le plus de confiance, se trouvent non-seulement en désaccord avec les données que fournissent les Grecs et les Latins, mais encore elles sont loin de concorder avec les monuments numismatiques. Nous n'avons pas assurément la prétention de trancher la difficulté, mais nous ferons remarquer qu'en présence des sources si différentes et des faits si controversés de l'histoire d'Edesse, nous avons dû, tout en faisant usage des renseignements qui nous étaient fournis par les Syriens, les Grecs, les Latins, les Arméniens et les médailles, nous en rapporter de préférence aux écrivains na-

(1) Eusèbe, *Hist. eccl.*, liv. 1, ch. 13. — Zonare, t. I, p. 613.
(2) Appien, *passim.* — L'anonyme, auteur
de la *Vie de Trajan.*
(3) *Excerpta.*
(4) Trad. de l'apologie de Méliton.

tionaux qui méritent le plus de confiance, et aux monuments numismatiques qui existent en assez grand nombre dans les collections.

Nous allons dresser, d'après la chronique de Denys, la succession des rois osrhoéniens, en indiquant les dates de chaque règne. On verra tout d'abord que quatorze princes d'origine sémitique, se succédèrent sans interruption jusqu'à la venue de l'Abgar, contemporain du Christ, qui, s'étant installé à Édesse, continua, pour ainsi dire, la dynastie osrhoénienne, bien qu'il fût Arménien et d'origine arsacide. A partir du règne de cet Abgar, jusqu'à la réduction définitive du royaume d'Edesse en province romaine après Gordien III, la dynastie osrhoénienne fut continuée par quinze souverains dont les uns, et principalement les premiers, étaient assurément Arméniens, tandis que d'autres semblent appartenir à une autre nationalité ; les noms de Parnataspat et de Val, fils de Sahar, semblent appuyer cette opinion. Ne pourrait-on pas supposer, dès lors, que le trône, ou plutôt le gouvernement de l'Osrhoène, avait, à partir des premiers successeurs de l'Abgar, contemporain du Christ, cessé d'être héréditaire, et que les empereurs s'étaient réservé le droit de nommer, à leur choix, les souverains ou toparques d'Edesse? Nous n'avons à cet égard, il est vrai, aucune donnée précise, et ce n'est que par induction, que nous soumettons notre opinion à l'appréciation des savants.

La succession des dynastes osrhoéniens est ainsi fixée par Denys de Thelmar dans sa chronique :

1. *Osrhoës*, 137 — 132 av. J.-C.
2. *Abdou*, fils de Mazour, 132 — 125.
3. *Paradest*, fils de Gabaraou, 125 — 120.
4. *Bakrou Ier*, fils de Paradest, 120 — 117.
5. *Bakrou II*, fils de Bakrou Ier, 117 — 99.
6. *Maanou (Mannus Ier)*, 99.
7. *Abgar Ier, Phica*, 99 — 97 avec Bakrou II. — Seul, 97 — 73.
8. *Abgar, II*, fils d'Abgar Ier, 73 — 57.
9. *Maanou II, Allaha (Deus)*, 57 — 39.
10. *Ph'acouri*, 39 — 34.
11. *Abgar III*, 34 — 31.

12. *Abgar IV, Sumacha*, 31 — 28.
13. *Maanou III, Sapheloul*, 28 avant J.-C. — 2 après J.-C.
14. *Maanou IV*, fils de Maanou III, 2 — 8.
15. *Abgar V, Uchama*, 8 — 45. Quitte Medzpin et vient s'établir à Edesse, au temps du Christ.
16. *Maanou V*, fils d'Abgar V, 45 — 52.
17. *Maanou VI*, fils d'Abgar V, et frère de Maanou V, 52 — 66.
18. *Abgar VI*, fils de Maanou VI, 66 — 86.
19. *Abgar VII*, fils d'Aiazt, 86 — 94.
20. *Parnataspat I*, 94 — 98.
21. *Parnataspat II*, 98.
22. *Maanou VII*, fils de Aiazt, 99 — 116.
23. *Maanou VIII*, fils de Maanou VII, 116 — 139.
24. *Val*, fils de Ṣahar, 139 — 141.
25. *Maanou VIII*, de nouveau, 141 — 153.
26. *Abgar VIII*, fils de Maanou VIII, 153 — 188.
27. *Abgar IX, Sévère*, 188 — 190.
28. *Maanou IX*, fils d'Abgar IX, 190 — 200.
29. *Abgar X*, fils de Maanou IX, 200 — 224.
30. *Abgar XI* (inconnu dans l'histoire, contemporain de Gordien III, le Pieux), vers 240.

A l'époque des troubles de la Syrie et des guerres des Séleucides avec les Parthes, les peuples qui habitaient le pays d'Edesse, et que les anciens considéraient comme des Arabes, se révoltèrent sous la conduite d'un certain Osrhoès ou Chosroès, qui donna son nom à la région sur laquelle il établit son autorité (1). La fondation de cet État paraît avoir eu lieu vers la 137ᵉ année avant J.-C. Il paraît que, pour mieux assurer leur indépendance, Osrhoès et ses successeurs s'attachèrent aux Arsacides de Parthie; mais les

(1) Denys de Thelmar, *Chron. Edess.* Cf. Procope, *Bell. pers.*, liv. I, ch. 17. — Suidas, Assemani, *Bibl. orient.*, t. I, p. 417, 1. — vᵒ *Osrhoès.*

guerres que ceux-ci eurent à soutenir contre les Romains, les obligèrent à feindre sans cesse de servir Rome, tandis qu'ils la trahissaient en toute occasion. Trajan subjugua la Mésopotamie, la réduisit en province romaine, et détrôna ces dynastes qui l'avaient trompé. Mais Adrien, pour éviter de nouvelles guerres, ayant renoncé à la possession des pays conquis par son prédécesseur, et s'étant contenté de retenir quelques places fortes sur cette frontière, rendit aux princes osrhoéniens le gouvernement de leurs États. Ainsi, ce royaume, situé entre l'empire romain et celui des Parthes, et trop faible pour entrer en lice avec l'un ou avec l'autre, était, entre les deux puissances rivales, comme une barrière qui les empêchait de s'entre-choquer. On peut supposer que les rois osrhoéniens se considéraient, après les conquêtes de Trajan, comme les vassaux de Rome, puisque, sur les médailles de ces princes qui nous sont parvenues, on voit figurer toujours sur un des côtés de la pièce l'effigie de l'empereur leur contemporain. La série des monnaies de l'Osrhoène se continue, sauf quelques lacunes, jusqu'à l'époque de Gordien III, qui, à l'exemple d'Adrien, avait rendu aux dynastes d'Edesse leur royaume, que Caracalla avait réduit en province romaine. Mais, à partir du règne du successeur de Gordien III, et peut-être même pendant les dernières années de la vie de cet empereur, Edesse avait été de nouveau réduite à l'état de colonie, car nous voyons que les monnaies de cette ville, frappées sous les successeurs immédiats de ce prince, portent la légende ΚΟΛ. ΕΔΕϹϹΑ, avec la figure de la ville coiffée d'une couronne murale (1).

Nous venons de dire que la capitale de l'Osrhoène était Edesse, et nous savons que, pendant toute la durée de la dynastie des Abgar, cette ville fut la résidence de ces princes. L'histoire nous apprend que Abgar Uchama, ayant quitté le séjour de Medzpin, sa capitale (2), se transporta avec sa cour à Edesse, qu'avait reconstruite Séleucus Nicator. Ce prince, séduit par la ressemblance de sa situation avec celle d'Edesse de Macédoine,

(1) Bayer, *Hist. osrhoén.*, liv. IV, p. 181 et suiv. — Mionnet, *Méd. gr.*, t. V, et *suppl.*, t. VIII, vᵉ Edesse.

(2) Moyse de Khorèn, liv. II, ch. 27. — Vartan, *Hist. univ.*, ms. du mus. asiat. de l'acad. imp. de Saint-Pétersbg.

lui avait donné le nom d'Edesse (1). Mais, avant sa reconstruction par le roi séleucide, Edesse portait le nom d'Ourrha, et c'est sous cette dénomination qu'elle est mentionnée par Moyse de Khorên (2) et par Vartan (3). Le nom d'Ourrha, ou plutôt le territoire de cette ville, est cité dans l'inscription assyrienne de Behistoun (4) sous le nom de pays d'*Ouraasta* : 𒀭𒈪𒁀𒌷𒀭𒌋, que les traducteurs ont rendu par ces mots : « *Le pays d'Arménie.* » Les anciens ont donc pu transporter le nom de l'Arménie à la ville d'Edesse, comme aujourd'hui les Juifs ont donné à la ville de Mossoul, le nom d'Achour, אשור, et à la ville de Bagdad, celui de Bâbel, comme aussi les Grecs ont nommé Persépolis, la ville d'Istachar. Il paraît qu'Edesse porta aussi, pendant quelque temps, le nom d'Antioche, près de Kalliroè, pour la distinguer des autres villes du même nom (5). Etienne de Byzance l'appelle Αντίοχεια ἐπὶ Καλλιρρόης ou πρὸς Καλλιρόην (6). Au moyen âge, elle reprit son ancien nom d'Edesse, en arabe رها, que les chroniqueurs lui donnent avec des variantes, comme Rohaïs, Roaïs, Rohas, Rhagès, Ragès, Roaes, Rhasia, Roase, etc. (7).

L'histoire des dynastes osrhoéniens présente un phénomène curieux et qu'il est difficile d'expliquer, à cause du silence que les historiens orientaux et occidentaux ont gardé sur un événement qui, cependant, a dû avoir de l'importance à l'époque où il s'est accompli. Nous avons vu qu'Osrhoès se déclara indépendant à Édesse, et nous savons, en outre, que ce personnage, d'origine parthe ou persane, eut pour successeurs des princes

(1) Étienne de Byzance, *De urb. et pop.*, v° Εδεσσα. — Eusèbe, *Hist. ecclésiast.* — Ammien Marcellin, liv. XIV, ch. 8. — Appien.

(2) Liv. II, ch. 10.

(3) *Géograph.*, Cf. Saint-Martin, *Mém. sur l'Armén.*, t. II, p. 430.

(4) *Rec. de la soc. asiat. de Londres*, t. XIV, part. I; *Memoir of the Babylonian and Assyrian inscript. by C¹ Rawlinson.* — Journal asiat., 1854, *Inscript. de Behistoun,*

par F. de Saulcy, p. 134, lig. 49, 53, 96. — Oppert., *Expéd. de Mésopotamie*, t. II, liv. I, ch. 1, p. 18.

(5) Pline, liv. V, ch. 24.

(6) Étienne de Byzance, v° Αντιοχεια.

(7) Le Moine Ayton, Foucher de Chartres, Albert d'Aix, Guill. de Tyr., Albéric des Trois Fontaines, Jacques de Vitry, Notitia ecclésiast., etc.

de sa race, ou bien encore des Arabes, puisque le pays, sur lequel il avait établi son autorité, était en grande partie composé de populations sémitiques. L'histoire d'Arménie ne dit absolument rien de ces princes qui lui sont étrangers, et il faut recourir aux chroniques syriaques, rédigées aux sixième et huitième siècles, d'après des documents plus anciens, pour avoir, sur ces dynastes, des détails que l'on chercherait vainement ailleurs.

Les noms des premiers princes osrhoéniens ont presque tous une origine sémitique; ce sont, par exemple : *Abdou-bar-Mazour*, ܡܘܠܐܕ ܚܕ ܘ ܚܕܒ, dont la forme arabe est مازور بن ابد, *Bakrou*, ܚܕܒ, en arabe بكر, *Maanou*, ܡܥܢܘ, en arabe, معن, etc.

Dès que l'on est arrivé à l'époque de la naissance du Christ, l'histoire d'Arménie, par une brusque transition à laquelle rien ne nous a préparé, nous fait connaître qu'un descendant de Tigrane le Grand, Arscham ou Arsame, fils d'Artachès, étant monté sur le trône d'Arménie en 33 avant J.-C., eut de longs démêlés avec Hérode, roi des Juifs, et mourut après trente ans de règne (1). Apkar ou Abgar, son fils, lui succéda trois ans av. la naissance du Christ, et, s'étant brouillé avec les Romains, il s'avança contre eux du côté de la Syrie. Il paraît qu'Edesse était soumise à sa domination, car nous voyons qu'il entretenait dans cette ville une garnison qui était son armée d'observation, et qui, précédemment, servait de poste avancé sur l'Euphrate contre les agressions de Cassius (2). Ce qui déroute les recherches de l'historien, c'est que les écrivains arméniens et syriens, non plus que les Occidentaux, ne nous apprennent pas dans quels rapports de suggestion les rois osrhoéniens se trouvaient avec les rois d'Arménie, à l'époque qui précéda la venue d'Abgar à Edesse. Tout ce que nous savons d'une manière à peu près certaine, c'est qu'Abgar, au dire des historiens arméniens, transporta de Medzpin à Edesse sa capitale. Les chroniqueurs syriens, sans entrer sur ce sujet dans aucun détail, racontent qu'Abgar Uchama, l'Apkar des Arméniens, contemporain du Christ, succéda à Maanou, fils de Maanou, qui ne paraît avoir été renversé du trône, ni par violence, ni par suite d'une guerre.

(1) Moyse de Khorèn, liv. II, ch. 26. (2) Moyse de Kh., liv. II, ch. 27.

Comment la fusion des deux dynasties osrhoénienne et arsacide s'opéra-t-elle? Tel est le problème que l'histoire d'Arménie et les chroniques syriennes, muettes sur ce point, ne nous permettent pas de résoudre. Tout ce qu'il nous est permis de conjecturer, c'est que les Arsacides d'Arménie avaient, sous leur dépendance, les rois ou toparques de l'Osrhoène, et qu'à un moment donné, Abgar ayant changé de capitale, continua la série de ces dynastes persans ou arabes, sans qu'il y ait eu d'événement important pour cela, puisque l'histoire ne parle pas des guerres ou des querelles qui auraient pu surgir à cette époque, entre les dynastes d'Edesse dépossédés et les monarques arméniens usurpateurs. Cette supposition nous montre donc une branche de la famille royale d'Arménie, issue du sang des Arsacides, venant s'implanter sur une autre famille d'origine différente, sans guerre, sans conflit et sans bruit, et continuant la série des règnes précédents, dont elle subit vraisemblablement l'influence, puisque les chroniques syriennes la considèrent comme nationale et que les annalistes arméniens la regardent aussi comme une dynastie issue des Arsacides.

Les faits étant ainsi exposés, n'est-il pas étonnant de voir des Arméniens, quitter leurs appellations habituelles, pour prendre des noms empruntés au langage des populations au sein desquelles ils venaient s'établir, sans doute pour ne pas blesser la susceptibilité de la race prédominante qui subissait leur domination ; dès lors, n'est-il pas permis de supposer que ce nom d'Abgar, que nous voyons porté presque constamment par les Arsacides de la deuxième branche, et qui était assez fréquent chez les premiers monarques de l'Osrhoène, devint le nom générique des successeurs de l'Abgar arménien, puisque dans les auteurs occidentaux et sur les médailles, ce nom, presque à l'exclusion de tout autre, est donné à tous les rois d'Edesse ?

Cette supposition nous conduit tout naturellement à examiner la question relative aux noms d'Abgar et de Mannus, noms qui étaient portés par la plupart des rois ou toparques d'Edesse, dont la liste nous est fournie par les chroniques syriennes (1).

(1) *Chronique d'Edesse*, dans Assemani, de Thelmar, id., p. 417. *Bibliothèque orientale*, t. I, p. 387 ; et Denys

Nous venons de dire, il n'y a qu'un instant, que le nom d'Abgar paraît avoir été le nom générique, l'appellation habituelle, que les anciens donnaient aux rois d'Edesse. En syriaque, le nom d'Abgar, ܐܒܓܪ, signifie *boiteux* (1). Les auteurs grecs et latins qui parlent des *Abgar*, ont souvent altéré ce nom sous les formes *Augarus* (2), *Abagarus* (3), *Abbar* (4), *Agbar* (5), *Acbar* (6), qui sont des variantes du nom d'Abgar (7). En altérant la forme syriaque du nom d'Abgar, Spanheim (8) avait été amené à croire que la forme ܐܒܓܪ n'était autre chose que le comparatif arabe, اكبر, ce qui est une erreur, car, à l'époque des Osrhoéniens, l'arabe n'était point usité à Edesse, mais le syriaque était la seule langue de la contrée.

Toutefois, on ne peut nier la forme essentiellement sémitique du nom d'Abgar, et, partant de ce principe, on peut affirmer que les dynastes osrhoéniens, qui gouvernaient une contrée presque entièrement composée de populations sémitiques, avaient reçu d'elles un nom qui avait fini par être admis, comme une appellation générique, par tous les peuples qui étaient en relation avec Edesse.

Les Arméniens, qui considéraient avec juste raison les rois de l'Osrhoène comme des Arsacides, font descendre l'Abgar, contemporain du Christ, le quinzième dynaste osrhoénien, selon la chronique de Denys de Thelmar (9), de Tigrane le Grand, par Ardaschès et Arscham ; aussi n'est-il pas étonnant de voir les écrivains arméniens chercher à faire dériver le nom d'Abgar, Աբգար, des deux mots arméniens Աւագ այր, *homme grand*, dont il serait la contraction. Moyse de Khorên, qui donne cette explication, rapporte ainsi cette étymologie, dans son *Histoire d'Arménie* (10) : Աս

Աբգարեն կոչիւր աւագ այր վասն առաւել հեզութեան և խոնարհութեան · որմէ յետոյ և տգէս · գայս ոչ կարելով ուղղակորել Յունաց և Ասորւոց, կոչեին Աբգարոս ·

« Cet Abgar est appelé *Avak Aïr*, à cause de sa grande douceur et de sa

---

(1) Assemani, t. I, p. 261, note 1.

(2) Dion, liv. 77-79. — Zonaras, Cedrenus, saint Epiph. *her.*, 56. — Hérodien, *Alex. Sev.*

(3) Galanus, *Conciliat. eccl. Arm. cum roman.*, part. I, p. 9.

(1) Tacite, *pass.*

(5) Dion et Evagr, *Schol.*

(6) Appien , *Syr.*

(7) Suidas, v° *Abgar.*

(8) *De usu et prœst. num.*, liv. II, p. 86.

(9) Assémani, t. I, p. 420.

(10) Liv. II, ch. 26.

sagesse, et de jplus à cause de sa taille. Ne pouvant bien prononcer son nom, les Grecs et les Syriens l'appelèrent Abgar. » Cette conjecture de l'historien arménien, tout ingénieuse qu'elle paraisse au premier abord, n'est cependant point admissible, parce qu'elle est contraire à toutes les règles admises en philologie.

Dans la liste des dynastes osrhoéniens, on trouve, outre les Abgar, d'autres princes portant des noms qui semblent se rapprocher assez de celui d'Abgar, et, au premier abord, on est séduit par leur ressemblance ; ainsi, par exemple, les noms de ܒܟܪܘ, Bakrou, et de ܦܩܘܪܝ, Ph'acouri, offrent, sinon une assonance frappante, du moins une analogie que l'on ne saurait nier. Le nom ܦܩܘܪܝ entre autres, que l'on retrouve en arménien sous la forme պակորոս (1), offre une ressemblance évidente avec le nom d' Աբգար, si l'on applique ici la loi de permutation de lettres si commune dans les langues sémitiques. Le nom propre Bakrou passa en Occident à l'époque des guerres de Parthie, et on le trouve sous la forme Pacorus, dans beaucoup d'inscriptions qui nous sont parvenues (2).

Nous n'avons pas la prétention de chercher à ramener à une même origine les trois noms ܐܒܓܪ, ܒܟܪܘ et ܦܩܘܪܝ; cependant il ne serait pas impossible d'admettre que les noms d'Abgar et de Ph'acouri ont, l'un avec l'autre, une certaine ressemblance. Quant au nom de ܒܟܪܘ, son correspondant existe dans la langue arabe sous la forme بكر, bek'r.

De ce qui précède, résulte-t-il qu'on soit autorisé à penser que les dynastes osrhoéniens aient été des princes de race arabe, comme les Odheyna, اديَنة (Odenath) et les Ouaballah, وهب الله (Vaballath), de Palmyre, les Hâreth, حارث (Arétas) de Pétra et de la dynastie d'Emèse? Assurément les présomptions sont grandes, et nous ne pouvons nous empêcher de remarquer avec M. Er. Renan (3) que la plupart des noms fournis par l'histoire et les monuments durant les premiers siècles de notre ère dans la Syrie et la Mésopotamie, où pourtant le syriaque resta toujours la langue

(1) Moyse de Khorèn, liv. II, ch. 9.

(2) Boissard, Ant. rom., 4ᵉ part., p. 127, 130; et Grüter, p. 226, 8 et 1035, 5.

(3) Bulletin archéol. français, 1856. Sur quelques noms arabes.

nationale, présentent une physionomie purement arabe. Il n'y a donc rien d'étonnant de supposer qu'une dynastie arménienne ait adopté des appellations purement sémitiques, dans un pays où l'influence arabe était prédominante.

Quoi qu'il en soit, les noms d'Abgar et de Mannus sont les seuls que nous voyons figurer sur les médailles qui nous sont parvenues des rois de l'Osrhoène.

Le nom d'Abgar, que les Grecs ont transcrit par Αϐγαρος, et que nous retrouvons sous cette forme sur les médailles et dans la plupart des textes, offre quelques variantes qui viendraient encore appuyer l'opinion que j'ai émise au sujet de l'affinité des deux noms Abgar et Ph'acouri. Les Arméniens, et particulièrement Moyse de Khorên, qui a fait, comme on le sait, un grand usage des sources grecques, a adopté la forme hellénique Աբգարու, laquelle se retrouve avec une variante Αϐχορος, sur une inscription recueillie dans l'Auranitide, en 1853, par M. Porter (1), et dont M. Renan a, le premier, proposé l'affinité avec le signe du doute (2).

La forme syriaque du nom de Mannus, que l'on trouve aussi sur quelques médailles de l'Osrhoène, est *Maanou*, ܡܥܢܘ, qui a son correspondant en arabe, dans la transcription معنو pour عمرو. On trouve le nom de Maanou ou Mannus, sous la forme Μάννος et Μάνος, sur d'autres médailles et dans deux inscriptions dont l'une, qui est bilingue, existe sur le château dit de Nemrod, situé à peu de distance d'Edesse (3) :

AMCHCCA EΔOY TOYMANNOY ΓΥΝΗ.

L'autre inscription portant le nom de Mannus ou plutôt Manus, a été publiée par M. T. D. Woolsey, et provient de l'exploration de l'Auranitide, par M. Porter (4) :

(1) *Journal of the Amer. orient. society,* t. V, n° 1 ; *inscr.,* n° 12, lig. 5, p. 186.
(2) *Sur quelques noms arabes,* p. 8.
(3) Moltke *Briefe über Zustande in der* *Turkei cet.,* p. 343. — Bœckh, *Corp. inscr. grœc.,* t. III, p. 276, n° 4670.
(4) *Journal of the American oriental society,* 1855, t. V, n° 1, inscr. n° 2, p. 183.

MANOC ΘAIMOY   Μάνος Θαίμου

KAI YIOI AYTOYE   καὶ υἱοί αὐτοῦ ἔ-

ΔωKAN EKTHC   δωκαν ἐκ τῆς

OIKOΔOMK...   οἰκοδομ [ι]κ [ῆς ?]

XYAΛCXEIΛ...   χυαλς? χειλ[ί]-

ACKATHNCY   ας (1) κα[ὶ] τὴν Σύ-

PAN EYCEBOYN   ραν εὐσέβουν

EKTO KYPIωN   ἐκ τ[ῶν τῶν] κυρίων (2).

Le nom de Mannus semble avoir été, à Edesse, un nom honorifique, ou bien un nom générique, comme celui d'Abgar, de la même façon que le nom d'Arsace le fut aux rois parthes. Dans l'origine des recherches numismatiques sur l'Osrhoène, les savants avaient cru voir, dans le nom de Mannus, les formes Alannus et Ryonnus, mais Bayer a rétabli la véritable forme de ce nom qui est Mannus ; seulement il a confondu les Mannus d'Edesse avec un autre Mannus qui régnait en Orient, et dont parle Dion Cassius (3). Ce Mannus, au dire de Dion, était phylarque et ses possessions étaient comprises dans une partie de l'Arabie peu éloignée de la Mésopotamie : « Ὁ Μάνος ὁ τῆς Ἀραβίας πλησιοχώρου... φύλαρχος (4). » Il est probable que ce prince était roi des Arabes Atréniens qui occupaient la partie méridionale de la Mésopotamie. Nous savons aussi par certains morceaux épars de Dion et quelques fragments des Parthiques d'Arrien, conservés par Suidas, que Trajan fit la guerre aux Atréniens et qu'il soumit, après un grand nombre de combats, un prince nommé Mannus, lequel régnait dans ces régions, et ne peut, en aucune façon, être confondu avec l'un des rois osrhoéniens.

Revenons à l'histoire d'Edesse. A la mort d'Abgar Uchama, le royaume de l'Osrhoène fut partagé en deux parties : Maanou, appelé aussi Anané ou Ananoun, fils de ce prince, gouverna Edesse, et Sanadroug, fils de sa sœur, hérita de la portion de l'Arménie et de l'Adiabène que sa famille avait eu en apanage.

(1) Pour χυλίας.

(2) On trouve la forme ἐκ τῶν τοῦ κυρίου, dans Bœckh, C. I. G., n° 4523.

(3) Excerpt., l. LXVIII, § 22.

(4) Dion, l. LXVIII.

Aussitôt monté sur le trône, Sanadroug chercha à détruire la race d'Abgar, afin de réunir toute l'Arménie sous sa domination. Aidé par les princes Ardzrouni et Bagratides, ses parents, il marcha contre Edesse dont il s'empara, et fit mourir la famille et la postérité d'Abgar, à l'exception de quelques princes qui se réfugièrent à Jérusalem. Sanadroug fit ensuite rebâtir Medzpin (Nisibe), qui avait été renversée par un tremblement de terre, puis, il l'orna de palais et de monuments magnifiques (1) : « Il fit élever, dit Moyse de Khorèn, au milieu de la ville qu'il avait reconstruite (Medzpin), sa statue tenant à la main une pièce de monnaie, ce qui signifiait : Tous mes trésors ont été dépensés à reconstruire cette ville, et il ne m'est plus resté que cette seule pièce de monnaie. »

Erouant, qui avait usurpé la couronne à la mort de Sanadroug, étendit son empire sur toute l'Arménie, après la mort de Tiridate Iᵉʳ, frère de Vologèse, roi des Parthes. Protégé par les Romains, il n'éprouva aucun dommage sous Vespasius et Titus, moyennant la cession qu'il leur fit de la Mésopotamie et d'Edesse. Privé d'une partie considérable de ses Etats, Erouant transporta sa résidence à Armavir. « Alors, dit Assoghig (2), la domination arménienne cessa dans cette contrée, et le tribut qu'Erouant payait aux Romains fut augmenté. » Moyse de Khorèn (3) rapporte, en outre, que des fonctionnaires romains établirent à Edesse des trésoriers chargés de recevoir les impôts perçus sur l'Arménie, la Mésopotamie et l'Assyrie, et qu'ils rassemblèrent aussi, dans cette ville, les archives relatives aux tributs, qui étaient conservées à Sinope.

Cependant, des descendants d'Abgar continuèrent à régner à Edesse (4) jusqu'à l'époque de Gordien III, après le règne duquel le royaume de l'Osrhoène fut définitivement réduit en province, et la capitale de cet Etat devint une colonie romaine.

---

(1) Moyse de Khorèn, liv. II, ch. 36.

(2) *Hist. univ.*, 1ʳᵉ part., ch. 5.

(3) Liv. II, ch. 38.

(4) Denys de Thelmar, dans Assemani, t. I, p. 421.

La numismatique de l'Osrhoène ne commençant qu'à partir du règne de Maanou VIII, le Mannus contemporain d'Adrien, nous allons donner ici la concordance des années des règnes des rois d'Edesse et des empereurs romains.

ROIS D'ÉDESSE.	DURÉE DU RÈGNE.	ANNÉES de l'ère D'ABRAHAM.	ANNÉES DE L'ÈRE CHRÉTIENNE.	EMPEREURS ROMAINS.	ANNÉES du RÈGNE.
MAANOU VII, fils d'Aïazt	16 ans 8 mois	De 2115 à 2131.	Août 99 à avril 115-116.	TRAJAN	97-117.
MAANOU VIII, fils de Maanou VII. .	23 ans	2131—2154.	115—116 à 138—139.	ADRIEN	117-138.
VAL, fils de Sahr. .	2 ans	2154—2156.	138—139 à 140—141.		
MAANOU VIII, de nouveau	12 ans	2156—2168.	140—141 à 152—153.	ANTONIN	138-161.
ABGAR VIII, fils de Maanou VIII. .	35 ans	2168—2203.	152—153 à 187—188.		
ABGAR IX, Sévère.	1 an 7 mois.	2203—2205,	187—188 à 189—190.	MARC-AURÈLE. . LUCIUS-VERUS. .	161-180. 161-169
MAANOU IX, fils d'Abgar IX. .	10 ans	2205—2215.	189—190 à 199—200.	COMMODE. . . . SEPTIME-SÉVÈRE.	180-192. 193-211.
ABGAR X, fils de Maanou IX. .		2215—2230 ?	199—200 à 214—217.	CARACALLA et GETA	211-217.
ABGAR XI		Vers 2254 ?	Vers 240 ?	GORDIEN III. .	238-244.

Il est rarement question dans l'histoire des impôts et des monnaies du royaume d'Edesse, aussi manquons-nous de données sur la valeur des monnaies qui nous sont parvenues. Quoi qu'il en soit, nous avons recueilli les différents passages historiques relatifs aux tributs que les princes osrhoéniens furent obligés de payer aux Romains, dont ils étaient devenus les vassaux.

On trouve dans l'histoire la première mention de ces tributs à l'époque du règne d'Arscham, fils d'Ardaschès, frère de Tigrane Ier, qui régna à Edesse par ordre d'Orodes, roi des Parthes. Cet Arscham est appelé par Josèphe, Monobaze ou Monovaze, nom qui se rapproche de celui de Maanou, que lui donne le chroniqueur syrien Denys de Thelmar (1), et dont il semble être une altération. Ce prince régnait de l'an 38 à l'an 10 avant Jésus-Christ. Moyse de Khorèn (2) et Assoghig (3) nous apprennent, en effet,

(1) Assémani, *Bibl. orient.*, t. I; *Chron. d'Edesse*, p. 419, n° 13.

(2) Liv. II, ch. 24.

(3) *Hist. univ.*, 1re partie, ch. 5.

qu'Arscham, ayant fait la paix avec les Romains, consentit à leur payer tribut pour la Mésopotamie et la contrée de Césarée. Ce fut de cette manière, ajoutent-ils, que les Arméniens commencèrent à payer un tribut particulier aux Romains.

Le fils d'Arscham, Abgar, que les Syriens surnommèrent Uchama, c'est-
à-dire *le noir*, et que Josèphe appelle aussi Monobaze comme son père, régna
de l'an 5 avant Jésus-Christ à l'an 32 après l'ère chrétienne. Moyse de
Khorên (1) et Assoghig (2) racontent que la deuxième année de son règne,
c'est-à-dire l'an 3 avant Jésus-Christ, « toutes les provinces d'Arménie
devinrent tributaires des Romains. » L'empereur avait donné, à cet effet,
à Abgar une partie de la Phénicie, de la Palestine, de la Syrie et de la Mésopotamie, à la condition qu'il se soumettrait aux Romains et qu'il leur
payerait tribut.

Les monnaies des rois de l'Osrhoène qui nous sont parvenues, appartiennent à plusieurs princes des noms d'Abgar et de Mannus. La série
commence à Maanou VIII, contemporain de l'empereur Adrien, et se ter-
mine, après quelques lacunes, à l'époque de Gordien III, le Pieux. Nous
allons examiner maintenant la suite des monnaies frappées par les princes
qui gouvernèrent l'Osrhoène sous la suzeraineté de l'empire romain.

MAANOU VIII, FILS DE MAANOU VII (*MANNUS*).

115-138 et 140-152 après Jésus-Christ. — Contemporain d'Adrien et d'Antonin.

Après la mort de Trajan, Adrien abandonna toutes les conquêtes de son
prédécesseur au-delà de l'Euphrate. La conduite d'Adrien, dans cette circonstance, nous fait conjecturer qu'il ne faut pas prendre, dans un sens
trop absolu, les expressions des auteurs qui parlent des provinces nouvel-
lement acquises du côté de l'Orient. Nous pensons que l'empereur se borna
à rappeler le petit nombre de colonies romaines établies par Trajan dans

---

(1) Liv. II, ch. 26. (2) 1re part., ch. 5.

ces régions, et à faire revenir les garnisons laissées par ce prince dans plusieurs villes et forteresses qui furent alors rendues à leurs souverains légitimes. Adrien continua à exercer les droits de haute suzeraineté sur les Etats orientaux conquis par Trajan. Nous savons, en effet, que cet empereur donna des rois à l'Arménie et à plusieurs nations barbares du Caucase, et que c'est quelque temps après ses campagnes que les rois de l'Osrhoène adoptèrent l'usage de prendre des prénoms romains et de mettre sur leurs monnaies les effigies des empereurs, ce qu'ils n'auraient certainement pas fait, s'ils avaient été alliés ou vassaux des Parthes.

Maañou VIII, le Μαννος des Grecs et le Mannus des Latins, monta sur le trône d'Edesse en l'année 115 du Christ. Selon la chronique de Denys de Thelmar, il occupa deux fois le trône de l'an 116 à l'an 153; de cette manière, il fut le contemporain des empereurs Adrien et Antonin. Denys dit qu'il commença à régner l'an 2130 d'Abraham et qu'il occupa le trône vingt-trois ans, après lesquels il s'enfuit chez les Romains. Bayer (1) le fait régner depuis l'année d'Abraham 2131, qui correspond au mois d'avril de l'année 116 de J.-C. Maanou fut privé de son trône par Trajan, mais Adrien le lui rendit. Spartien dit de lui : « Parthos in amicitia semper habuit, quod indè regem retraxit, quem Trajanus imposuerat : Armeniis regem habere permisit, cum sub Trajano legatum habuissent : à Mesopotamiis non exegit tributum, quod Trajanus, imposuit (2). » Il paraît qu'en l'année 139, Maanou fut chassé de ses Etats par Val, fils de Sahrou, et qu'il s'enfuit chez les Romains. Le voyage de Maanou à Rome est attesté par Jules Capitolin qui, au commencement du règne d'Antonin, raconte ce qui suit : « Abgarum regem ex orientis partibus sola auctoritate deduxit : caussas regales terminavit. » Le nom d'Abgar, que l'historien romain donne ici à Maanou, prouve une fois de plus que les Occidentaux avaient coutume de considérer ce nom comme une appellation générique, particulière aux rois de l'Osrhoène. Val, fils de Sahrou, comme l'indique son nom, ‌‌‌وال بن زهر, était probablement un prince d'origine arabe et issu des anciens rois de l'Osrhoène. Il s'était emparé de la couronne en 139. Le

---

(1) *Hist. osrh.*, liv. III, p. 153. (2) *Histor. Aug., in Hadr.*, ch. 21.

9

règne de cet usurpateur fut de courte durée, car Denys raconte que Maanou, étant revenu de Rome, remonta sur le trône l'an 141 et régna encore
douze ans, ce qui fait en tout trente-six années de règne, abstraction faite
du temps qu'il passa hors de son royaume.

_____

Les numismatistes ont attribué à Maanou plusieurs médailles qui ne lui
appartiennent certainement pas. Celle que lui donne Bayer (1) est refaite,
et la médaille que Visconti (2) attribue à l'Abgar, qu'il dit avoir été contemporain d'Adrien, est du temps de Caracalla. Mionnet (3) a restitué ces deux
pièces à leur véritable place. Les seules monnaies de Maanou qui puissent
être attribuées sans contestation à ce prince, sont la médaille publiée
par Sestini, et qui faisait partie du cabinet de Consinéry, et un petit
bronze du cabinet de France.

Tête du roi coiffée de la tiare.

℞   ﺟﻼﻣﺎ *le roi*

  ﻣﺎﻧﻮ *Maanou.*

Cuivre, moy. mod.

Sestini, *Descr. num. vet.*, p. 533, n° 8.

Tête du roi coiffée de la tiare, à droite. Grenetis

℞   ﺟﻼﻣﺎ *le roi*

  ﻣﺎﻧﻮ *Maanou.*

Grenetis.

Cuivre, petit module (4). — Pl. IV, n° 1.

Cab. de France.

_____

(1) *Hist. osrh.*, l. III, p. 115, pl. IV, n° 2.
(2) *Iconogr. gr.*, 2ᵉ part., ch. 14, § 12.
(3) *Méd. gr.*, t. V, p. 613; *suppl.*, t. VIII,
p. 409.

(4) C'est par erreur que, sur le dessin de
cette pièce, pl. IV, n° 1, l'indication du métal
porte le signe de l'argent.

Les deux monnaies, dont on vient de lire la description, sont les seuls spécimens qui nous soient parvenus de pièces avec des légendes en langue syriaque; car on sait que toutes les médailles des rois de l'Osrhoène portent des légendes grecques. Une autre particularité fort curieuse à signaler, c'est l'absence de l'effigie impériale sur ces deux monuments. Il paraît que ce ne fut que plus tard que l'usage fut adopté de placer les deux têtes de l'empereur romain et du roi d'Edesse. Mais, avant de s'arrêter à ce dernier système, il y avait eu un autre projet dont la numismatique de l'Osrhoène fournit des exemples; au lieu de la tête du roi d'Edesse qui figure sur les monnaies des monarques contemporains d'Adrien, on remarque, au contraire, sur les deniers d'argent frappés à Edesse, à l'époque de Marc-Aurèle et de Lucius Verus, l'effigie de ces deux empereurs, et au revers une légende grecque portant le nom du roi osrhoénien et qui occupe tout le champ de la pièce. Cependant ce projet ne fut pas suivi longtemps, car sous le règne des empereurs que je viens de citer, les monnaies d'Edesse commencèrent à porter les deux têtes, et cet usage se continua jusqu'à la fin de la dynastie osrhoénienne. A l'époque du règne de Gordien III, qui avait rendu aux Abgar leur royaume que Caracalla leur avait enlevé, un autre type apparaît sur les monnaies d'Edesse, c'est le couronnement d'un Abgar par l'empereur. Ce type avait pour but de rappeler la magnanimité de Gordien, qui, voulant s'attacher les populations de la Mésopotamie, avait rétabli le trône d'Edesse et y avait fait monter un prince issu de la race des Abgar. Cet événement important est rappelé seulement sur les médailles, car l'histoire n'en fait point mention.

MAANOU ,

Prince inconnu dans l'histoire, contemporain de Marc-Aurèle et de Lucius Verus.

L'histoire ne parle aucunement d'un prince du nom de Maanou ou Mannus qui aurait régné à Edesse sous Marc-Aurèle et Lucius Verus, et nous savons positivement que le roi qui occupa le trône de l'Osrhoène, à l'épo·

que de ces deux empereurs, portait le nom d'Abgar ; l'histoire et les médailles ne laissent aucun doute à cet égard. Les numismatistes ne sont pas
d'accord pour attribuer les médailles du Mannus en question à un prince
qui aurait régné dans l'Osrhoène; et, bien que quelques-uns aient refusé au
royaume d'Edesse ces monnaies, ils n'ont point proposé d'autre attribution. On sait, par le témoignage de Dion Cassius (1), que les Arabes Atréniens étaient gouvernés par un prince appelé Mannus, au temps de Trajan,
qui les soumit, et quelques savants supposent que des descendants de ce
prince, ayant porté le même nom que lui, auraient continué à régner
sous la suzeraineté de Rome (2), dans les contrées occupées par les Atréniens. On ne peut, à cet égard, former que des conjectures, et le manque
de documents nous oblige à n'émettre qu'avec le signe du doute l'attribution que nous allons proposer. Il n'est pas douteux que le roi osrhoénien, contemporain de Marc-Aurèle et de Lucius Verus, ait été un prince
qui portait le nom d'Abgar ; or, ne serait-il pas possible de supposer qu'un
autre prince nommé Mannus, et qui aurait appartenu à la famille royale
d'Edesse, usurpa la couronne pendant quelque temps et fit frapper monnaie au nom des deux empereurs, ses contemporains? Le fait est possible,
mais aucun témoignage écrit n'est venu, jusqu'à présent, appuyer cette
opinion que l'existence seule de ces médailles nous a suggérée.

Mannus et Marc-Aurèle.

BACIΛEYC MANNOC ΦIΛO[PωMAIOC]. — Pallas debout, tenant de la
main droite la haste, et de la gauche un bouclier.

℞ AYT. K. M. AYPHΛ. ANTωNINOC. — Tête laurée de Marc-Aurèle.
Denier d'argent.

Spanheim, t. II, p. 578.

(1) *Excerpt.*, l. LXVIII, § 22.   (2) Visconti, *Icon. gr.*, 2ᵉ part., ch. 14, § 13, note 2.

Mannus et Faustine la Jeune.

BACIΛEYC MANNOC ΦIΛOPωMAIOC. — Junon debout, tenant de la main droite une patère, et de la gauche la haste ; à ses pieds, un paon.

℞ ΦAYCTINA CEBACTH. — Tête de Faustine jeune.
Denier d'argent.
Spanheim, t. II, p. 578.

Mannus et Lucius Verus.

BACIΛEYC MANNOC ΦIΛOPωMAIC (en quatre lignes). — Filet au pourtour.

℞ A. K. Λ. AYP. OYHPOC. C. — Tête de Lucius Verus, à droite. Grenetis.
Denier d'argent. — Pl. IV, n° 2.
Neumann. Num. popul., t. II, p. 89.

BACIΛEYC MANNOC ΦIΛOPωMAIC. — Junon debout, tenant une patère de la main droite, et la haste de la gauche.

℞ A. K. Λ. AYP. OYHPOC. C. — Tête de Lucius Verus, à droite.
Denier d'argent.
Pembrock, p. 3, tab. xxv.

Mannus et Lucille.

BACIΛEYC MANNOC ΦIΛOPωMAI[C]. — Junon debout, à gauche, tenant une patère de la main droite, et la haste de la gauche. Grenetis.

℞ ΛOYKIΛΛA CEBACTH. — Tête de Lucille, à droite. Grenetis.
Denier d'argent. — Pl. IV, n° 3.
Cab. de France.

Même légende. — Lucille en Cérès, assise à gauche, tenant de la main droite des épis et de la gauche un flambeau.

℞ Même légende et même tête.

Denier d'argent. — Pl. IV, n° 4.

Cab. de France.

ABGAR VIII.

153-188. — Contemporain d'Antonin, de Marc-Aurèle, de L. Verus et de Commode.

Abgar VIII, fils de Maanou VIII, qui régna à Edesse après la mort de son père, occupa le trône trente-cinq ans, depuis l'année 153 à 188. Il fut donc contemporain de plusieurs empereurs, et beaucoup de monnaies nous ont conservé ses traits avec ceux de Marc-Aurèle, de L. Verus et de Commode. Selon Denys, il aurait commencé à régner l'an 2169 de l'ère d'Abraham, mais, les calculs de Bayer (1) ont démontré que ce devait être plutôt en l'année 2168, dont le point initial correspond au mois d'avril de l'an 153 de l'ère chrétienne. L'histoire ne dit rien des événements qui s'accomplirent de son temps, elle nous apprend seulement que ce fut sous son règne que Lucius Verus soumit les Parthes (2).

Abgar et Marc-Aurèle.

Visconti (3) a publié deux bronzes qu'il a attribués à Abgar, contemporain de Septime Sévère, le neuvième du nom, et qui appartiennent sans aucun doute à Abgar VIII. Nous avons restitué ces médailles à la place qu'elles doivent occuper.

---

(1) *Op. laud.*, p. 158.

(2) *Chron. anonyme d'Edesse*, dans Assémani, t. I, p. 390 ; et *Chron. de Denys*, Cf.

Assémani, t. I, p. 390, note 1.

(3) *Iconog. gr.*, 2ᵉ part., ch. 14, § 15.

KAICAP AYPH[ΛIOC]. — Tête nue de Marc-Aurèle.

℞ ABΓAPOC BACIΛEYC. — Tête d'Abgar, à droite, coiffée de la tiare. Cuivre, petit module (douteuse).

Patin., Num. imp., p. 192.

Abgar et Lucius Verus.

Tête de Lucius Verus.

℞ ABΓAPOC BACIΛEYC. — Tête d'Abgar, à droite, coiffée de la tiare. Cuivre, petit module (douteuse).

Patin., Num. imp., p. 207.

Abgar et Commode.

[BA]CIΛEY[C ABΓAPOC]. — Tête d'Abgar, barbue et coiffée de la tiare dentelée, à droite; devant, un sceptre. Grenetis.

℞ AYT. OYHPOC. KOM...... — Tête de Commode, barbue et laurée, à droite. Grenetis.

Cuivre, moy. mod. — Pl. IV, n° 5.

Cab. de France.

[BACIΛEYC ABΓAPOC.] — Même tête.

℞ AYTO. KAICAP. KOM...... — Tête barbue et laurée de Commode, à droite.

Cuivre, moy. mod. — Pl. IV, n° 6.

Cab. de France.

BACIΛEYC ABΓAPOC. — Tête d'Abgar, barbue et coiffée de la tiare perlée et crucigère, à droite.

℞ KAICAP KOMOΔOC. — Tête laurée de Commode, à droite. Grenetis.

Cuivre, pet. mod. — Pl. IV, n° 7.

Cab. de France.

BACIΛEYC ABΓAPOC. — Tête d'Abgar, coiffée d'une tiare dentelée , à droite. Grenetis.

℞ KAICAP KOMOΔOC. — Tête laurée de Commode , à droite. Grenetis.

Cuivre, pet. mod. — Pl. IV, n° 8.

Cab. de France.

Abgar et Septime Sévère.

ABΓAPOC BACIΛEY[C]. — Tête d'Abgar, barbue, coiffée de la tiare dentelée, ornée du croissant constellé, à droite ; devant, un sceptre. Grenetis.

℞ AYTOKPATOP CEOYHPOC. — Tête barbue et laurée de Septime Sévère. Grenetis.

Cuivre, moy. mod. — Pl. IV, n° 9.

Il existe une grande variété de coins de cette monnaie qui offrent tous des différences de type assez notables. Ainsi, par exemple, la tiare d'Abgar est quelquefois simplement perlée et crucigère, comme sur la médaille dont nous avons donné la figure, pl. IV, n° 10, et qui existe au cabinet impérial. D'autres fois, elle est dentelée et porte sur le côté droit, un croissant cantonné d'une ou de plusieurs étoiles (pl. IV, n°ˢ 11, 12, 14, et pl. V, n° 1). Enfin, cette tiare, qui paraît avoir subi de nombreuses modifications, quant à l'ornementation , est quelquefois dépourvue de tout symbole, seulement elle est constamment dentelée (pl. IV, n° 13, et pl. V, n° 2).

Mais le fait le plus important que nous révèle l'étude des monnaies de cet Abgar est l'effigie même du souverain. En effet, si l'on examine avec attention les monnaies portant le nom d'Abgar, et ayant au revers l'effigie de Septime Sévère, on verra que la figure du personnage osrhoénien varie sur les monuments. Sur certaines médailles, comme, par exemple, celles que nous avons reproduites sur la pl. IV, n°' 9 et 14, et pl. V, n°' 1 et 2, les traits d'Abgar sont moins accentués que sur les exemplaires qui ont été gravés sur la pl. V, n°' 3 à 8, tandis qu'au contraire, la figure du monarque a une grande ressemblance avec celle du personnage qui régnait à l'époque de Commode, et dont nous avons donné les médailles, pl. IV, n°' 5 et 6. Nous ne doutons donc pas un seul instant que les médailles que nous venons de décrire aient été frappées par un même prince, c'est-à-dire par Abgar VIII, tandis qu'au contraire, les pièces que nous avons attribuées à Abgar IX, contemporain aussi de Septime Sévère, ne peuvent avoir été frappées par le personnage dont les médailles ont été décrites précédemment. Il est donc évident que deux Abgar régnèrent l'un après l'autre à l'époque de Septime Sévère; c'est-à-dire Abgar VIII, et son successeur Abgar IX, surnommé Sévère, lesquels firent tous deux frapper des monnaies à l'effigie de l'empereur, leur contemporain.

Les numismatistes qui se sont occupés du classement des monnaies de l'Osrhoène, ont confondu presque toujours ces deux personnages, trompés qu'ils étaient par l'identité du nom et par la présence d'une même effigie impériale. Cependant, il est facile de voir que les traits de ces Abgar offrent, sur les médailles, de grandes différences qui ne permettent pas de les confondre. Sur les unes, en effet, on voit un vieillard dont le nez est presque droit, tandis qu'au contraire, sur les autres médailles, la tête d'Abgar paraît beaucoup plus jeune; le nez est fortement arqué et l'œil est plus ouvert. On peut donc affirmer que toutes les fois qu'on rencontrera une médaille portant les noms d'Abgar et de Septime Sévère, les traits du visage du roi osrhoénien serviront seuls à distinguer ces personnages l'un de l'autre; en effet, nous n'avons reconnu jusqu'à présent aucun autre signe qui puisse aider à trancher cette difficulté, devant laquelle avaient échoué les efforts des plus savants numismatistes.

ABGAR IX, SÉVÈRE.

187-189. — Contemporain de Septime Sévère et de Caracalla.

La chronique de Denys nous apprend qu'Abgar Sévère porta la couronne conjointement avec son fils Maanou, mais elle ne dit rien des événements qui signalèrent le règne de ce prince. Ce sont les historiens romains qui nous donnent sur ces événements les détails les plus complets. Septime Sévère, à ce que nous apprennent Xiphilin et Dion, déclara la guerre aux Osrhoéniens. Abgar, à ce qu'il paraît, s'était compromis dans la guerre civile qui déchira l'empire sous le règne de Septime Sévère. Il avait pris le parti de Pescennius Niger, qui fut vaincu, et il aurait lui-même perdu ses Etats, s'il n'avait trouvé grâce auprès du vainqueur, qui, l'ayant soumis complétement, ainsi que les autres souverains voisins (1), prit les titres de *Parthicus*, *Arabicus* et *Adiabenicus*. Abgar se rendit à Rome pour faire la paix avec l'empereur. Il fut reçu dans cette ville avec beaucoup de magnificence; mais Septime Sévère l'obligea à y laisser deux de ses enfants en otage (2). Une inscription grecque, trouvée dans la basilique de Saint-Paul, à Rome (3), nous apprend les noms de ces deux princes ; l'un s'appelait Abgar, comme son père, et l'autre Antonin, sans doute en considération de Caracalla, fils de l'empereur :

EKTON EΠ'EIKOCTΩ ΠΛΗCAC ETOC ABΓAPOC ENΘA
TAPXYΘH MΩIPΩN ΩC EΠEKΛΩCE MITOC
OI ΦΘONOC ΩC AΔIKOC TICAΠECBECEN APXOMENONΦΩC
ΛYΠECAC TOΓENOC KAI ΦIΛIOYC ETAPOYC
TYMBON Δ'ANTONEINOC EΩ ΘETO TOYTON AΔEΛΦΩ
OICIN OΠPIN BACIΛEYC ABΓAPOC HN ΓENETHC

(1) Spartien, liv. IX, ch. 18. —Aur. Victor. — Reynesius, *in syntagmat.*, p. 330. –
(2) Hérodien, liv. III, § 27. Bayer, *Hist. osrh.*, p. 178 — Bœckh, *C. I. G.*,
(3) Sirmond, *ad. Sid. Apoll.*, liv. I, ép. 8. n° 6196.

Suivant cette inscription, le jeune Abgar mourut à Rome, à l'âge de vingt-six ans. Il avait perdu son père et sa femme, Hodda, dont l'épitaphe en latin (1) nous apprend, en outre, que le prince osrhoénien portait aussi le nom de Prhaate :

DM
ABGAR
PRAHATHS
FILIVS REX
PRINCIPIS
ORRHENORV̄
HODDA
CONIVGI BENE
MERENTI FEC.

A la mort d'Abgar Sévère, Maanou, son fils, qu'il avait associé au trône, lui succéda.

Abgar et Septime Sévère.

ΑΒΓΑΡΟΣ ΒΑΣΙΛΕΥΣ. — Tête d'Abgar coiffée de la tiare dentelée et sans ornements, à droite. Grenetis.

℞ ΛΟΥΚ CE[OYHPOC]. — Tête barbue et laurée de Septime Sévère, à droite. Grenetis.

Cuivre, moy. mod. — Pl. V, n° 3.

Cab. de France.

Il existe une grande variété de coins de cette médaille dont les légendes barbares sont souvent illisibles et semblent avoir été frappées par des graveurs syriens qui, dans l'ignorance qu'ils étaient de la langue grecque, copiaient un prototype dont ils ne comprenaient pas les légendes. Les tiares offrent aussi de nombreuses variétés ; ainsi, on voit sur les mon-

(1) Muratori, *Trésor*, p. 665, n° 1.

naies de moyen module d'Abgar IX, Sévère, une tiare perlée (pl. V, n° 4) et une autre dentelée et ornée du croissant cantonné d'étoiles (pl. V, n° 5).

ABΓAPOC BACIΛEYC. — Tête d'Abgar coiffée de la tiare dentelée et ornée du croissant constellé, à droite. Grenetis.

℞) CEOYHPOC. — Tête barbue et laurée de Septime Sévère, à droite. Grenetis.

Cuivre, module inférieur au précédent. — Pl. V, n°⁵ 6, 7, 8.

ABΓAPOC BACIΛEYC. — Tête d'Abgar barbue et coiffée de la tiare perlée, à droite. Grenetis.

℞) CEOYHPOC. — Tête laurée de Septime Sévère, à droite. Grenetis.

Cuivre, pet. mod. — Pl. V, n° 9.

MAANOU IX.

189-199. — Contemporain de Septime Sévère.

Maanou (Mannus), fils d'Abgar Sévère, ainsi que nous l'avons vu plus haut, avait été associé au trône par son père. L'histoire nous a conservé quelques détails sur sa vie ; ainsi, Jules Africain raconte que Mannus était un chasseur passionné et qu'il excellait dans l'art de tirer des flèches (1). On sait qu'il régna dix ans (2), et succéda à son père pendant que ses frères, Abgar et Antonin, étaient en otage à Rome (3).

---

(1) Jules Afr., *Cestes.* — Cf. Bayer, *Hist. osrh.*, p. 165.

(2) Denys de Thelmar, p. 423, a commis une erreur en disant que Maanou régna vingt-six

ans. Assémani, *l. c.*, avait reconnu cette faute chronologique ; seulement il donne deux années de trop au règne de Maanou.

(3) Hérodien, liv. III, § 27.

ABΓAOC B[ACIΛEΥC]. — Tête d'Abgar Sévère coiffée de la tiare dentelée et constellée, à droite. Grenetis.

℞ MANNOC ΠAIC. — Tête de Mannus barbue et coiffée de la tiare dentelée, sans ornements, à droite. Grenetis.

Cuivre, pet. mod. — Pl. V, n° 12.

Cab. de France.

Pellerin, *Rois*, pl. XVI.

ABGAR X.

199-217. — Contemporain de Septime Sévère et de Caracalla.

Abgar, fils de Maanou , dut son trône à Septime Sévère qui, ayant été en guerre avec son père et son grand-père, avait cependant laissé subsister le royaume d'Edesse. Les chroniques syriaques racontent qu'une inondation épouvantable signala, en 202, le règne de ce prince (1). Nous savons que cet Abgar fut détrôné par Caracalla, qui s'empara d'Edesse, lorsqu'il se rendit en Mésopotamie, en revenant d'Egypte (2). Dion Cassius raconte en détail les causes qui amenèrent cet événement (3). Spartien nous apprend que Caracalla hiverna à Edesse , et qu'il fut tué à Carrhas, en 217 (4). A partir de cette époque, le royaume d'Edesse fut anéanti par les Romains (217), et réduit en province de l'empire par Caracalla (5) : « Edessam, dit Spartien, in Osrhoem, in provinciæ formam redigit, amico rege Abgaro, non victo, sed vincto perfidissime. » A partir de cet événement, les monnaies frappées à Edesse eurent pour emblème

---

(1) *Chron. anonym. d'Edesse*, dans Assémani, t. I, p. 390.

(2) Hérodien, liv. IV, ch. 21. — Dion Cass., *in fragm. ap.* Zonar., t. I, p. 613, et *ap.* Xiphil., p. 352.

(3) Liv. LXXVII, et *excerpt. Val.*, p. 746.

(4) Cf. Eutrope, Sextus Rufus, Georges le Syncelle.

(5) Denys de Thelmar, p. 423.

la tête de la ville d'Edesse, coiffée d'une couronne murale avec cette légende : KOΛ. EΔECCA.

Abgar et Caracalla.

BACIΛE[YC] ABΓAPOC.—Tête d'Abgar imberbe coiffée de la tiare dentelée et ornée d'un croissant constellé, à droite. Grenetis.

℞ KAIC. ANTΩN. CEB. EY. — Tête barbue et laurée de Caracalla, à
droite. Grenetis.

Cuivre, moy. mod. — Pl. V, n° 10.

Cab. de France.

ABΓAPOC BACIΛEYC.—Tête d'Abgar barbue et coiffée de la tiare dentelée, sans ornements, à droite. Grenetis.

℞ ANTΩNEINOC. K. CE. — Tête barbue et laurée de Caracalla, à
droite. Grenetis.

Cuivre, pet. mod. —Pl. V, n° 11.

Cab. de France.

ABGAR XI.

Vers 240. — Contemporain de Gordien III.

Le prince dont il va être question n'est point mentionné dans les chroniques syriennes, ni dans les annales de l'empire romain. Des médailles,
frappées aux effigies de Gordien III et d'un roi nommé Abgar, nous montrent que le royaume de l'Osrhoène, un instant réduit en province romaine
par Caracalla, avait été rétabli par Gordien III. On peut supposer, dès
lors, que les causes qui donnèrent lieu à la restauration du trône d'Edesse,
furent les guerres qui s'allumèrent entre les rois sassanides de Perse et les

empereurs romains. En effet, la politique romaine comprit que l'annexion du petit royaume d'Edesse aux possessions de l'empire était une faute, et qu'il était nécessaire de le rétablir, pour former une barrière entre les deux grands Etats. C'est cette circonstance dont les historiens syriens et occidentaux ne parlent point, et que les médailles nous font connaître, en même temps qu'elles nous donnent le nom du prince auquel Gordien III confia le trône qu'il venait de relever. Il est probable que ce prince, qui s'appelait Abgar, comme la plupart de ses prédécesseurs, était un membre de la famille royale qu'avait dépossédée Caracalla. Le royaume d'Edesse fut rétabli, sans aucun doute, à l'époque où Gordien alla pacifier l'Orient (1). On sait que cette expédition fut malheureuse pour l'empereur qui périt victime d'une sédition excitée par Philippe, l'un de ses officiers. Il ne paraît pas que le prince d'Edesse, auquel Gordien rendit la couronne de ses pères, ait usé longtemps de l'autorité souveraine, car, après le règne de cet empereur, la numismatique de l'Osrhoène cesse tout à coup. On ne trouve pas, à la vérité, de médailles impériales frappées à Edesse sous Philippe; mais elles réparaissent sous Trajan Dèce, et la ville reprend le titre de colonie romaine, qui lui avait été donné par Caracalla. Après Gordien III et Abgar XI, il n'est plus question des Abgar.

Abgar et Gordien.

ABΓAPOC BACIΛEYC. — Buste d'Abgar tourné à droite; le roi est représenté coiffé de la tiare dentelée et portant une longue barbe; derrière lui, une rosace.

℞ AYT. K. M. ANT. ΓOPΔIANOC. CEB. — Tête laurée et imberbe de Gordien, à droite ; devant lui, une rosace.

Cuivre, grand module. — Pl. V, n° 13, et pl. VI, n° 2.

Cab. de France.

---

(1) Jul. Capitol., in Alex., c. 26.

Il existe encore plusieurs variétés de médailles ; sur les unes, la tiare du roi d'Edesse est ornée de perles (pl. V, n° 14) ; sur les autres, on voit une croix formée par l'agencement de quatre perles (pl. V, n° 15).

ABΓAPOC BACIΛEYC. — Tête d'Abgar coiffée de la tiare dentelée et tournée à droite ; derrière, une rosace.

℞ AYTOK. K. M. ANT. ΓOPΔIANOC. CEB. — Tête radiée de Gordien, à droite ; devant, une rosace. Greuetis.

Cuivre, grand mod. — Pl. V, n° 17.

Cab. de France.

Les variétés de cette médaille ne diffèrent de la description qu'on vient de lire que par la tiare. Le n° 16 de la pl. V nous montre la tiare dentelée et ornée de losanges. Les autres pièces offrent de petites différences.

ABΓAPOC BACIΛEYC. — Buste d'Abgar, à droite ; la tête est coiffée de la tiare dentelée sans ornements ; derrière, une rosace. Grenetis.

℞ AYTOK. K. M. ANT. ΓOPΔIANOC CEB. — Buste lauré de Gordien, cuirassé, et tenant le bouclier, à gauche ; devant, une rosace. Grenetis.

Cuivre, grand module. — Pl. VI, n° 1.

Cab. de France.

ABΓAPOC BACIΛEYC. — Tête d'Abgar, à droite, coiffée de la tiare dentelée et ornée du croissant constellé.

℞ AYTOK. K. M. ANT. ΓOPΔIANOC CEB. — Tête laurée de Gordien, à droite.

Cuivre, moy. mod. — Pl. VI, n° 3.

ABΓAPOC BACIΛEYC. — Buste d'Abgar, à droite ; la tête coiffée de la tiare dentelée ornée d'une rosace de perles. Grenetis.

℞ AYTOK. K. M. ANT. ΓOPΔIANOC. CEB. — Tête radiée de Gordien, à droite. Grenetis.

Cuivre, moy. mod. — Pl. VI, n° 5.

ABΓAPOC BACIΛEYC. — Buste d'Abgar, à droite, la tête coiffée de la tiare dentelée. Grenetis.

ₚ [AYT. K. M. ANT.] ΓOPΔIANOC. CEB. — Tête laurée de Gordien, à droite.

Cuivre, pet. mod. — Pl. VI, n° 4.

AYTOK. K. M. ANT. ΓOPΔIANOC. CEB. — Buste lauré de Gordien, à droite. Grenetis.

ₚ AYTOK. ΓOPΔIANOC. ABΓAPOC BACIΛEYC. — Gordien et Abgar debout, en face l'un de l'autre. L'empereur porte la couronne radiée et l'habit militaire; il tient de la main gauche un globe, et de la droite un rouleau. Le roi d'Edesse est coiffé de la tiare dentelée et porte le costume oriental; de la main droite il tient une couronne, et la gauche est appuyée sur le pommeau de son sabre. Grenetis.

Cuivre, grand mod. — Pl. VI, n° 6.

Cab. de France.

AYTOK. K. M. ANT. ΓOPΔIANOC. CEB. — Tête laurée de Gordien, à droite. Grenetis.

ₚ AYTOK. ΓOPΔIANOC. ABΓAPOC BACIΛEYC. — L'empereur, à droite, vêtu de la toge et la tête ornée d'une couronne de laurier, assis sur un trône élevé sur une estrade, tient la haste de la main gauche et présente la droite à Abgar debout, coiffé de la tiare, vêtu du costume oriental et portant de la main droite une petite Victoire.

Cuivre, grand mod. — Pl. VI, n° 7.

Cab. de France.

Il existe au cabinet impérial une médaille semblable à la précédente, et qui est contremarquée au droit de la tête de la ville d'Edesse (pl. VI, n° 8). Cette pièce a, sans doute, reçu cette seconde empreinte à l'époque de la ré-

11

duction définitive du royaume de l'Osrhoène en province, et de son annexion aux domaines de l'empire.

On sait, en effet, qu'Edesse avait été réduite à l'état de colonie romaine
sous le règne de Trajan Dèce, puisque des médailles de ce prince portent,
au revers, le type de la ville d'Edesse.

AYTOK K. M. ANT. ΓΟΡΔIANOC. CEB. — Buste radié de Gordien, à
droite. Grenetis.

ᵦ ABΓAPOC BACIΛEYC. — Abgar à cheval passant à droite. Le roi
est coiffé de la tiare dentelée et porte le costume oriental, une veste et un
large pantalon froncé à la cheville du pied. Grenetis.

Cuivre, grand mod. — Pl. VI, n° 9.

Cab. de France.

APPENDICE.

Ici devrait se terminer notre travail, mais nous avons cru qu'il ne serait peut-être pas inutile de donner quelques détails sur les monnaies qui eurent cours en Arménie, après la conquête définitive de ce pays, et le renversement du trône des Arsacides dans la première moitié du cinquième siècle de notre ère.

A partir du règne de Dertad le Grand, que les Grecs ont coutume de désigner sous le nom de Tiridate, le royaume d'Arménie tomba dans le plus complet abaissement. Dès l'année 387, les Romains et les Persans y entrèrent et s'en partagèrent les provinces; toutefois, ils consentirent à conserver un semblant de pouvoir royal, qu'ils laissèrent aux mains des princes issus de la race des Arsacides. Mais ils se lassèrent bientôt de voir l'Arménie, gouvernée par des monarques incapables de régner et indignes de porter la couronne, et, en 428, le roi de Perse, Bahram V, renversa le dernier Arsacide, et le royaume d'Arménie cessa d'exister.

Les Persans nommèrent des gouverneurs chargés d'administrer les provinces de l'ancien royaume ; ils les prenaient tantôt parmi des généraux de leur nation, et tantôt parmi les descendants des anciennes familles satrapales de l'Arménie. Ces gouverneurs avaient le titre de marzbans.

Moyse Galcandouni (1) nous apprend que le didrachme des Perses avait cours en Arménie, où il avait été introduit bien avant la conquête définitive du pays par les Sassanides, et il ajoute qu'il était reçu, d'après la capi-

---

(1) *Histoire des Aghouans*, liv. II, ch. 16, f° 117.

tation en usage chez les Perses : « Ils exigeaient, dit Moyse, de tous [les habitants] le didrachme, զիրրամն suivant l'usage de la capitation établie dans le royaume de Perse. »

Quand les Arabes eurent poussé leurs conquêtes jusqu'en Arménie, les provinces de cet ancien royaume furent annexées à l'empire des Khalifes. Un passage de Sépéos (1), nous donne le nom d'une monnaie qui avait cours en Arménie, à l'époque de la conquête arabe ; c'est le *tram baïrasig*, պայրասիկ դրամ : « Les Mèdes, dit Sépéos, se révoltèrent à cette époque, parce que les Arabes exigeaient d'eux, par tête, chaque année, une somme de 365 tram baïrasig. » Il est probable qu'il s'agit, dans ce passage de l'historien arménien, des drachmes sassanides dont l'usage avait été conservé, même au temps de la domination arabe, puisque nous savons que les Arabes eux-mêmes firent frapper des monnaies imitées des pièces sassanides et qui ne différaient de celles-ci, que par la légende arabe, qui avait remplacé les caractères pehlvi usités sur les monnaies des princes sassanides (2).

Pendant tout le temps que les Arabes occupèrent l'Arménie, ils firent frapper des monnaies qu'ils répandirent en grand nombre dans le pays. Ainsi, dès le septième siècle, les dracan (tahégan) ou dinar arabes étaient la seule monnaie usitée en Arménie. Vartan (3) nous apprend, en effet, que « Moaviah créa prince d'Arménie Grégoire le Mamigonien, et imposa à ce pays un tribut de 500 tahégans. »

Ce fait est rapporté avec plus de détails par Assoghig (4) qui raconte qu'après la mort d'Aboubek'r, d'Othman et d'Omar, le pouvoir passa aux mains de Moaviah qui l'exerça dix-neuf ans (661-680). « En la première année de Moaviah, dit l'historien arménien, la vingt-cinquième de Constantin (Constant II), le prince Sempad Bagratide, et le général des Grecs

---

(1) *Hist. des campagnes d'Héraclius en Perse et des premières invasions des Arabes*, ms. d'Edchmiadzin.

(2) Mordtmann, *Recherches sur les monnaies sassanides à légendes Pehlvi*, p. 140, dans le *Zeitchrift der Deutscher morgenlan-*

dischen Gesellschaft, 1854. — Fr. Soret, *Lettre à M. Olshausen, sur qq. médailles au type sassanide*.

(3) *Hist. univ.*, ms. d'Edchmiadzin.

(4) *Hist. univ.*, ch. 4, 2ᵉ part.

allèrent, par ordre de Constantin, attaquer les Arabes qu'ils rejoignirent par le pont volant de l'Euphrate, mais ils furent vaincus et mis en fuite ; après quoi, un décret fut envoyé en Arménie, par lequel un tribut était imposé à ce pays. Les chefs et les satrapes, ainsi que le catholicos Nersès consentirent à payer un tribut de 500 tahégans chaque année. »

Il paraît que cet impôt ne fut pas augmenté pendant un demi-siècle, mais Hescham, qu'Assoghig (1) appelle Arscham, successeur d'Yézid, aggrava les impôts que payaient les Arméniens.

Sous le règne de Merwan, un événement important jeta les Arméniens dans une grande consternation. Une armée partie du Khorassan, sous le commandement d'un certain Abd-Allah, vainquit les troupes de Merwan, et le général victorieux monta sur le trône. Il envoya son frère, nommé aussi Abd-Allah, prélever une capitation sur les peuples soumis à sa domination. « Il faisait apposer, dit Assoghig(2), par des commissaires, un sceau de plomb au cou de chacun, et il exigeait un grand nombre de *zouzé*, au point que tout le monde tomba dans la misère, par suite des exactions de ce bourreau. » Je ne puis savoir ce que signifient les *zouzé*, qui étaient sans doute des monnaies arabes dont le nom a été défiguré par Assoghig, ou par les copistes qui ont transcrit le manuscrit de son *Histoire universelle*.

La monnaie byzantine semble avoir été aussi fort en usage en Arménie, et il paraît même qu'à l'époque des Bagratides qui régnèrent sur plusieurs contrées de l'Arménie, comme à Lor'i, à Kars et à Ani, les monnaies byzantines avaient cours conjointement avec les monnaies arabes. En effet, les historiens font très-souvent mention des drachmes ou tram, et nous trouvons dans les inscriptions de l'époque bagratide, qui sont tracées sur les murailles et les monuments religieux et civils d'Ani, que le tram était la monnaie usuelle de l'Arménie et principalement de la capitale des Bagratides.

Un passage inédit de Vartan (3) parle, en effet, d'un tribut en tram qui

(1) *Op. cit.*, ch. 4, 2° part.
(2) *Op. cit.*, loc. cit.

(3) *Hist. univ.*, ms. d'Edchmiadzin.

fut imposé aux Arméniens par l'émir Ph'adloun : « Ph'adloun ayant appelé
auprès de lui Kakig, fils de Haman, seigneur de Kantzik, il le tua et s'empara de tous ses Etats. Devenu puissant par ces spoliations, il se rend
maître de Khatchor, de Koroz et des Sévortik, se déclare contre Kakig, roi
de Tzoroked, avec Gurigé, roi des Agh'ouans, et avec Pakarad, roi de
Géorgie, et les tracassa. Il met la main sur Tôvin et impose aux Arméniens un tribut de 300,000 tram. »

Ainsi que je l'ai dit tout à l'heure, les inscriptions recueillies à Ani et
publiées par M. Abich (1), font souvent mention des tram, qui paraissent
avoir été la monnaie usuelle de l'Arménie à l'époque des rois Bagratides.
Je n'ai pas relevé tous les passages de ces inscriptions, où il est question
des tahégan et des tram, ce qui serait superflu, mais j'ai pensé que le lec-
teur lirait avec intérêt la traduction de l'une de ces inscriptions, qui contient de curieux détails, tant sur les monnaies, que sur les impôts qui
étaient établis à Ani, à l'époque qui suivit le renversement du trône des
Bagratides par les Grecs.

Inscription de la cathédrale d'Ani (2).

« Au nom du Seigneur tout-puissant, et par la clémence du saint empereur autocrate Constantin Ducas, j'ai eu la volonté, moi Bagrat magistros,
katapan de l'Orient (3), Vkatzi(?), de faire du bien à cette métropole d'Ani,
lorsque furent nommés tanouter (4), Mekhitar Hypatos, fils de Court, Gri-
gor, spathara-candidat (5), fils de Lapatac, et Sarkis, spathara-candidat,
fils d'Artabaze. Ils supprimèrent les impôts, nommés vetscévor, saïli, ca-
men et angarion (6). Le katapan, quel qu'il soit, donnera six cents bois-
seaux de semence, et les tanouter fourniront de leur maison les frais des

(1) Brosset, *Voy. archéol. en Arménie*,
3ᵉ rapport.

(2) Brosset, *l. c.*, p. 94-95.

(3) Maître de la milice et gouverneur général de l'Orient. C'étaient des titres de la cour
de Byzance.

(4) Administrateurs de la ville.

(5) Écuyers vêtus de blanc.

(6) De ces impôts, le premier signifie « un
sixième, » le second se prélevait sur les machi-
nes à dépiquer le blé, le troisième sur les chariots, et le quatrième était une corvée, en général.

autres cadeaux. Comme il n'arrive rien à Ani qu'à grand'peine, les marchands de vins d'Ani seront affranchis de péage, soit qu'ils emploient des chariots ou des bêtes de somme. Tout habitant qui achète une bête à tuer est exempt de péage ; chaque portefaix d'Ani est exempté d'impôt pour la moitié du coton(?); on donnait au capoudji (1) six tahégan d'or et trois tram ; deux sont supprimés. Le boucher, s'il s'agit d'un taureau, donne la tête; d'une brebis, la moitié est supprimée;.... 600 tram sont supprimés (2). »

Quand les Arméniens eurent établi un nouveau royaume dans la Cilicie et dans les montagnes du Taurus, les rois Roupéniens et Lusignans usèrent du droit de battre monnaie; ce sont ces monnaies que j'ai publiées dans un autre ouvrage qui a pour titre : *Numismatique de l'Arménie au moyen âge* (3), et qui forme, avec celui-ci, l'ensemble de la numismatique arménienne.

(1) Gardien des portes.
(2) La fin de cette inscription est mutilée, et les mots qui ont pu être déchiffrés par M. Abich,

ne donnent aucun sens raisonnable.
(3) Paris, 1855, in-4.

FIN.

Paris. — Imp. de Pommeret et Moreau, 42, rue Vavin (près le Luxembourg).

TABLE DES MATIÈRES.

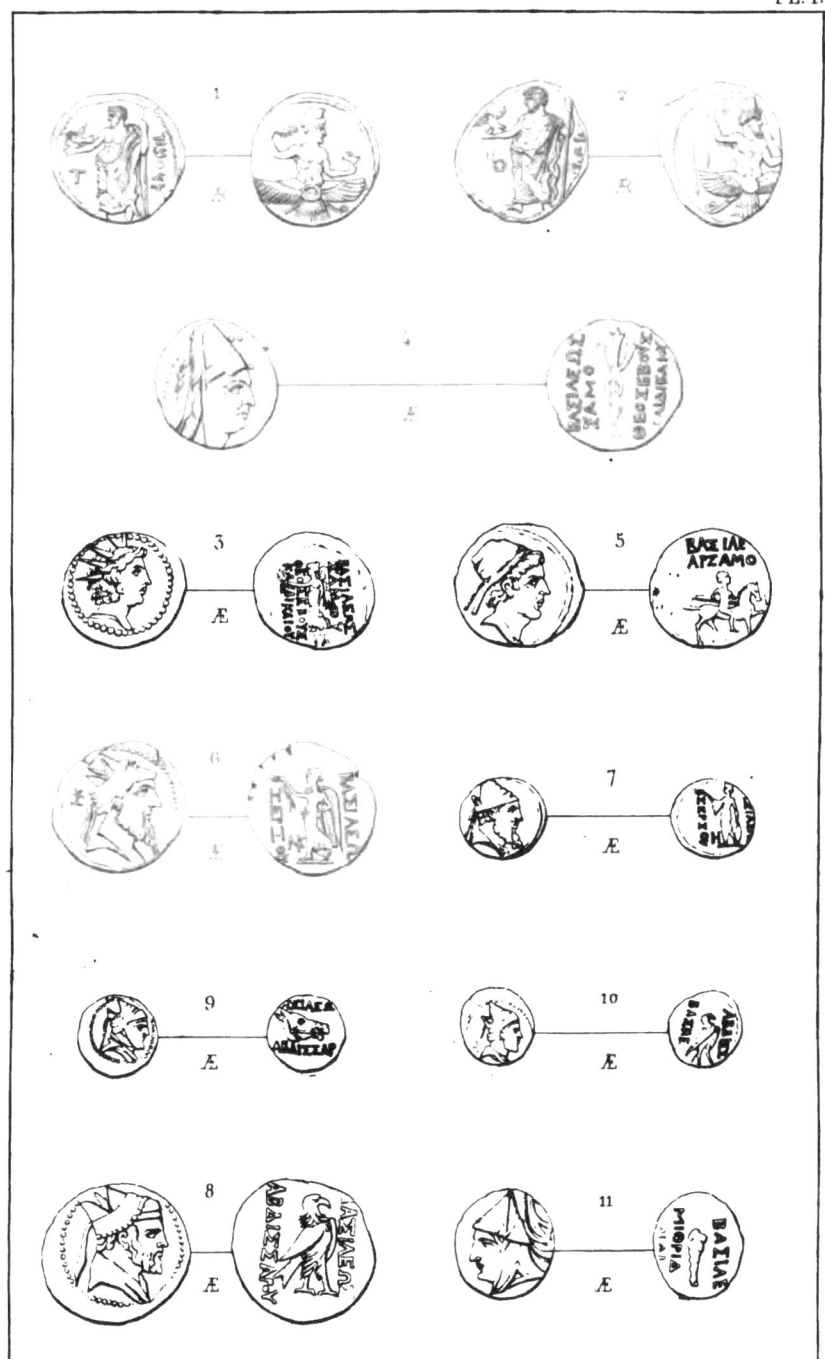

L. Dardel del. et sc.

Paris Imp. Pierrot, Imp.de l'Ecole, 5 Fg M.

ROIS D'ARMÉNIE 1ʳᵉ DYNASTIE

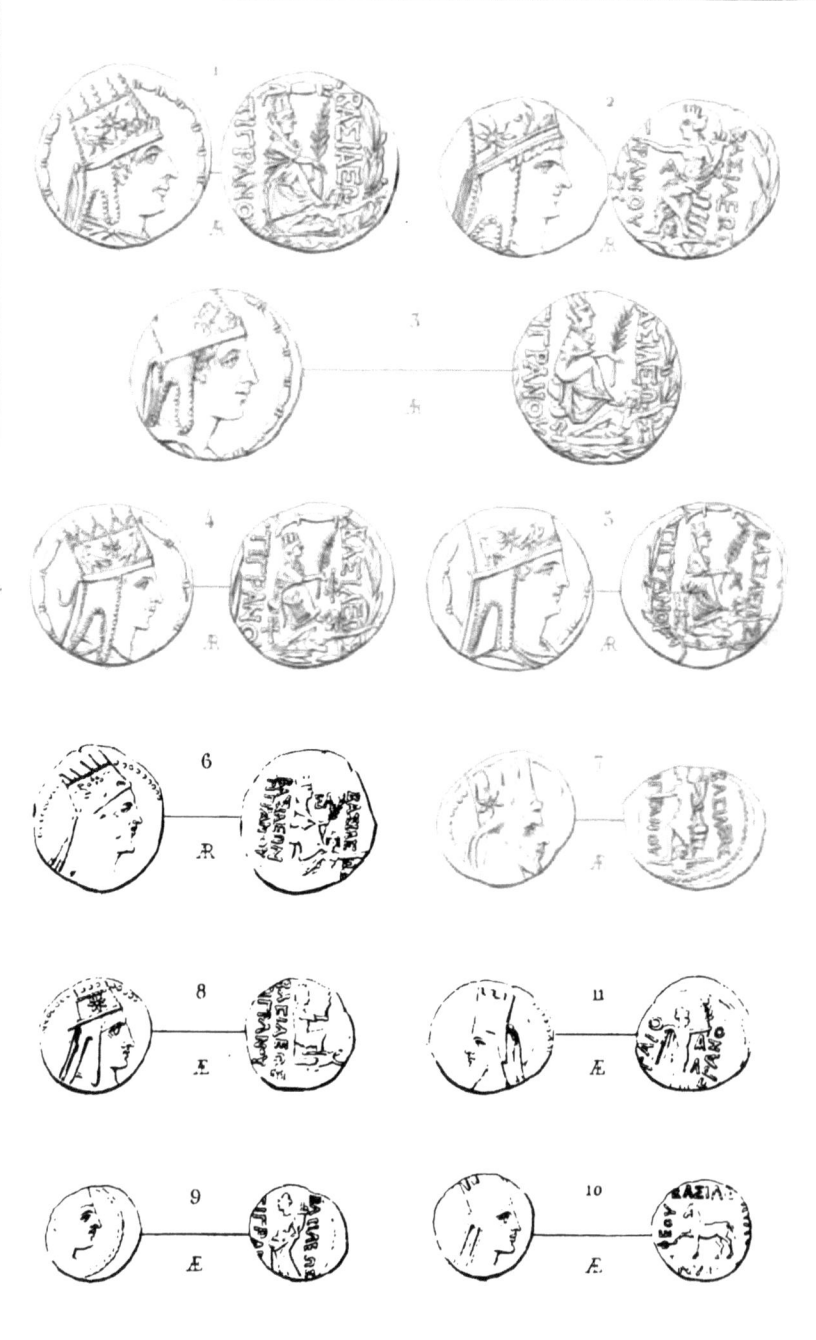

ROIS D'ARMÉNIE 2ᴱ DYNASTIE

(Arsacides)

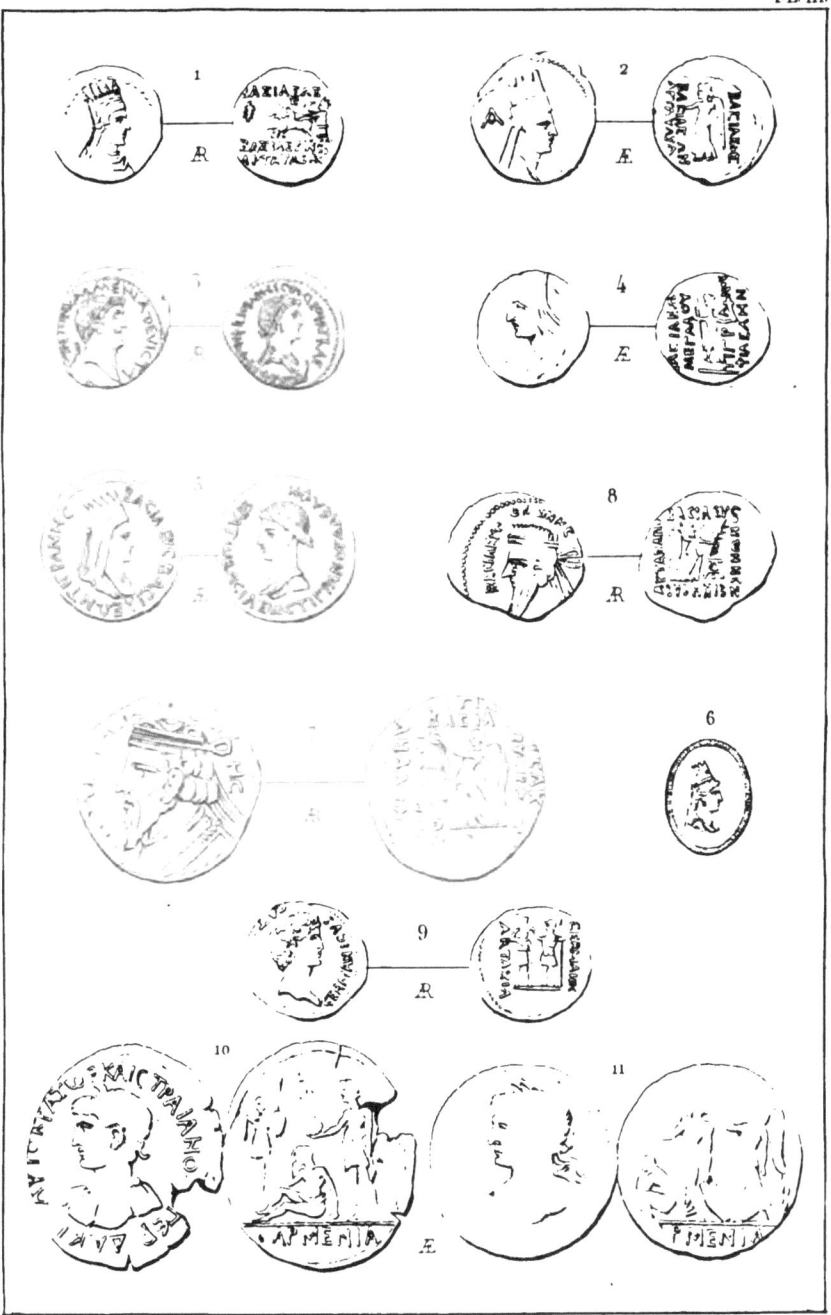

L. Dardel del et sc   Paris Imp. Parrot Imp.r de l'Ecole. 5 R.e M.ere

ROIS D'ARMÉNIE 2.e DYNASTIE
(Arsacides)

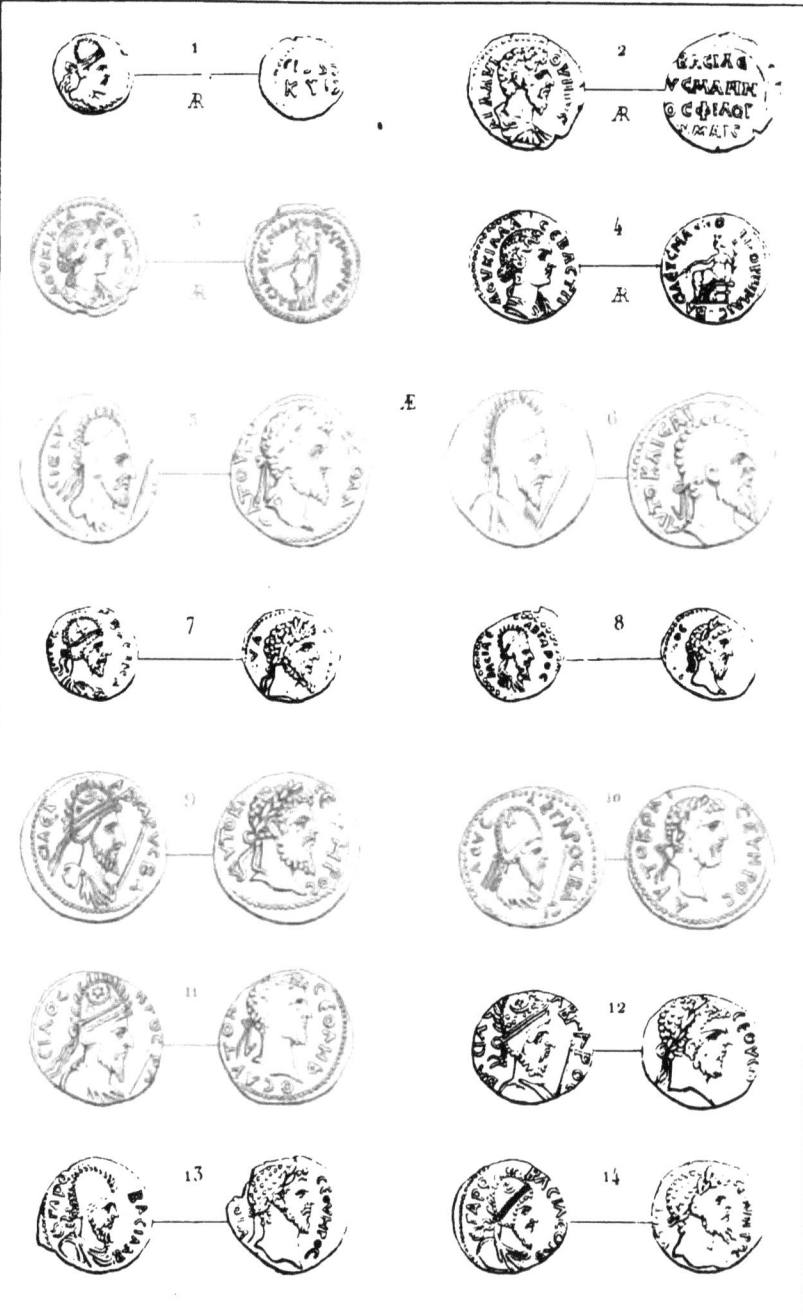

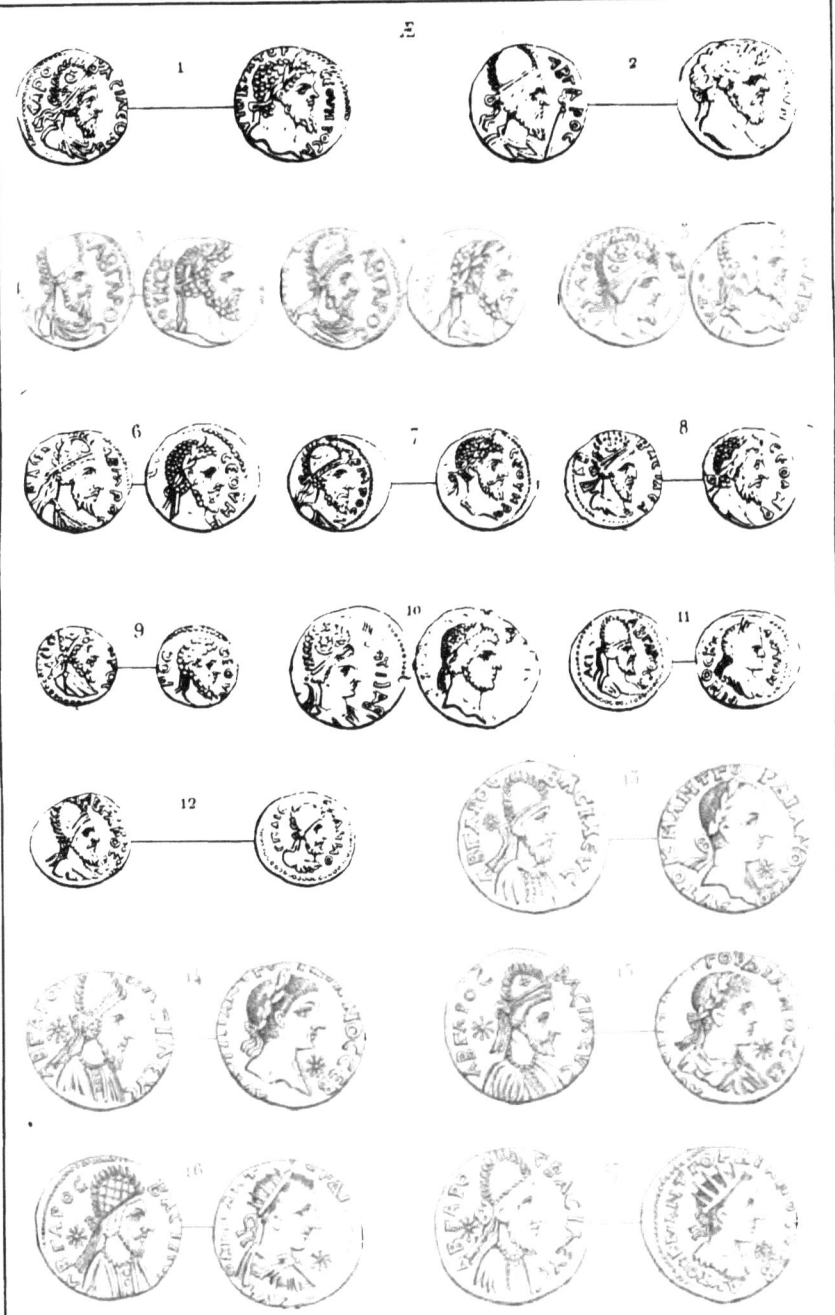

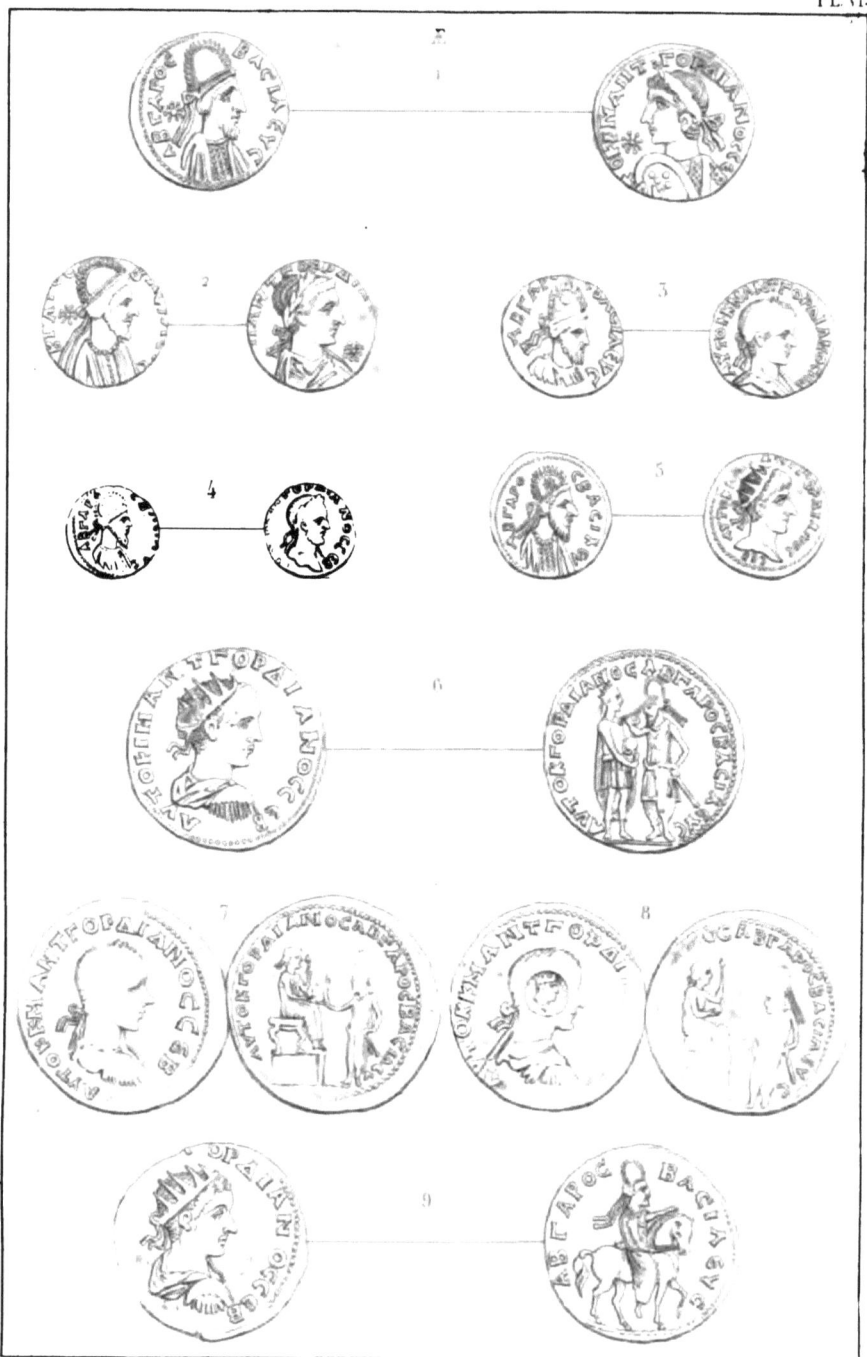

NUMISMATIQUE

DE L'ARMÉNIE

AU MOYEN AGE.

INTRODUCTION.

§ I⁻. Bibliographie de la numismatique arménienne.

Le marquis de Savorgnan (1) a signalé le premier les monnaies de Léon II représentant d'un côté une tête de lion, et de l'autre la croix à deux branches. Tristan (2), Du Cange (3) et Adler (4) donnèrent, quelque temps après, le dessin et une explication de la monnaie bilingue d'Héthum I⁻ et du sultan seldjoukhide Kaïkosrou.

G. Cuper (5), La Croze (6), Th. Pembrock et le comte de Montgommery (7) publièrent plusieurs monnaies à légendes arméniennes; mais ces deux derniers savants leur attribuèrent une origine runique. Les auteurs du Catalogue de Saint-Pétersbourg (8), Pellerin (9) et le

(1) *Copiosa Descript. in Sestini, Dissert. sopra le medagl. del mus. Ainsley,* t. II, l. ix.
(2) Comm. histor., t. III, p. 588.
(3) Hist. de saint Louis par le sire de Joinville, diss. xvi, p. 238.
(4) *Museo cufico Borgiano,* p. 61-2, pl. xii C.
(5) *In Lactantium, de mortibus persecu-*

tor., not. p. 135.
(6) Hist. du christ. d'Éthiopie et d'Arménie, p. 340.
(7) *Num. in tres part. divisa,* t. IV, p.40.
(8) *Mus. imp. Petrop.,* t. II, part. iii, p. 452.
(9) Lettres de l'auteur du Recueil des médailles, p. 112-47, pl. i, vi, vii, viii,

1

P. Tchamitch (1) donnèrent aussi l'explication de quelques monnaies. Dès lors les médailles arméniennes prirent rang dans la numismatique.

Toutefois aucune monographie n'avait été tentée sur ce sujet, lorsque l'abbé Sestini (2) entreprit un essai de classification qu'il intercala dans ses dissertations sur les médailles du cabinet Ainsley (3).

Ce premier essai n'est malheureusement pas irréprochable. On y remarque des erreurs, de mauvaises lectures, de fausses attributions. Ainsi, Sestini (4) donne à Sempad une médaille frappée par le roi serbe Étienne Ier (5); il attribue au second règne d'Héthum II, une pièce d'Étienne III Urosius II, roi de Servie, publiée par M. de Reichel dans sa Notice sur les monnaies des rois de Servie (6). Je ne rectifierai pas ici les erreurs que contient la lettre du savant abbé sur les médailles roupéniennes : M. Brosset a rempli cette tâche (7), et peut-être avec un peu de sévérité pour Sestini, qui écrivait à une époque où l'étude des monnaies d'Arménie n'avait aucun précédent, et où la langue arménienne n'était pas encore enseignée dans les universités de l'Europe.

Après l'essai de Sestini, cinquante années s'écoulèrent avant qu'aucun travail ne fût tenté sur les monnaies roupéniennes. M. Brosset, l'un des continuateurs de l'histoire du Bas-Empire de Lebeau, donna, dans ses notes sur cet ouvrage, la description des monnaies arméniennes connues de son temps (8). Cet essai lui fournit les éléments d'une monographie des médailles goriguéennes et roupéniennes que le savant orientaliste imprima, en 1840, à Saint-Pétersbourg (9). Dans ce travail, dont la moi-

(1) 𝓟ատմութիւն Հայոց (Histoire des Arméniens), t. III, liv. v, p. 365.

(2) Sopra le medaglie dei Rupin., let. ix, p. 22, t. IV, p. 84.

(3) Diss.sopra le medaglie della collezione Ainsley, t. II, let. ix.

(4) Opus laud., p. 43.

(5) Cf. Mémoires de la Société d'arch. et de num. de Saint-Pétersbourg, t. II, p. 242, pl. xiii, 9. Serbiens alte Münzen, etc.

(6) Mémoires de la Société de Saint-Pétersbourg, pl. xiii, 9. — Revue num., 1850, p. 348 et suiv., Restitution à Étienne Ier et Étienne III de deux médailles attribuées aux rois d'Arménie.

(7) Bulletin de l'Académie des sciences de Saint-Pétersbourg, t. VI, nos 3, 4.

(8) T. XVI, 26; XVII, 43,324; XX, 510.

(9) Bulletin de l'Académie des sciences de Saint-Pétersbourg, VI, 3, 4.

tié est consacrée aux monnaies de la Géorgie, l'auteur repousse toute
distinction à établir dans le classement des pièces des rois homonymes ;
il attribue à un roi incertain du nom de Léon toutes les médailles avec le
nom de Léon, et ainsi des autres pièces avec les noms d'Héthum et de
Constantin. Les raisons alléguées par M. Brosset sont celles-ci : « qu'il
est impossible de distinguer par les médailles l'un ou l'autre des princes
du nom de Léon ou d'Héthum, attendu qu'aucune ne porte de dates ;
que les noms des rois homonymes n'ont rien qui les distingue ; qu'enfin
les médailles se ressemblent toutes pour le type. » Comme on le voit, le
système de M. Brosset est loin de satisfaire aux exigences de la science ;
et cependant, à l'aide de l'histoire et par l'examen et la comparaison des
types des monnaies, je crois qu'il est possible d'arriver à lever les difficultés que ce savant présente comme insurmontables.

Des monnaies portant des caractères arméniens ont été classées à tort
dans les suites numismatiques bagratide et cilicienne, et à ce sujet, je
dois dire que deux auteurs ont accrédité cette erreur en revendiquant
pour l'Arménie des pièces qui lui sont totalement étrangères. Ainsi, le
P. Indjidji (1) assure avoir vu, dans la collection de lord Ainsley, à
Constantinople, des médailles portant d'un côté un autel du feu placé
entre deux personnages, de l'autre une tête de roi coiffée à la manière
orientale, et des lettres arméniennes. Il en est de même de M. Adr. de
Longpérier (2), qui a cru voir des monnaies arméniennes dans certaines
médailles géorgiennes imitées du type sassanide, et frappées par les rois
de la troisième dynastie.

Ces pièces sont tout simplement des imitations des monnaies sassanides frappées dans les Indes (3) ou par les Arabes (4); car on sait,

(1) Antiquités de l'Arménie (en arm.), t.
II, p. 95, note.
(2) Numismatique des Sassanides, p. 86.
(3) Journal asiatique de la Société du Ben-
gale, t. IV, p. 621-68; t. VI, p. 288, Prinsep, *Specimen of Indu-coins descended from*

the Parthian type. — C. Lassen, *Zur Gesch.
der Griech.und Indoschyt.Könige in Bactrian,
Kabul und India*, p. 108. —Reinaud, Mémoire sur l'Inde, p. 112, dans les Mémoires
de l'Académie des Inscr. et Belles-Lettres.
(4) Mordtmann, Recherches sur les mon-

d'après le témoignage de Makrisi (1), qu'Omar fit frapper des dirhem avec l'empreinte de Khosroès et du même module; ou bien encore, comme je le disais tout à l'heure, des monnaies imitées de ce même type sassanide, et portant des inscriptions géorgiennes (2). Pour ma part, j'ai examiné avec beaucoup d'intérêt les monnaies au type sassanide, et si je signale aujourd'hui les erreurs commises par le P. Indjidji et M. Ad. de Longpérier, c'est que je suis persuadé que les débris que nous a laissés le moyen âge ne sauraient être discutés avec trop de soin.

La monographie du savant M. Brosset fut bientôt suivie d'un travail non moins important de M. Albreckt Krafft, de Vienne (3). L'auteur a établi parmi les médailles des rois homonymes des distinctions qui n'existent pas dans le travail de M. Brosset, et il a publié quelques monnaies nouvelles tirées des collections de Vienne, des Mékhitaristes et de Timoni, monnaies qui ont contribué à fixer d'une manière définitive aux rois homonymes les pièces douteuses de la monographie de M. Brosset.

Un travail spécial sur les monnaies d'Héthum et de Zabel, dû à la plume de M. Borrell de Smyrne (4), eût été irréprochable, si MM. Brosset et Krafft n'eussent devancé M. Borrell de plusieurs années, et à son insu, dans cette appréciation.

L'abbé Cappelletti (5), Joachim Lelewel (6), J. A. C. Buchon (7), M. de

naies sassanides à légendes pehlvi; dans le *Zeitschrift der Deutscher Morgenlændischen Gesellschaft; acht. Band. I Heft*, 1854, p. 140. — Soret, Lettre à M. Olshausen sur quelques médailles au type sassanide.

(1) Hist. de la monn. arabe, éd. de S. de Sacy, p. 71-2. — Tychsen, *Comm.* I, *de Num. veter. Pers.*, p. 24; *Comm.* III, p. 25.

(2) Fraëhn, *Novæ symbolæ ad rem num. moh. pert.*, p. 46, II, n° 15. — Barataieff, Documents sur la num. de la Géorgie, pl. ɪ, 2. — Ma Numismatique de la Géorgie au moyen âge, pl. ɪ, 16. — Revue Arch., hui-

tième année, p. 525, 605, 653.

(3) *Armenische Münzen der Rupenische Dynastie;* dans les *Jahrbücher der Litteratur zu Wien*, t. CIII, 1843.

(4) Revue numismatique, 1845, p. 451 et pl. sans n°.

(5) L'*Armenia*, t. Iᵉʳ, art. ɪv, p. 178-81.

(6) Note insérée à la suite du Génie de l'Orient, de L. L. Sawaszkiewicz, p. 214 et suiv., pl. xɪ, n° 95.

(7) Recherches et matériaux pour servir à une histoire de la domination française en Grèce, Iʳᵉ part., p. 403-5.

Saulcy (1), et l'*Europa*, journal des RR. PP. Mékhitaristes de Vienne (2),
ont donné quelques médailles nouvelles ou peu connues, qui ajoutent
de l'intérêt à la série, déjà nombreuse, des monnaies roupéniennes.
Après ces travaux, je publiai mon Essai (3), qui fut suivi de deux
suppléments (4); puis vint le travail du R. P. Clément Sibilian (5),
dans lequel on trouve plusieurs monuments nouveaux tirés du musée
royal de Berlin et du cabinet des Mékhitaristes de Vienne.

Les Bénédictins, auteurs de l'Art de vérifier les dates (6), se sont
préoccupés d'une grande médaille d'argent avec le nom de DRACO, suivi
du titre de REX ARMEN., afin de faire entrer dans la liste des rois un prince
Lusignan qui aurait porté le nom de *Dracon* ou *Dragon*. Cette médaille,
que j'ai vue au cabinet de la bibliothèque impériale, où elle est classée
parmi les pièces de Chio, à cause de la légende du revers, MONETA MACRI
CHIO, est du dix-huitième siècle, et n'a aucun rapport avec les pièces
roupéniennes.

J'ai consulté, pour les médailles frappées par les rois titulaires d'Arménie, le bel ouvrage de M. de Saulcy (7) où ce savant donne la liste des
princes chypriotes qui ajoutèrent à leur blason les armes de Jérusalem
et d'Arménie.

§ II. Considérations générales sur les monnaies d'Arménie.

Les princes d'Arménie battirent monnaie à Sis et à Tarsous, villes
principales de leur royaume. Sis était une cité que Léon II fonda et dont

(1) Numismatique des Croisades, pl. XIX, 5, 7.
(2) Ⴑⴏⴖⴏⴗⴗ, 1851, pl. in-4°.
(3) Extr. de la Revue Archéologique, sep-tième année. — Baron Marchant, Lettres sur la Numismatique, nouv. éd., lettre XXIII, mes notes.
(4) Revue Arch., huitième année, lettre à M. Reinaud, p. 225; dixième année, lettre

au P. G. Aïwazowski, p. 467.
(5) *Beschreibung von 17 noch unedirten Münzen der Arm. Rub. Dynast. in Kilikien.* Wien, 1852, in-8°, 3 pl.
(6) Rois d'Arménie, Draco. — Pellerin, Lettres de l'auteur, etc., p. 146-7.
(7) Numismatique des Croisades. Cf. Rois de Chypre, p. 96.

il fit sa résidence en 1186. L'atelier monétaire dépendait du château que ce prince avait élevé au pied du rocher à pic qui domine la ville. Cet atelier, dont les ruines se voient encore aujourd'hui, se liait au *Tarbas*, résidence royale, par une galerie dont on voit encore les restes. Il y a cinquante ans environ, le palais des Roupéniens était encore bien conservé; mais le patriarche Guiragos, qui construisit le nouveau monastère, fit enlever toutes les pierres de l'ancien monument afin de bâtir l'enceinte fortifiée qui entoure le couvent où les catholicos de Sis font leur résidence.

La plupart des médailles des rois roupéniens portent une inscription qui indique qu'elles ont été frappées à Sis. On devait donc croire que toutes les monnaies de ces princes étaient sorties de l'atelier de cette ville, et j'avais moi-même propagé cette erreur (1); mais par hasard j'ai découvert à Tarsous, parmi de nombreuses monnaies que j'avais recueillies, une médaille de Constantin IV de Lusignan portant en abrégé le nom de l'atelier monétaire de Tarsous. Cette découverte est importante, car elle nous donne la preuve que Tarsous était une ville de premier ordre sous les Arméniens, puisque les Thakavors y avaient un hôtel des monnaies.

Le travail des médailles arméniennes est grossier, et les représentations des personnages et des animaux sont fort mal exécutées. On voit que les ouvriers employés à la fabrication des monnaies étaient, pour la plupart, des étrangers qui copiaient servilement les médailles des princes voisins ou contemporains de ceux dont ils voulaient retracer l'image. Ainsi les monnaies d'argent de Léon II et d'Héthum sont imitées des pièces vénitiennes et des blancs d'argent de Chypre, qui eux-mêmes n'étaient qu'une imitation des carlins d'Anjou, des pièces de Charles de Provence et de Robert, roi de Jérusalem et de Sicile (2). Toutes les mé-

(1) Mon Essai sur les monnaies arméniennes, p. 10.

(2) Ces monnaies servirent aussi de prototype à une médaille fort curieuse frappée par

dailles représentant au droit un cavalier, sont copiées des pièces des Seldjoukhides de Konieh ou des monnaies de Roger, prince d'Antioche. Les médailles d'or et d'argent de Constantin IV de Lusignan sont aussi imitées des monnaies impériales de Constantinople ou des pièces de Baudoin, comte d'Édesse, ou bien encore des médailles des premiers rois latins de Chypre, avec lesquels les Thakavors d'Arménie étaient liés d'origine et d'intérêts; enfin les monnaies de Léon VI ont une grande analogie avec les pièces frappées par les princes chrétiens de la Syrie et de Chypre.

Les légendes des médailles sont toutes écrites en arménien vulgaire, dialecte encore en vigueur aujourd'hui chez les Arméniens de la Cilicie et de l'Asie; les lettres sont onciales, et quoique lisibles, elles sont mal formées. J'ai vu quelquefois des lettres minuscules et des abréviations, mais surtout sur les médailles des derniers souverains, alors que le royaume d'Arménie luttait sans cesse contre les attaques des musulmans et commençait même à voir s'introduire, dans le langage national, des mots de la langue de ses futurs dominateurs. A cette époque, la littérature arménienne était morte, l'écriture seule avait survécu ; aussi les graveurs arméniens tracèrent-ils quelquefois sans les comprendre, des légendes qu'il est impossible de déchiffrer aujourd'hui.

§ III. Noms et valeur des monnaies arméniennes.

Le roi Léon II fut le premier prince qui fit battre monnaie dans la petite Arménie. Jusque-là les *ichkhans* (1) s'étaient servis de la monnaie byzantine, de celle des croisés, et même des pièces sarrasines, ainsi qu'on les appelait alors. Ces monnaies passèrent, dans les transactions commerciales, conjointement, et à égalité de valeur et de poids, avec

un émir de Lydie appelé صاروخان, qui régna de 1299 à 1345. Les légendes sont en latin. — Cf. *Lateinische Münzen des Sarkan Seldj-Emir, von J. Friedlaender;* dans les *Beitrœge zur alten Münzkunde.* Berlin, 1851,

t. Ier, p.52.—Revue Arch., onzième année, p. 386, pl. ccxlii, n° 1, la lettre que m'a adressée mon savant ami M. Fr. Soret.

(1) En arménien, իշխան, *prince.*

les pièces d'Arménie. Les monnaies étrangères, telles que les byzants d'or des Grecs et des Sarrasins, étaient même plus souvent employées que la monnaie du pays, et les Thakavors roupéniens, dans leurs chartes, font plus souvent mention des monnaies musulmanes que de celles d'Arménie (1).

Cependant les monnaies d'Arménie étaient reçues dans les marchés ; les musulmans les acceptaient à titre d'impôt perçu (2) ; les Génois et les Vénitiens recevaient les monnaies d'argent arméniennes dans leurs comptoirs de la Cilicie (3), et les princes croisés d'Antioche, d'Édesse, de Tripoli et de Jérusalem, donnaient cours, dans leurs états, aux monnaies des rois d'Arménie, afin d'user de réciprocité et de pouvoir, dans l'occasion, écouler leurs deniers de billon.

Dès le règne d'Héthum Ier, un droit fut établi sur les pièces étrangères qui étaient apportées dans la petite Arménie. Le *Liber Pactorum* (4) cite un privilége de 1245-6, émané de la chancellerie d'Héthum et d'Isabelle, et accordé tant à J. Theupolo, doge de Venise, qu'à la sérénissime république, et dans lequel il est dit que, si les Vénitiens apportent de l'or ou de l'argent frappés soit en byzants ou autres monnaies, ils auront à payer les mêmes droits qu'à la douane d'Acre en Palestine; mais ils étaient exemptés de ces droits s'ils apportaient des métaux précieux non monnayés.

La même ordonnance relative à l'introduction des métaux précieux monnayés en Arménie, fut remise en vigueur par le roi Léon IV dans un

(1) Contrat de mariage de Fémie, fille d'Héthum, dans le *Codice diplomatico* de Paoli, t. Ier, p. 134, no 119.

(2) Traité de Léon III avec le sultan Kelaoun, dans les Extr. des historiens arabes des croisades, par M. Reinaud, p. 552-7.

(3) Mas-Latrie, Histoire de Chypre, t. III, docum., p. 677. Quittance notariée du connétable d'Arménie au consul vénitien de La-

jazzo (arch. de Venise, *Comm.* I, fol. 115 vo), et p. 684, État des sommes réclamées au nom du roi d'Arménie aux navigateurs vénitiens A. Sanudo et P. Morosini (arch. de Venise, *Comm.* I, fol. 115 vo).

(4) Archives de Venise, *Liber Pactorum* ou *Patti*, II, 6.—Marin, Hist. du Comm., t. IV, p. 156 et suiv.—Cf. Arch. des miss. scient., t. II ; le Rapp. de M. de M.-Lat. sur les *Patti*.

privilége (1) daté de Sis le 20 mai 1307, accordé à la république et au doge Pierre Gradenigo, privilége dans lequel il était aussi stipulé que : « tous les Veneciens qui porterunt or et argent et vodrunt congner bezans ou monée si donront la droiture ansi com ceaus qui à Acre donoient droiture de bezans ou de monée. Et ce l'or ou l'argent ne s'en congne bezans ou monoye, non donront nulle droiture. » On voit par ce passage que Léon IV octroya aux Vénitiens les mêmes priviléges que Héthum, l'un de ses prédécesseurs, avait accordés cinquante ans auparavant à la république de Venise. Ainsi le privilége de 1307 ne différait en rien de celui de 1245-6 pour l'importation des métaux précieux en Arménie, et la clause relative aux monnaies d'or et d'argent resta la même.

Les thakavors d'Arménie firent frapper des monnaies d'or, d'argent, de billon et de cuivre. Des spécimens de ces monnaies nous sont parvenus ; cependant les pièces d'or et de billon sont fort rares, tandis que celles d'argent et de cuivre abondent dans les collections. J'ai passé huit mois dans la petite Arménie, tant à Tarsous qu'à Sis et dans les autres villes de l'ancien royaume roupénien, et je n'ai pas rencontré une seule médaille d'or des thakavors. Il est vrai que, toutes les fois que les *fellahs noussariés* trouvent des pièces de ce métal en labourant leurs terres, ils les fondent et vendent le lingot aux *sarrafs* de la ville voisine. J'ai examiné attentivement les coiffures des femmes et des petits enfants, qui sont toujours surchargées de pièces d'or grecques, romaines, byzantines, arabes et vénitiennes, et n'ai pas vu une seule médaille d'or arménienne. Quant aux monnaies de billon, je n'en ai trouvé que deux, ce qui porte à quatre le nombre des pièces de ce genre que l'on connaît jusqu'à ce jour.

A. MONNAIES D'OR. — Le *ténar*, en arménien ηⷷ̈ⷷⷷⷷ, était une monnaie

(1) Archives de Venise, *Liber Pactorum*, III, 48. — *Reg. Commem.*, I, fol. 115. Cf. — Mas-Latrie, Histoire des Lusignans de Chypre, docum., t. III, p. 687.

d'or arménienne ; il équivalait au دينار des Arabes (1). Ce nom de *ténar*
était peu usité et paraît avoir été remplacé par d'autres noms de monnaie
en partie arméniens et en partie empruntés aux Grecs, aux Géorgiens,
aux Arabes. et aux croisés. En effet, les auteurs arméniens donnent à
leurs monnaies d'or les noms de *byzants* et de *tahégans* (2).

Le *byzant* (3) était le nom d'une monnaie d'or emprunté aux Grecs par
les croisés, et qui par la suite servit à désigner la monnaie sarrasine (4).

Le mot *tahégan*, զահեկան, s'appliquait à l'or aussi bien qu'à l'argent (5). Ce nom, de même origine que le persan دهكن, indiquait une
monnaie d'or, *genus monetæ aureæ*, équivalant au dinar arabe (6). Ce mot
passa en indoui sous la forme टुगावो, mais avec la signification de *petite
monnaie de cuivre* (7). En géorgien, le nom de *tahégan* se retrouve sous
la forme *drakani* ou *drahkani*, et désigne une *monnaie d'or* (8).

La valeur du *tahégan* n'est pas bien déterminée. Dans les écrivains
géorgiens, il est donné comme l'équivalent de *flouri* « florin » (9), et

---

(1) Dans l'Histoire de Salah-Eddin, de
Boha-Eddin, il est question de la monnaie
d'or qui avait cours dans les états des princes
Ayoubites en même temps que chez les Franks
d'Orient. Cette monnaie y est appelée tantôt
dinar de Tyr, et tantôt *disque (djerm) d'or* ou
disque de Tyr. Ainsi (p. 5), il est dit qu'à la
mort de Salah-Eddin, on ne trouva dans son
trésor pour toute monnaie d'or qu'un *djerm*,
جرم, ou, comme on lit à la page 12, un
djerm de Tyr. D'un autre côté, Boha-Eddin
rapporte (p. 74) qu'à la prise de Jérusalem
par Salah-Eddin, chaque femme franke paya
pour rançon cinq dinars de Tyr. — Note
communiquée par M. Reinaud, de l'Institut.

(2) Cf. mss. arm. de la bibliothèque imp.,
ancien fonds, n° 115, fol. 165 et suiv.

(3) Cf. Charte de Léon II qui donne aux

hospitaliers le château de *Vanerium*, et qui
certifie avoir reçu d'eux dix mille byzants
(Paoli, *Cod. dipl.*, I, p. 104-5).

(4) *Quæ moneta, in regionibus illis, in
publicis commerciis et rerum venalium foro
principatum tenebat*. (Guill. de Tyr, XIII, 15.)

(5) Cf. ms. arm., n° 115, lieu cité.

(6) Ibn Alatir, dans les Extr. des historiens
arabes de M. Reinaud, p. 17. — Ed. Dulaurier, trad. de Matthieu d'Édesse, ch. xxviii,
n° 31, p. 88-9.

(7) Garcin de Tassy, Chrestom. hindie et
indouie ; anecdote de Pîpâ, extr. du *Bhakta-
Mal* de *Nârâyan-Das*, p. 76, et vocab. p. 62.

(8) Brosset, Hist. de la Géorgie, p. 159,
169 et suiv. — Ma Numismatique de la
Géorgie, p. 2.

(9) Code du roi Wakhtang, III, 251.

répond à treize drachmes d'argent (1). Matthieu d'Édesse (2) donne au *tahégan* d'or la valeur de quarante *poghs* ou sols, tandis que, dans les passages de la version arménienne de la Bible où le mot tahégan est employé, il a le sens de νόμισμα, *nummus* (3). Joinville (4), de son côté, nous dit que le *tahégan*, qu'il nomme *dragan*, était une monnaie d'Orient égale au denier et valant sept petits tournois : « Li benoiez rois, dit le biographe de saint Louis, leur fesait donner à aucuns cent deniers de la monnoie du pays, qui sont appelés dragans, dont chacun dragan valait sept petiz tornoiz (5). »

Deux historiens arméniens, Vartan et Samuel d'Ani, parlent de monnaies d'or appelées *rouges* (6), sans doute par opposition aux *blancs*, qui étaient des monnaies d'argent. Samuel d'Ani (7) raconte, au sujet de ces monnaies, qu'Ayoub, père du fameux Salah-Eddin, ayant eu un songe, un juif le lui expliqua en lui annonçant qu'il lui naîtrait un fils qui se rendrait illustre et deviendrait maître d'un grand nombre de pays. Ayoub promit au devin que, si sa prédiction se réalisait, ce fils lui donnerait, à lui et à ses enfants, pour chaque année, mille *tahégans rouges*, կարմիր դեկան. Effectivement, Salah-Eddin tint cet engagement : le juif étant venu le trouver, il lui fit compter autant de fois mille tahégans rouges qu'il s'était écoulé d'années depuis que son père Ayoub avait eu le songe (8).

---

(1) Wakhtang, III, 414. — Journal asiatique, 1832, p. 25. — Ma Numismatique de Géorgie, p. 2. — Lebeau, Hist. du Bas-Empire, éd. Saint-Martin, t. XVII, p. 462, note 1. — Tchamitch, Hist. d'Arménie, III, 351. —Nouv. Dict. des Mékhit. de Venise, I, 591. — Aucher, Traité des poids et mesures (en arm.), 71-4. — Matthieu d'Édesse, éd. Dulaurier, p. 88-9, note 1.—Revue Arch., huitième année, p. 225, ma Lettre à M. Reinaud.

(2) Chahan de Cirbed, Chr. de Matthieu d'Édesse, dans les Extr. des mss., t. IX, p. 319, note 5.

(3) Aucher, Traité des poids et mesures, p. 71-4.

(4) Vie de saint Louis, p. 349.

(5) Beugnot, Ass. de Jérusalem, t. II, p. 117, chap. ccxlii, n° 56.

(6) Cappelletti, l'*Armenia*, t. I, p. 181.— Makrisi, Traité des monnaies musulmanes, éd. de S. de Sacy, p. 43.

(7) Chron. arménienne (ms. de la bibliothèque impériale, n° 96).

(8) Note communiquée par M. Ed. Dulaurier.

L'usage de désigner les monnaies par le nom d'une couleur était très-répandu en Orient. Ainsi le scheik al-Makrisi, dans son Traité des monnaies musulmanes (1), parle à plusieurs reprises de *monnaies noires* (2) frappées par les khalifs Moavia ben Sofyan et Ziad ben Abihi. Ces monnaies noires (3) étaient les mêmes que les *dirhems baglis,* dont le poids devait être de huit *daneks* ou d'un *mitkhal* (4).

B. MONNAIES D'ARGENT. — Le *tahégan d'argent* valait quarante poghs ou sols, selon Matthieu d'Édesse (5). Au-dessous du tahégan se trouvait le *tram,* ηրամ, monnaie d'une valeur inférieure. Vartan parle de monnaies d'argent appelées *blancs* (6). Ce sont, sans doute, les mêmes que celles des grands-maîtres de Rhodes (7) et des rois Lusignans de Chypre mentionnées dans une charte de 1399 citée par Du Cange (8), où l'on donnait aux Dominicains de Chypre mille byzants blancs pour fonder un anniversaire pour le repos de l'âme de Hugues, inhumé dans leur église.

Les *byzants* dont il est question dans la traduction latine de l'ordonnance de Léon III (9) sont appelés, par le traducteur latin, *byssantii staurati*. Il est présumable que ce mot vient du grec σταύρα, à cause du signe qui y était marqué (10); mais le texte arménien, au lieu de désigner cette valeur monétaire, porte le sigle —■—, qu'Atto Placentius, notaire du sacré palais, a rendu par *byzant à la croix,* et sur lequel Saint-Martin (11) s'abstient de s'expliquer. J'ai découvert la valeur de ces *byzants à la croix* dans le contrat de mariage de Fémie, fille d'Héthum, avec Julien, sei-

(1) *La Perle des Colliers,* كتاب شدوور
العقر, éd. Tychsen (*Rostoch,* 1797), et trad. de S. de Sacy (*Paris,* 1797).

(2) Cf. Sacy, trad. de Makrisi, 6, 14, 15.

(3) Cf. Journal asiatique, 1839, t. VII, p. 422, Lettres de M. de Saulcy à M. Reinaud sur la Numismatique arabe.

(4) S. de Sacy, trad. de Makrisi, p. 15, note 20.

(5) Chahan de Cirbed, l. cit.

(6) Cappelletti, l'*Armenia,* l. cit.

(7) Friedlaender, *Die Münzen der Johan. Ordens,* p. 5.

(8) Hist. de Joinville, p. 257.— Buchon, Recherches sur la dom. française en Morée, t. Ier, p. 405.—Do Mas-Latrie, Hist. de Chypre, doc., t. II, p. 453.

(9) Dulaurier, trad. de Matt. d'Édesse, l. cit.

(10) Extr. des mss., t. XI, l. cit.

(11) Extr. des mss. Cf. les notes.

gneur de Sayette, contrat rédigé en langue française et que Paoli (1) a publié. Voici le passage relatif aux *byzants à la croix* : « E so qui reman-
« dra des xxv m. besans, so è à dire le xvij m. besans, nous payeruns
« besans sarrazinas al pois d'Acre, ce que nous aurons, e so qui reman-
« dra chascun besans a sa valor, so è aire qui quatre besans de nos stau-
« rat, por un besant sarrazinas... » C'est-à-dire qu'Héthum s'engageait à donner quatre staurats d'Arménie pour un byzant sarrasin au change d'Acre.

Le *tram, ֆրամ* ou *սրամ*, dont j'ai parlé plus haut, répondait au درهم arabe et persan (2). Le décret de Léon III en faveur des Génois (3) et une quittance notariée du connétable d'Arménie Tarocius (4) au consul vénitien de Lajazzo, et datée de 1304 (5), parlent aussi de *nouveaux dirhems*. Il est probable que ce sont des monnaies frappées à un autre titre que les précédentes.

C. MONNAIES DE BILLON. — Il est à présumer que la monnaie de billon portait le nom de *khori, քորի*, dont la valeur est moindre que celle du *dirhem* (6). La version latine du décret de Léon III en faveur des Génois traduit cependant les deux mots *khori* et *tram* par *dirhem*. Nous ne pouvons pas avoir d'indications précises sur cette monnaie, les dictionnaires arméniens ne faisant pas mention du *khori*. Saint-Martin (7) suppose que les *khori* sont de petites monnaies d'argent d'un bas titre et d'un module inférieur aux *trams;* il ajoute que le nom de cette monnaie vient peut-être des mots syriaques ܟܘܪܐ ou ܟܘܪ, qui désignent une certaine mesure, et se retrouvent en hébreu, כּוֹר, (8) et en arabe, كُرّ, sous des for-

---

(1) *Codice diplom.*, t. Iᵉʳ, p.134, n° 119.
(2) Nouv. Dict. arménien, t. Iᵉʳ, p. 642.
(3) Extr. des mss., l. cit.
(4) Ce nom est une altération du nom arménien *Thoros* ou *Théodore.*
(5) Arch. de Venise, reg. des Commém., I, fol. 115 vⁿ. — Mas-Latrie, Hist. de Chy-

pre, t. III, p. 677. Cf. aussi p. 727.
(6) Extr. des mss., t. XI, p. 97, notes sur le décret de Léon III.
(7) Extr. des mss., t. XI, p. 97, note.
(8) En hébreu, כּוֹר veut dire un objet sphérique, un creuset. Ce mot a passé en arabe avec la même signification.

mes peu différentes et passées dans le grec et dans le latin sous celles de
κόρος et *corus* avec le même sens. Ici Saint-Martin est allé trop loin, car
le *khori* n'est, à proprement parler, que le mot hindoustani ﻛﻮﺭﻯ (1), qui
signifie *pucelage, porcelaine*, sorte de coquillage usité comme monnaie de
peu de valeur dans les Indes, et dont le nom a passé en arménien.

D. **MONNAIES DE CUIVRE.** — Le *pogh*, ֊֊֊֊, avait la valeur d'une obole
et la même signification que le ﻓﻠﻮﺱ arabe (2). Son nom se retrouve en
langue tatare et en turc sous la forme ﭘﻮﻝ (3). Thomas de Medzop (4)
parle de cette monnaie arménienne, à laquelle il donne le nom de ֊֊֊֊,
pholi.

Le *tang*, ֊֊֊֊ ou ֊֊֊֊, était aussi une monnaie de cuivre dont le nom
se retrouve en arabe sous la forme ﺩﺍﻧﻖ (5), et en tatare sous celle de
dinga ou *tinga* (6). Le mot ﺩﺍﻧﻖ vient du persan ﺩﺍﻧﻚ, qui signifie un
poids de trois karats ou siliques. Selon Thomas de Medzop, le *tang* était
de peu de valeur, et précisément, dit Cappelletti (7), le *tang*, en arménien,
correspond à l'obole.

De ce qui précède, on voit qu'il est impossible de préciser la différence
qui existait entre le *pogh* et le *tang*. Il est probable cependant que ces
deux mots indiquaient des valeurs différentes, puisque les modules des
monnaies de cuivre varient à l'infini ; mais aucun texte n'a pu nous
venir en aide en cette circonstance.

(1) Dict. hindoustani de Shakespeare (un
vol. in-4°), p. 1633.—Le mot ﻛﻮﺭﻯ dérive
sans doute du sanscrit कपर्द (s. fém.), avec
la signification de *shell used as coin (cyprœa
moneta).*

(2) Dulaurier, Matthieu d'Édesse, notes,
p. 88-9.

(3) Le mot ﭘﻮﻝ a été contremarqué sur la
médaille de Mohammed II, sultan ottoman,
frappée avec une légende grecque et publiée

par M. de Saulcy dans sa Numismatique byzantine, pl. xxxiii, n° 9.

(4) Cappelletti, l'*Armenia*, fasc. I, p. 181.

(5) Meninski, t. II, verbo ﺩﺍﻧﻖ.— Dict.
des Mékhitaristes, t. Ier, p. 593.

(6) De Chaudoir, Aperçu sur les monnaies
russes, cité par Barthel., Manuel de Numismatique moderne, p. 340.

(7) L'*Armenia*, fasc. I, p. 181.

E. MONNAIE D'UN MÉTAL INCERTAIN. — Nous trouvons, dans un état des sommes réclamées au nom du roi d'Arménie pour dommages occasionnés à lui ou à ses sujets par les gens des galères vénitiennes d'André Sanudo et de Paul Morosini, qui s'étaient emparés du château de Lajazzo (1), la mention d'un genre de monnaie dont la valeur n'est indiquée que d'une manière imparfaite. Cette monnaie est appelée au pluriel *tacolini*. Le passage où ce genre de monnaie est mentionné dit ceci : « *Item in tacolinis* c, *sunt deremi* (2) LXXVII, » ce qui veut probablement dire que cent tacolins équivalaient à soixante-dix-sept trams ou dirhems.

Le *tacolin* est encore mentionné dans le privilége de 1333 accordé par Léon V aux Vénitiens (3). Voici le passage : « [Art. 4.] Que les Vénitiens « tenant des tavernes de vin dans nos états ne payent plus le droit d'un « tacolin [*exactio tacolini* 1] par semaine qu'ils ont acquitté jusqu'ici à « nos officiers, etc. »

C'est la première fois que nous voyons le nom du *tacolin* employé dans des documents écrits, et il est probable que ce mot a été dénaturé par le copiste latin qui n'en connaissait pas l'orthographe arménienne. S'il est permis de faire une supposition sur l'étymologie du nom de cette monnaie, nous dirons que nous pensons y voir la racine arménienne *Թագ*, qui veut dire *couronne*, et alors on pourrait croire que les pièces dont il s'agit étaient peut-être des *coronats* ou pièces à la couronne. On sait, en effet, que cette manière de désigner les monnaies par les figures qui y étaient représentées était très-usitée au moyen âge ; il n'est personne qui n'ait entendu parler des florins, des colonnats, des agnels, des couronnes, des angelots, des pavillons, etc.

(1) Archives générales de Venise, *Com-mém.*, I, fol. 115 vº.—Mas-Latrie, t. III, p. 684 des Docum. sur l'histoire de Chypre.

(2) C'est-à-dire *dirhem*, en arm. *tram*, monnaie d'argent.

(3) *Patti*, III, fol. 47. Cf. M.-Latr., III, p. 726.

PIÈCES JUSTIFICATIVES.

Je terminerai cette introduction par la publication du texte de deux documents qui pourront donner approximativement une idée de la valeur des monnaies d'Arménie sous les successeurs de Léon II, et notamment sous les rois Léon III et Léon IV, pour ce qui concerne une certaine classe d'objets, de marchandises et de produits du pays ou étrangers.

La première de ces deux pièces est déjà connue : c'est le privilége commercial que Léon III accorda aux Génois en 1288 (1), et dont l'original est conservé aux archives de Gênes (2). Le second document est un état des sommes réclamées en 1307 aux Vénitiens, au nom du roi d'Arménie Léon IV, pour dommages occasionnés tant à lui qu'à ses sujets par les galères vénitiennes des navigateurs André Sanudo et Paul Morosini. Cette dernière pièce a été découverte par M. L. de Mas-Latrie aux archives de Venise, dans le registre des *Commémoriaux* (3). Je reproduis ce document avec l'autorisation du savant auteur de l'*Histoire de l'île de Chypre sous les rois Lusignans*, qui a bien voulu me communiquer, avec une obligeance parfaite, les bonnes feuilles de son troisième volume qui n'était point encore sorti des presses de l'imprimerie impériale.

(1) Mém. de l'Académie des Inscriptions et Belles-Lettres, t. III, p.3, Rapport de S. de Sacy sur les archives de Gênes. — Notices et extraits des mss., t. XI, p. 97. Cf. le texte arménien du privilége de Léon III, dont Saint-Martin a donné la traduction avec des notes.

(2) Actes de la république, t. Ier, fol. 234 et v°.

(3) Mas-Latrie, Histoire des Lusignans de Chypre, docum., t. III, p. 684, extr. du reg. des *Commém.*, t. Ier, fol. 115 v°.

PIÈCE N° I.

Privilége commercial accordé par Léon III aux Génois.

In nomine patris et filii et spiritus sancti. Amen!

Hoc est altum preceptum nostrum regale et privilegium celsitudinis quod ego Leo legalis servus Dei et per gratiam ipsius rex Armenie (1), ex eo quod damus potenti communis (2) Janue, ad requisitionem et honorabilis et prudentis..... et nobilis vicarii (3) comunis Janue citra mare, et specialis et legalis amici nostri, domini (4) Benedicti Jacharie, pro mercatoribus Januensibus, quod debeant esse eorum consuetudines in hunc modum :

Primo, civitates nostre que sunt in manibus nostris, drictus noster erit, sicut in Layacio (5), preter in illis locis qui nominantur in privilegio. Et omnia que vendunt in platea cum censario (6), vel domo, non solvant aliquid nisi censariam. Vinum possent vendere in vegetis (7) vel in parge et specialiter oleum vendent in vegetis vel jarris (8), quod venditur sine pondere, nichil ex predictis solvant nisi censarie ı darhem (9), ı pro vegete.

Item, de sclavis quos emebant et extrahebant extra regnum et solvebant drictum, non inde debeant solvere drictaram : sed si emunt sclavum qui sit christianus, quod jurent ipsum non vendere Sarracenis (10) vel alicui persone quod credant quod ipsum vendant Sarracenis.

Item, de lignamine, ex quo dabunt drictus de barzana (11), dr. (12) xviii et de jancono (13) dr. iv et de duplicio dr. xiii, et ultra hoc unum per centum; id quod solvebunt unum per centum, non solvant, sed residuum solvant.

(1) Dans le texte arménien, Léon prend le titre de *roi de tous les Arméniens.*

(2) Au texte arménien, ԳՈԼԻՖԻՆ. Le même mot est écrit كُوُن dans les traités des Génois avec les sultans mamelouks. Cf. Sacy, Chrest. arabe, t. II, p. 542, 545.

(3) Au texte arménien, ՎԻԳԻՐ·

(4) Au texte arménien, ՍԻՐ·

(5) Lajazzo.

(6) Au texte arménien, ՍԱՄՍՐ, *courtier.*

(7) Au texte arménien, ՊՈՒԹՖ, de l'italien *botte,* tonneau.

(8) Au texte, ԽԱՌԱ, dérivé de l'arabe جَرْ.

(9) En arménien, ԳՐԱՄ, et en arabe, دِرَم.

(10) Au texte, ՍԱԽԻԿ, nom générique donné par les Arméniens aux musulmans.

(11) En arménien, ՊԱՐԴՈՒԹԱԿ, *perche.*

(12) Le texte arménien dit, au lieu de *darhem,* ԹՈՐԻ· Sur cette monnaie, cf. plus haut, p. 13.

(13) En arménien, ԿԱՆԳՈՒՆ, *coudée,*

Item, de frumento et ordeo quod ferebatur per mare, accipiebatur ab illis quatuor per centum et ultra censaria; id quod solvebatur quatuor per centum, non
solvant sed solum censaria.

Item, de bestiis quas extrahebant extra Armeniam solvebant de equo biss.
stauratos (1) iv, et de mullo biss. iv, de asino darem v, de bove dar. iii et
dr. i (2), de montone dr. iv, de corio bufali dr. vi, de corio bovino dr. vi; istas
dictas dricturas non debeant solvere; et omnes gallinas et ova que emant et ex-
trahant non debeant solvere dricturam. Et illos arboragios (3) quos accipiebant
ab illis ad fuces (4), drir (5) ii; pro omni arbore, non debeant accipere ab illis;
specialiter bestie, id quod emunt, quod non debeant solvere nisi censariam, et
ferrum ibi emunt, non debeant solvere nisi i per centum.

In passagiis barcarum debeant solvere dar. med. de sauma. Et hec Januensis,
quod furetur et sit latro de qua lingua velit, et rauba inveniatur quod non debeant accipere tzarcam (6).

Et de mercatoribus quando veniebant, aperiebant eis capsias et scribebant
eorum raubam; non debeant aperire eorum capsias nec sigillare, nec scribere
eorum raubam.

Et pro Januensibus mercatoribus qui non cognoscantur quod sint Januenses,
nec filios Januensium, consul (7) cum suis bonis hominibus debeant videre probas;
si est Januensis vel filius Januensis, et mittat suum nuncium cum suo baculum
ad pasidonum (8), quod debeant ipsum expedire ad presens, et quod debeant
scribere nomen consulis et testium in nostra curia (9). Et ex hoc quod ipsi reti-

---

(1) Le texte arménien porte le sigle —■—,
que le traducteur latin a rendu par *bissantii
staurati*.—Sur les byzants à la croix, cf. plus
haut, p. 12.

(2) Le texte arménien dit *զորի*.

(3) Au texte arménien, *սարիէքը*, de
l'arabe سـارية *mât de vaisseau*, et par exten-
sion, *droit d'ancrage*.

(4) Pour *fauces*.

(5) Pour *dr.*, abréviation de *darhem*.

(6) Au texte arménien, *երկրանկն*, le tiers

du droit. Le mot latin *tzarca* doit venir de
l'italien *cercare*, chercher, d'où, par exten-
sion, droit de recherche.

(7) Au texte arménien, *զունչգ*. Les Arabes ont aussi emprunté ce mot aux Francs,
قنصل (Sacy, Chrest. arabe, p. 564).

(8) En arménien, *բաժտունն*, maison de
péage.

(9) Au texte arménien, *միւանն*, qui est
passé dans l'arabe sous la forme ديوان.

nebant raubam (1) mercatoris quousque ibat apud Tarso (2) ad passidum ad apertandum literas ad mirabam (3) non debeant retineri.

Et si Januensis decedat sine testamento, quod nostri officiales non debeant ponere manus in suis rebus, sed commune debeat accipere suas res et facere secundum consuetudinem eorum.

Item, de passagio quod debent solvere inter Ayacium (4) et Gogulat (5), sit in ista mayneriem quod dent de serico, de sauma gamelli, dar. xxv, et de pannis de seta, de sauma gamelli, dar. xxv, et de endico et de speciarum preter de pipere, gengibre et de brazili, dent de sauma gamelli dar. xxv, et de sauma muli dar. xix, et de sauma asini dar. xvi, et de pipere, zinzimbere et brazilli, de sauma gamelli, dar. xx; et de omnibus pannis (6) qui inde exeunt grossi et subtiles, et omnes telle que exeunt inde grosse et subtiles, solvant de sauma gamelli, dar. xx; et iste dicte res que solvunt dar. xx de sauma; solvant de sauma mulli dar. xv, et de sauma asini dar. xii. De cotono, de zucharo, de argento vivo, de corallo, de svagno, de ramo et de omnibus aliis rebus, det de sauma gamelli, dar. x, de sauma muli, dar. viii, de sauma asini, dar. vii.

Et penes, hec nullus habeat segnorias, de illis qui sunt obedientes nostro regno, nec de magnis, nec de parvis contra nostrum preceptum regale et nostrum nobile privilegium (7), et per specialem celsitudinem posuimus scriptum de manu nostra, sicut consueti sumus scribere in mo Armeniorum dccxxxvii, in parvo mo ii, in mense decembri, die xxiii, et est confirmatum voluntate Dei.

Scriptum fuit per manum Attoni Cancellarii servi Dei et scripti regis qui fecit hoc donum.

Item (8), si aliquis Januensis qui sit habitator terre et accipiat uxorem et ac-

---

(1) Au texte arménien, *կուսւաշշ*, qui vient de l'arabe قماش.

(2) Le texte latin de Saint-Martin porte *Tšso*, et le texte arménien Ѕ*արսուս*.

(3) Pour *վերապաh*, de l'arabe مربط port, et de l'arménien *պաh gardien*, c'est-à-dire *capitaine du port*.

(4) Lajazzo.

(5) Le texte arménien porte Ч*ուլկակ*. C'est probablement le passage des *Pyles Ciliciennes*, appelé encore aujourd'hui *Gulek*.

(6) Au texte, Ֆ*րանկ կտաւ*, littéralem. *toile des Francs*.

(7) Au texte arménien on lit ici quelque chose de plus, mais qui n'a pas d'importance pour nous.

(8) Cet article est additionnel.

cipiat heritagium cum uxore, ex parte uxoris sue, vel qui habuerit in donatione, et ipse decesserit ab intestato et sine herede, omnes sue res preter heritagios debeat reddire in manus communis, et heritagium debeat reddire in manus curie.

LEO,• REX ARMENIE.

Pièce n° II.

État des sommes réclamées au nom de Léon IV, roi d'Arménie, pour frais et dommages occasionnés à lui ou à ses sujets par les équipages des galères vénitiennes d'André Sanudo et de Pierre Morosini, qui s'étaient emparé du château de Lajazzo.

Questa si è la demandason de lo re de Armenia.

I°

1. In primis pro baldechinis, de eo quod acceptum fuit illis de Castro regis per galeas Venetorum, deremos xviii^m d. xxxv (1).

2. Item acceptum fuit de gaçena regis, per dictas galeas Venetorum, baliste a pectore, deremos (2) c.

Item baliste de cornu ii, deremos l.

Item arcus i a sagittis, deremos xv.

Item fraxetti ii de bocaranno, deremos xl.

Item fraxettus i de coton, deremos xv.

Item fraxetti iii de canavaça, deremos xlv.

Item sopraensegna i, deremos xv.

Item curaçe v de canavaça, deremos cl.

Item pançere v, deremos cc.

Item piloni iii^m, deremos cccclx.

Summa, deremos mlxxxxv.

3.· Item solvit rex Andree Senuto et Paulo Maureceni, propter moram galearum predictarum tribus diebus, et pro ambaxiata quam ad regem ipsum miserunt, deremos vi^m dcclvii.

---

(1) L'abrév. *d.* est là pour *denarios.*   (2) Ce mot est la trad. latine de ηրասմ ou درهم.

n⁰

Istud est quod acceptum seu derobatum fuit burgiensibus regis de Castro per dictas galeas.

4. Inprimis uni mulieri nomine Rita, bessaçia (1) ɪ, deremi vɪɪɪ.

Item denarii, deremi ccc.

Item in tacolinis (2) c, sunt deremi ʟxxvɪɪ.

Item çupa una, deremi ʟxxvɪɪ.

Item camisia una de cotone, deremi vɪɪɪ.

Item cossinus unus, deremi xv.

Item unchi de borro de seta, deremi v.

Item pannus unus de borro de seta, braça xɪɪ, deremi xxɪɪɪɪ.

Item tevagloni ɪɪ, deremi ɪɪ (3). [etc.]

    Summa, deremi ccccʟxxxx.

5. Istud acceptum fuit Georgio Guardiani.

Inprimis in denariis, deremi cc.

Item vestimentum unum a presbytero, deremi xv.

Item manipulus ɪ, deremi v.

Item cossinus unus de borro de seta, deremi ɪɪ.

Item gonella una de çalono ab uno puero, deremi xx.

Item persuti ɪɪ, deremi vɪ.

Item sovagli argentei xxx, deremi xv. [etc.]

    Summa, deremi cccxʟ.

6. Item acceptum fuit uni nomine Tros Johaïm (4).

Item mantellus unus niger a femina, deremi ʟ.

Item camisie due de tela a femina, deremi ʟ.

Item çupa una de coton, deremi xɪɪ.

Item çupa una de Ciprio, deremi xx.

Item balista una de cornu, deremi ʟ.

---

(1) C'est une altération du mot *byzantius*, qui veut dire *byzant*, monnaie d'or.

(2) Cf., sur cette monnaie, § III, ᴇ.

(3) L'éditeur a omis avec intention, dans l'énumération fort longue de ces réclamations, quelques articles sans intérêt.

(4) *Thoros Ovagim?* c'est-à-dire Théodore Joachim.

Item çupa una de çendato ab uno puero, deremi xx. [etc.]

    Summa, deremi cclxviii.

7. Item acceptum seu derobatum fuit Theros Paidarus (1) per dictas galeas.
Item aurigleri ii laborati, deremi xx.
Item pignata una de rame, deremi x. [etc.]

    Summa, deremi cccli.

8. Stephano Cosseri (2), acceptum fuit per dictas galeas.
Item brachia xxx tele, deremi lxxxx.
Item coopertorium unum de Cypro, deremi lxxx.
Item camissia una laborata, deremi xv.

    Summa, deremi cclxxxxv.

9. Item Gregorio Gazar (3), acceptum fuit per galeas.
Inprimis marsupium unum laboratum de seta, deremi xxx. [etc.]
    Item anuli duo aurei, deremi xl.
    Item capellus unus ferens, deremi xx.
    Item cervelleria una, deremi viii.

    Summa, deremi clxxxviiii.

10. De debito Marini Signoli fuimus in concordia cum barone Ossino Bassilien pro diremis xiiiᵐ.

11. Ser Bindo Sechamarenda, per sepedictas galeas.
    Item canelle xvi auri filati, deremi xviii.
    Item colleare unum argenteum, deremi x.
    Item cultellus unus a feriendo, deremi xx.
    Item çambellotus unus a femina, deremi l.
    Item bursa una de samito, deremi ii. [etc.]

    Summa, deremi mcxxxiiii.

12. Bertucio, per galeas jam dictas.

    Summa, deremi xiiii.

(1) *Thoros Bedros*, c'est-à-dire Théodore Pierre.

(2) *Étienne Cosroès?* en arm. Ո—ս.

(3) *Grégoire Lazare*, en arm. Ղազար.

13. Vasili, presbitero.
Item sclavina una, deremi xvi.
Item carpeta una, deremi x.

14. Baroni Ossino, domino Cabam (1), fratri regis, pro suis apautatoribus.
In primis corda una de campo, deremi xxi.
Item manere iii, deremi vi.
Item saccus unus de canevaça, deremi v.
Summa, deremi xxxii.

15. Yeusef de Baldaco (2).
Chabanus unus de bordo, deremi xxv.

16. Ista sunt debita inferius notata. In primis debet Pantaleonus, quondam Quirini, Theroso Janni(3), deremos ccc. De hoc habet dictus Theroso : coopertorium unum album et guarnaciam unam de çambelloto a femina, unam çupam de çendata carmesi a puero, et choncham unam de rame, una messara.
Item debet idem Pantaleonus Quirinus. [etc.]
    Summa, quod dictus Pantaleo dare debet, deremi ccccLxvii.

Debet dare Ser Paulus Maurocenus Messori Aurani pro affictu magaceni, deremos xxx.

Outre ces deux pièces, il existe encore des quittances et des priviléges accordés par les rois d'Arménie aux Vénitiens et aux Génois, ainsi que des traités de commerce faits entre les Thakavors et les sultans mamelouks du Kaire, qui font aussi mention des monnaies usitées à cette époque en Arménie et dans tout l'Orient. Je me contenterai de donner la liste de ces documents, en indiquant nos sources et les dépôts où ils sont conservés.

(1) C'est la forteresse de *Gaban,* où Léon VI fut fait prisonnier par les armées égyptiennes en 1374.

(2) *Joseph* ou *Yousouf de Bagdad.*
(3) *Thoros fils de Jean?*

Règne de LÉON II.

An. J.C.

1201. — Privilége accordé aux Génois, en la personne de Nicolas Doria, amiral et ambassadeur de la république de Gênes (1).

1201. — Privilége accordé aux Génois, en la personne de Baudoin de Rogerio, ambassadeur de la république de Gênes (2).

1201. — Privilége accordé aux Vénitiens, en la personne de Jacques Badoaro, ambassadeur du doge Henry Dandolo (3).

1215, *mqrs.* — Privilége accordé aux Génois, en la personne de Arrigo Ferrari (4).

Règne d'HÉTHUM Ier.

1231. — Privilége accordé aux Vénitiens (5).

1245. — Privilége accordé par Héthum et Isabelle aux Vénitiens, en la personne de Pierre Dandolo, ambassadeur du doge Jacques Tiépolo (6).

1268, 22 *oct.* — Transaction entre la commune de Gênes et divers marchands sujets du roi d'Arménie, au sujet des indemnités réclamées des Génois pour une galère dont la flotte de Lucheto Grimaldi s'était emparée près de Gorighos (7).

Règne de LÉON III.

1271. — Privilége accordé aux Vénitiens, sous le dogat de Laurent Theupolo (8).

(1) Ogerius Panis, in Muratori, *Script. rer. Ital.*, t. IV, p. 384. — Reg. des Tr. de la rép. de Gênes, t. Ier, p. 231. — Not. et extr. des mss., t. XI, p. 19, Ch. de Léon II, publ. par S. de Sacy.

(2) Arch. de Gênes. —Cf. les not. et extr. des mss., t. XI, p. 19 (S. de Sacy).

(3) Arch. de Venise, *Patti*, I, 167-8; II, 6 ; cité par Marin, *Storia del Comm.*, t. IV, p. 155. — Arch. des missions scientifiques, t. II, p. 368. Cf. Rapport de M. de Mas-Latrie. — Notices et extr. des mss., t. XI, *l. c.*

(4) *Lib. jurium reip.*, exempl. de l'Université de Gênes, vol. Ier, fo 74 vo ; exempl.

des arch. de la cour de Turin, fo 57 (en expéd. origin. dans ce dernier dépôt. *Genova, carte sparse*).—Arch. des miss. scient., t. II, p. 371.—Extr. des mss., t. XI, p. 97 et suiv.

(5) Arch. de Venise, *Patti*, III, 170.

(6) Arch. de Venise, *Patti*, II, 6; cité par Marin, *Storia del Comm.*, l. c. — Arch. des missions scient., t. II, *l. c.*—Not. et extr. des mss., t. XI, *l. c.*

(7) Expéd. orig., arch. de Turin, *Trattati div. Mazzo 5o.* —Arch. des missions scient., t. II, p. 371.

(8) Arch. de Venise, *Patti*, II, 41. — Arch. des missions scient., t. II, p. 369.

1271. — Quittance de marchands arméniens et autres en faveur de J. Pallavicino, agissant au nom des Génois et qui avait indemnisé les plaignants, au sujet de la galère pillée à Gorighos (1).

1285. — Traité de paix et de commerce entre Léon III et Kelaoun, sultan ma - melouk (2).

1288. — Privilège accordé aux Génois (3).

RÈGNE D'HÉTHUM II.

1304, 10 *juin*. — Quittance notariée du duc Thoros, connétable du royaume, au consul vénitien de Lajazzo, d'une somme de 1,214 *dirhem*, pour indemnité du pillage du château de terre de cette ville (4).

RÈGNE DE LÉON IV.

1307, 20 *mai*. — Privilège commercial accordé aux Vénitiens, sous le dogat de Pierre Gradenigo (5).

1307. — Quittance du connétable d'Arménie, au nom du roi, des indemnités dues par les Vénitiens (6).

1307. — État des sommes réclamées aux Vénitiens pour les dommages occasionnés par les galères vénitiennes qui s'étaient emparé du château de Lajazzo (7).

RÈGNE DE LÉON V.

132.? — Rapport de Pierre Bregadino au doge sur les vexations endurées par les Vénitiens en Arménie.

132.? — Demande adressée à Léon V, par Michel Justiniani, ambassadeur du

(1) Arch. de Turin, *Trattati div. Mazzo* 5°.
(2) Hist. de Kelaoun, dans les Extr. des historiens arabes des croisades, de M. Reinaud, p. 552-7.
(3) Cf. plus haut le texte latin de ce traité, p. 17.
(4) Arch. de Venise, *Comm.*, I, f° 115 v°. — Mas-Latrie, Hist. de Chypre, doc. III, p. 677 et suiv.

(5) Arch. de Venise, *Patti*, III, 48; *Commém.*, I, 115. — Arch. des missions, t. II, p. 369.—Mas-Latrie, Hist. de Chypre, t. III, p. 687.
(6) *Comm.*, I, f° 115 v°. — Mas-Latrie, ouvr. cité, t. III, p. 683 et suiv.
(7) Cf. plus haut le texte latin de ce traité, p. 20.

4

doge Jean Soranzo, pour obtenir l'exécution des garanties stipulées dans les anciens priviléges.

132.? — Réponse des barons de la cour du roi, au doge (1).

1333, 10 *nov.* — Privilége accordé aux Vénitiens, en la personne de Jacques Trevisani, ambassadeur du doge Fr. Dandolo (2).

LÉON VI, PENDANT SON SÉJOUR EN ESPAGNE.

1591, 19 *oct.* — Confirmation aux habitants de Madrid (3) de leurs priviléges, droits et coutumes.

---

(1) Ces trois pièces sont citées dans Marin, *Storia del Comm.*, t. IV, liv. II, chap. V, p. 155, et par Saint-Martin, Notices et extr. de mss., t. XI, p. 97 et suiv.

(2) *Patti*, III, 49-50. — Marin, t. IV, p. 157-8. — Arch. des missions, t. II, p. 370.

— Mas-Latrie, Hist. des Lusignans, doc. III, p. 726-7.

(3) Archives de Ségovie, et *Teatro de las grandezas de la villa de Madrid*, par Gil Gonzalès d'Avila, p. 152-6.

ROIS BAGRATIDES DE L'ALBANIE ARMÉNIENNE, APPELÉS
GORIGUÉENS (982-1258).

L'Albanie arménienne comprenait le pays donné par Sempad II, roi de la troisième dynastie Bagratide, en apanage à son frère, *Gourgen* ou *Gorig*. Ce pays était formé des provinces de Daschir, de Davousch, Dzoroked, Gaïcan, Gaïdzon, Khoragerd, Pazgerd et autres encore de l'Arménie orientale, sur les bords du Kour ou Cyrus.

Les souverains qui se succédèrent dans ce pays après Gorig, qui régna de 982 à 989, furent *David* (989+1010) (1), qui répara la ville de Lori et en fit sa capitale; *Gorig* II (1010+?), *David* II et *Apas* I⁰ʳ; *Gorig* III, qui régnait en 1063 (2); *Apas* II, qui mourut en 1234 (3); *Porina*, sœur d'Apas II, régente pour Aghsarthan; *Aghsarthan* seul. Celui-ci se fit religieux au couvent de Gedacitz et laissa le trône à son fils *Gorig* IV. Ce dernier Gorig eut trois fils, *Phoï-Pahlovan*, *Thaghiathin* et *Aghsarthan*. C'est sous ces princes que finit le royaume d'Albanie arménienne; car l'histoire nous apprend que Thaghiathin servait dans les armées des Mongols, et qu'il était, en 1260 (4), à la prise de Miaférékin.

L'histoire des Goriguéens est très-obscure. Les chroniqueurs géorgiens et arméniens ne donnent sur ces princes que peu de renseignements, et encore sont-ils souvent en désaccord pour les dates, en sorte qu'il est impossible de donner des chiffres certains. L'historien de l'Arménie, le P. Tchamitch (5), reconnaît que les récits des historiens de sa nation sont

(1) Ce prince mourut en 1010 selon Wakhoucht, en 1046 selon Saint-Martin (Mém. sur l'Arménie, t. Iᵉʳ, p. 422), et Brosset, Monogr. des monnaies arméniennes, dans le Bulletin scientifique de l'Acad. des Sciences de Saint-Pétersbourg, p. 53.

(2) Saint-Martin, ouvr. cité, t. Iᵉʳ, p. 374.

(3) Wakhoucht, cité par M. Brosset, l. c., p. 54 et suiv.

(4) Selon Saint-Martin, l. c., p. 423, et 1257-8 selon Brosset, l. c., p. 54.

(5) Hist. de l'Arménie, t. III, p. 1046 et suiv.

très-confus. C'est donc avec l'ouvrage de Moïse Galcandouni sur les rois de l'Albanie arménienne (1), découvert il y a quelques années seulement à Edchmiadzin (2), qu'on pourra reconstituer l'histoire des Goriguéens.

MONNAIE DE GORIG IV.

Une seule médaille des rois qui occupèrent le trône de l'Albanie arménienne nous est parvenue. Elle est imitée des pièces frappées par les princes croisés d'Antioche (3), pièces copiées elles-mêmes, pour la légende et le type, sur les monnaies byzantines des empereurs contemporains (4). En voici la description :

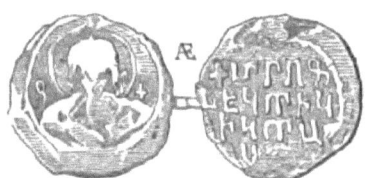

1. ᲒᲣ — ᲤᲣ   I[iso]s K[risdo]s.   JÉSUS-CHRIST.

Ce monogramme est placé de chaque côté du buste de Jésus-Christ nimbé, vu de face et tenant le livre des Évangiles.

℟ † ᲡᲠ ᲘᲓ   D[e]r ock-   SEIGNEUR ! sois
ᲜᲒ ᲥᲘᲐᲐᲥ   né Gorig-   SECOURABLE A GORIG,
Ი ᲥᲘᲘᲐᲐ···   i Gor[igian]-   ROI
··ᲐᲐ······   [in] a[rkaï].   GORIGUÉEN.

(1) Cet ouvrage va être publié sous peu à Moscou, par M. J. B. Emin, membre de l'Institut Lazareff des LL. OO.

(2) Catalogue de la bibl. d'Edchmiadzin, dans les Rapports de M. Brosset sur son voyage en Arménie, ms. n° 20, recueil écrit à Tiflis en 1664.

(3) Saulcy, Num. des Croisades, p. 18, pl. I, 2. Cf. les médailles du régent Tancrède.

(4) Saulcy, Num. byzantine, pl. xxxv et xxxvi. Cf. les médailles de Michel Ducas, Nicéphore Botoniate et Alexis Comnène.

Cuivre, grand module.

Collection du musée asiatique de Saint-Pétersbourg.

Brosset, *Monogr. des Monnaies arméniennes*, pl. I, n⁰ 1. — *Revue Arch.*, onzième année, vign. de la page 183.

La légende du revers de cette curieuse médaille est assez difficile à restituer, à cause du mauvais état de conservation de la pièce, qui est usée en plusieurs endroits. M. Brosset avait cru reconnaître dans les lettres կորա...ա... les indices du mot *curopalate*, tandis qu'un autre numismatiste à qui j'eus l'occasion de faire voir le dessin de cette pièce à Constantinople, le tchélébi S. Alischan, restituait ainsi la légende :

տͲ ոզͷb	Seigneur! sois secourable
կորիկի և կորա (?)	à Gorig et à la
քաղաքաց	ville de Gora (1).

Enfin le R. P. Gab. Aiwazowski, à qui je demandai son avis sur la lecture de cette légende, proposa de restituer ainsi le texte :

տͲ ոզͷb	Seigneur! sois secourable
կորիկի և	à Gorig et à sa
կողակցին ͷnրա.	femme.

Quoique ces diverses interprétations soient très-ingénieuses, je n'ai point cru devoir les adopter, et j'ai préféré m'arrêter à la restitution que j'ai proposée en décrivant la médaille. J'ai pensé que la légende de cette pièce, qui est une imitation des monnaies des princes d'Antioche, devait aussi être en rapport avec l'inscription pieuse qui se lit au revers de ces médailles. La légende KYPIE BOHΘEI TΩ ΔOYΛΩ COY TANKPIΔI a, en

(1) *Gora* ou *Kora* était une ville arménienne fondée vers 1123 par Dawith, roi de Géorgie (Matthieu d'Édesse, Récit de la première Croisade, trad. par Ed. Dulaurier, ch. LXXXIX, note 9). Cette ville était située au nord de Cyrus ou Kour, à l'orient de Tiflis (Dict. géogr. arménien de Mékhitar, abbé). En arménien vulgaire, le nom de *Kora* se rencontre sous la forme *Kori*.

effet, une grande ressemblance, pour la forme, avec l'invocation arménienne qui se lit sur notre médaille.

Je passe maintenant à l'attribution à Gorig IV.

J'ai dit plus haut qu'il y eut quatre rois du nom de Gorig. M. Brosset,
qui publia le premier la monnaie dont on vient de lire la description,
l'attribua à Gorig Iᵉʳ, « parce que, disait-il (1), la forme rappelle entièrement celle des médailles de Giorgi, père de Thamar, et de Giorgi-Lacha,
rois de Géorgie (2). D'ailleurs, ce Gorig ayant été le plus puissant des
souverains de sa dynastie, on pourrait croire que c'est de lui qu'il s'agit
sur cette monnaie. »

On peut objecter à M. Brosset que la médaille en question n'a aucune
espèce de ressemblance, pour la légende et pour le type, avec les pièces
de Géorgie qu'il a citées, et qu'ensuite il est impossible qu'elle ait été
frappée sous les règnes de Gorig Iᵉʳ, Gorig II et Gorig III. En effet,
Gorig Iᵉʳ régna de 982 à 989 ; Gorig II et Gorig III vécurent au commencement et à la fin du onzième siècle ; or, la monnaie qui porte le nom de
Gorig n'a été frappée qu'au commencement du treizième siècle au plus
tôt, car c'est une imitation, pour le type du droit et pour la légende du
revers, des monnaies byzantines et des pièces syriennes des croisades
frappées par Tancrède, régent de la principauté d'Antioche, de 1100 à
1103.

J'ai déjà fait remarquer, dans un autre ouvrage (3), qu'une copie ne
pouvait précéder son prototype, et cela à propos des monnaies du
Gourdjistan, imitées des pièces sassanides d'Hormisdas IV. La médaille
avec le nom de Gorig ne peut donc appartenir qu'à Gorig IV, l'avant-
dernier souverain de l'Albanie arménienne.

(1) Brosset, Monogr. des monnaies arméniennes, l. c., p. 54.

(2) Ma Numismatique de la Géorgie, p. 19

et 25.

(3) Ma Numismatique de la Géorgie, p. 9,
10 et suiv.

PRINCES ARMÉNIENS DE LA FAMILLE DE ROUPÈNE ÉTABLIS DANS LE MONT TAURUS ET LA CILICIE.

Pendant quo les sultans Seldjoukhides dominaient sur la grande Arménie, les montagnes de la Cilicie et de la Comagène se peuplaient d'Arméniens qui abandonnaient leur patrie pour se soustraire au joug des infidèles.

En 1072, un certain *Abel-Kharib* (1) était prince de Tarse et de Mopsueste, et *Ochin*, qui avait abandonné la province d'Artsakh (2), possédait la forteresse de Lampron, à deux journées au nord-ouest de la ville précédente.

Un autre Arménien nommé *Kogh-Vasil* fonda une petite souveraineté à Khésoun, près Marach, soutint dans toutes leurs guerres les autres chefs arméniens qui possédaient des forteresses dans la Cilicie et la Mésopotamie, fit alliance avec les princes franks d'Antioche, et mourut en 1112 en laissant le commandement de ses châteaux à *Vasil-Dégha*, le Gamsaraghan, qui fut dépouillé en 1116 par Baudoin, comte d'Édesse (3).

En l'année 1080 (529 de l'ère arménienne), peu de temps après le meurtre de Kakig II, dernier roi de la dynastie des Bagratides (Pacradouni), un prince de sa famille, appelé *Roupène* (Ռուբէն), résolut de venger sur les Grecs l'assassinat du roi d'Arménie. Soutenu par les chefs arméniens de ces contrées, il se rendit indépendant et fixa sa résidence

(1) C'est probablement ce prince qui est cité dans la grande inscription arménienne de l'église de Marmarachen. Cf. Chakhatounoff, Description d'Edchmiadzin, t. II, p. 271. — Minas Péjeschguian, Voyage en Pologne, § 116. — Brosset, troisième rapport sur un voyage archéologique en Géorgie et en Arménie, p. 86 et suiv.

(2) Saint-Martin, Mémoires, t. Ier, p. 148 et suiv.

(3) Matthieu d'Édesse, Chron. armén. — Samuel d'Ani, Chronogr.—Tcham., Histoire d'Arménie, t. II, p. 995, 1005; t. III, p. 6-39. — Kémal-Eddin, Récit de la première Croisade, trad. par Ch. Defrémery, dans les Mém. de littérature orient., p. 64-5, note 2.

dans la forteresse de Pardzerpert (1), située dans les gorges du Taurus, où il fonda une petite souveraineté indépendante qu'il transmit à ses descendants en 1092 (2).

Gosdantin (Կոստանդին) ou Constantin Ier (1092-1100), fils de Roupène, s'empara du fort de Vahga sur les Grecs, et en fit son séjour. Quand les croisés traversèrent la Cilicie pour se rendre en Syrie, Constantin fit alliance avec eux, et reçut, en récompense des services qu'il leur avait rendus lors du siége d'Antioche, le titre de *marquis* (Մարքէզ).

Thoros (Թորոս) ou Théodore Ier, son fils, lui succéda (3). Allié à Kogh-Vasil, il combattit les armées des Seldjoukhides de Perse qui venaient s'emparer de la Cilicie, et repoussa un corps de troupes turkomanes qui dévastaient la plaine au sud du Taurus. En 1129, Thoros mourut sans enfants.

Léon Ier (Լեւոն), qui gouverna de 1129 à 1139, était frère de Thoros. Dès son avénement à la principauté, il s'empara de la ville de Malmis-tra (4) sur les Grecs ; mais attiré par Boémond, prince d'Antioche, dans une embuscade, il fut retenu prisonnier et n'obtint sa liberté qu'en cédant à ce dernier les villes de Malmistra, d'Adana, et le château de Saro-vantikhar (5). Pour se venger de cet attentat, Léon ravagea les provinces orientales de la Cilicie qui appartenaient à l'empire grec. Jean Comnène leva aussitôt une armée et marcha contre le prince Léon, qui perdit

(1) En arménien, Բարձր բերդ, c'est-à-dire *château élevé*. Les rois d'Arménie y déposèrent dans la suite leurs trésors. Cf. Saint-Martin, Mémoires sur l'Arménie, t. Ier, p. 201.

(2) Tchamitch, *l. c.* — Art de vérifier les dates, Roupène. — Lebeau, Histoire du Bas-Empire, éd. Saint-Martin, t. XV, p. 75. — Levaillant de Florival, Coup d'œil sur l'Arménie, p. 15.

(3) Cf. l'inscription armén. d'Anazarbe dans mon Recueil d'inscriptions de la Cilicie. *Paris*, Leleux, 1854, in-4°, n° 34, p. 14 et suiv.

(4) L'ancienne *Mopsueste*, aujourd'hui *Mis-sis*, sur le Pyrame (Djihan-Tschai).

(5) Saint-Martin, Mémoires sur l'Arménie, t. Ier, p. 200. — Géographie d'Aboulféda, éd. Reinaud et de Slane. — Hadji-Khalfa, dans le Djihan-Numa, texte turc, p. 603.

toutes ses villes. Ainsi, Tarse, Adana, Malmistra, Anazarbe, le fort de Vahga, tombèrent au pouvoir des généraux byzantins, qui y placèrent des garnisons et y nommèrent des gouverneurs. Pendant ce temps Léon et ses fils erraient dans les montagnes du Taurus. Forcés dans leurs derniers retranchements, ils se rendirent et furent conduits à Constantinople (1136), où Léon mourut en 1139 (1).

Thoros II (1141-1168) s'échappa de prison, vint à Antioche et passa en Arménie. Dès que les Arméniens surent que le fils de leur prince était parmi eux, ils s'insurgèrent contre les Grecs, les massacrèrent et reprirent le fort de Vahga, Adana, Anazarbe et plusieurs autres places. Manuel Comnène, en apprenant ces événements, envoya aussitôt son neveu Andronic avec une armée pour attaquer Thoros. Cette armée fut battue, et la paix fut conclue par la médiation du prince d'Antioche. Thoros céda Anazarbe aux Grecs, se déclara vassal de l'empereur (2), et reçut les titres de duc et pansebastos (3). Quelques années après, Manuel Comnène vint en Cilicie pour combattre les musulmans. Thoros, qui craignait une trahison, s'enfuit dans les montagnes ; mais dès que l'empereur fut parti, il s'empara de Malmistra et d'Anazarbe. Une nouvelle armée grecque repassa les montagnes, en vint aux mains avec les troupes de Thoros, qui furent battues. Cependant Thoros reprit Tarse aux Grecs, les chassa de la Cilicie, et alla même en Chypre dévaster les campagnes des sujets de l'empereur. Une armée grecque, commandée par Manuel en personne, fondit sur la Cilicie. Thoros n'obtint la paix que par la médiation de Baudoin III, roi de Jérusalem, et rendit les villes qu'il avait prises aux Grecs.

(1) Samuel d'Ani, Chron.—Cinnamus, liv. Ier, ch. vii, viii, p. 8-11.— Nicétas. Jean Comnène, ch. vi, vii, p. 15-19.—Guillaume de Tyr, liv. XII, ch. xvii, xviii ; liv. XIV, ch. xxiv. —Aboulfaradj, Chron. syr. (vers. lat.), p. 303 et suiv.—Tchamitch, t. III, p. 6-63.

(2) Samuel d'Ani. — Cinnamus, liv. III, ch. xiv, xv, p. 69-70.— Nicétas, Vie de Manuel Comnène, liv. IV, ch. iv, v, p. 90-3.—Tchamitch, Hist. d'Arménie, III, 63-72.

(3) Sur ces titres, cf. le *De officiis aulœ byzantinœ*.

Thomas (Թոմաս), régent (1168-1169). A la mort de Thoros, la régence de la principauté fut confiée à Thomas, prince latin, grand-père du fils de Thoros, enfant en bas âge (1). Mais Mleh, frère du dernier roi, revendiqua ses droits à la succession. Il déclara la guerre à Thomas, et aidé par l'atabek Nour-Eddin (2), s'empara des états de son neveu, qu'il fit mourir.

Mleh (Մլեհ), débarrassé de son rival, en 1169, et se croyant sûr de l'amitié de l'atabek Nour-Eddin, commit beaucoup de cruautés. Une révolte ayant éclaté, ses officiers le massacrèrent et proclamèrent à sa place (1175) le fils d'Étienne, Roupène II.

Roupène II (1175-1185), dont la conduite contrastait avec celle de son prédécesseur, tâcha de réparer autant que possible les maux causés par les guerres en relevant les villes, les bourgs et les monastères. En même temps, il conquit Tarse sur les Grecs, et déposa Héthum, prince de Lampron et vassal de l'empereur de Constantinople, dont il avait été le prisonnier. En 1185, Roupène, après avoir considérablement agrandi ses états par des conquêtes sur les Grecs, les sultans Seldjoukhides et les musulmans de Syrie, se retira dans un cloître où il mourut (3).

On ne connaît point de monnaies frappées par les princes dont je viens de résumer l'histoire, et c'est par erreur que M. Brosset (4) a cru voir une médaille de Mleh dans une pièce arabe d'imitation byzantine frap-

---

(1) Le *Lignage d'outre-mer* dit que Thoros « moru sans heir, » et que sa principauté échut à Mleh.

(2) Guillaume de Tyr, liv. XX, ch. xxviii.

(3) Cinnamus, liv. III, ch. xv, p. 70 ; liv. IV, ch. xvi, xvii, p. 102-4 ; liv. VI, ch. xi, xii, p. 167-8.—Nicétas, Vie de Manuel Com-

nène, liv. IV, ch. v, p. 92-3. — Ibn-Alatir, Hist. univ., t. V, 256. — Aboulfaradj, Chr. syr. (vers. lat.), p. 349 et suiv.—Tchamitch, Hist. d'Arménie, III, p. 73, 97, 139 et suiv.

(4) Dans Lebeau, Hist. du Bas-Empire, t. XVI, p. 305, note.

pée par Nour-Eddin Mahmoud ben Kara-Arslan, prince turkoman Orto-
kide d'Amid et de Kheifa (ann. hég. 562-581), et dont voici la description :

ملك لاامرا	ROI DES ÉMIRS,
محمود	MAHMOUD.
IH . IC . ƆXCM .	(*Monogr. du Christ.*)

Le Christ debout, nimbé, vu de face et tenant le livre des Évangiles.

الٔ العادل	LE JUSTE,
نور الدين	NOUR-EDDIN.
XMICTIIVIC.	(*Légende grecque altérée.*)

Constantin et Eudocie Dalassène, tenant ensemble une longue croix.

Cuivre, moyen module.

Marsden, *Numismata orientalia*, t. Ier, p. 145, n° 148, pl. IX.

ROIS DE LA DYNASTIE DE ROUPÈNE, SOUVERAINS DE LA CILICIE ET DE LA PETITE ARMÉNIE.

LÉON II, PREMIER THAKAVOR (1).

(1185-1218.)

Léon II (Լեւոն), fils d'Étienne (2), prit en main le gouvernement de l'Arménie, après l'abdication de Roupène II, comme tuteur de ses deux filles, et s'appropria la principauté presque sans contestation (3).

En l'an 1187, Salah-Eddin, sultan d'Égypte et de Syrie, reprit Jérusalem aux croisés. Ce fut pour les chrétiens le signal d'une nouvelle croisade, et l'empereur d'Allemagne fut un des premiers à se mettre en campagne. Il traversa l'empire grec avec son armée et arriva en Cilicie.

Le prince Léon s'empressa d'aller à sa rencontre ; mais il eut la douleur d'apprendre que l'empereur s'était noyé en traversant le Selef (4), à peu de distance de Selefké (5), l'ancienne Séleucie, dans la Cilicie Trachée.

Léon II, dont les états et la puissance avaient pris de l'accroissement, envoya en 1197 des ambassadeurs au pape et à l'empereur Henri VI,

---

(1) *Thakavor* (Թագաւոր) veut dire littéralement *celui qui possède la couronne, le roi*, d'où les Arabes ont fait تكفور. Cf. les Voyages d'Ibn-Batoutah , éd. Ch. Defrémery et du docteur Sanguinetti, t. II, p. 393, 427.

(2) Dans une charte du mois d'août 1210, qui était autrefois conservée dans la commanderie de Manosque, en Provence, on lisait cette rubrique : « *Leo, filius dñi Stephani bonæ memoriæ, Dei et romani imperii gratia rex....* » Cf. Art de vérifier les dates, Rois d'Arménie, Léon II.

(3) Lignage d'outre-mer, ch. IV, p. 445, dans l'éd. des Assises de Jérusalem du comte Beugnot.

(4) L'ancien *Calycadnus*, aujourd'hui *Goksou*.

(5) Cinnamus, liv. III, ch. XV, p. 70; liv. IV, ch. XVI, XVII, p. 102-4 ; liv. VI, ch. XI, XII, p. 167-8.—Nicétas, Vie de Manuel Comnène, liv. IV, ch. V, p. 92-3. — Ibn-Alatir, Hist. univ., t. V, p. 256.—Aboulfaradj, Chr. syr., p. 349 et suiv. — Tchamitch, t. III, p. 73 et 75.

pour solliciter le titre de roi (1). On lui accorda ce qu'il demandait, et Conrad de Wittespach (2), archevêque de Mayence, fut chargé de le couronner devant les barons d'Arménie. Léon fut sacré dans l'église métropolitaine de Sainte-Sophie de Tarse (3), le 6 janvier 1198, par le catholicos Grégoire VI.

En 1202, Léon vainquit les troupes du sultan de Konieh, ainsi que celles du sultan d'Alep. En 1208, il fit la guerre au comte de Tripoli pour maintenir dans la principauté d'Antioche son neveu et son pupille Roupène (4), le Rupin des chroniqueurs des croisades (5), et fut assez heureux pour voir la guerre se terminer selon ses désirs (6). Enfin, Léon II, après un règne glorieux, mourut en 1218, sans laisser d'enfants mâles. Léon avait fortifié Gorighos en 1206 (7), embelli la ville de Sis, située au pied du Taurus, et dont il fit sa capitale en 1196 (8).

On ne connaît pas de monnaies de Léon II frappées avant son couronnement. Il n'en est pas de même des médailles d'argent et de cuivre où ce prince est représenté avec le titre de thakavor : elles sont fort nombreuses. En voici la description :

(1) Nicétas, Vie d'Isaac l'Ange, t. II, ch. VII, p. 266. — Aboulfaradj, Chron. syr., p. 415 et suiv.—Tchamitch, III, p. 152 et suiv.

(2) Il Pagi, Vie des Pontifes, liv. II, p.103, n° 31.— Arnold de Lubeck, liv. V.— Baronius, t. XII, n° 11 (1197). — Rainaldi, t. XIII, p. 44.

(3) Willebrand d'Oldembourg, Itinér. dans les Σύμμιατα de Léon Allatius(Col. Agr.,1653, in-8°), p. 136-7.

(4) Rainaldi, Ann. Eccles., t. XX, 1205, xxx.

(5) Cf. Paoli, Cod. dipl., t. Ier, p. 95-6,

n° 91, et p. 99-100, n° 95.

(6) Michaud, Hist. des Croisades, liv. IX.

(7) Cf. mon Recueil d'inscr. de la Cilicie, p. 48, n° 146. — Arch. des missions scientifiques, t. IV, Rapport au Ministre, p. 44.

(8) Sis fut bâtie sur l'emplacement de l'ancienne Flaviopolis, citée dans le Synecdême d'Hiéroclès, et dont les Impériales grecques, depuis Domitien jusqu'au premier Valérien, nous ont conservé le nom. (Mionn., Descr. des médailles grecques. Cf. Cilicie, v° Flaviopolis.)

[Pièces imitées des monnaies vénitiennes (1).]

2.　　　　† ԼԵՒՈՆ ԹԱԳԱՒՈՐ ՀԱՅՈՑ·

Lévon thâkavor Haïotz.

LÉON, ROI DES ARMÉNIENS.

Le roi, agenouillé, ayant la couronne sur la tête et le manteau royal sur les épaules, reçoit des mains du Christ nimbé une grande croix.

℣　　　　† ԿԱՐՈՂՈւԹԲՆ ԱՍՏՈւԾՈՑ·

Garoghouth[iam]pen Asdouzo.

PAR LA PUISSANCE DE DIEU.

Deux lions debout et adossés, entre eux une longue croix double (2). Tahégan d'argent. Pl. I, n° 1.

Variétés de la légende du revers : ԱՍՏ Բ· — ԱՍՏ·

Collections du cabinet impérial de France, de Vienne, de Venise, de Lagoy, Alischan, etc.

A. Krafft, *Arm. Münz.*, p. 9, pl. I, 8. — Baron Marchant, nouvelle édition de ses Lettres, p. 343. — Ad. de Beaumont, *Recherches sur l'origine du blazon et de la fleur de lys*, p. 52, 53, pl. X, n° 6.

3.　　　　† ԼԵՒՈՆ ԹԱԳԱՒՈՐ ՀԱՅՈՑ·

LÉON, ROI DES ARMÉNIENS.

(1) Les monnaies vénitiennes ont servi de prototype aux médailles de Raschie, de Servie, de Hongrie, de Rhodes, d'Arménie, des derniers empereurs grecs de Constantinople, etc.

(2) La figure des deux lions adossés qui se voit sur plusieurs tahégans d'argent ressemble beaucoup à une ciselure exécutée sur des miroirs arabes. Dans la Description des monuments arabes, persans et turcs de la collection du duc de Blacas (t. II, pl. VIII), le savant M. Reinaud signale un miroir représentant deux lions gynocéphales adossés et entourés d'une inscription arabe à la louange du propriétaire. Ce miroir n'est pas le seul, au reste, qui présente ce symbole, car M. O. Castiglioni en a publié un semblable dans la Description du musée de Milan, et Fraëhn en a aussi donné un autre dans la deuxième partie de ses Monuments variés d'antiquité mahométane.

Le roi, agenouillé, ayant la couronne sur la tête et le manteau royal sur les épaules, reçoit des mains du Christ une longue croix.

ℳ   † ԿԱՐՈՂՈԻԹՒՆ ԱՍՏ·

PAR LA PUISSANCE DE DIEU.

Lion couronné passant à droite, derrière lui une croix double.

Tahégan d'argent. Pl. I, n° 2.

Collections de Vienne, de S. Alischan et du docteur Orta.

Krafft, p. 10, pl. I, n° 9.

Les lions que l'on voit représentés sur les monnaies d'Arménie étaient des armes parlantes que Léon, premier roi roupénien, avait prises pour emblème. Le lion devint aussi plus tard l'emblème du royaume de Chypre, et on le voit paraître sur les monnaies des rois Lusignans dès le règne d'Henri II, à la fin du treizième siècle.

Dès les premières années du règne de Léon II en Arménie, on voit figurer sur les monuments numismatiques deux lions adossés, séparés par une croix. Cette représentation, peu usitée dans la suite, fut complètement abandonnée après le règne d'Ochin, sur les monnaies duquel nous la voyons paraître pour la dernière fois. C'est principalement le lion seul qui figure sur toute la série des monnaies frappées en Arménie depuis le règne de Léon II jusqu'à celui de Léon VI.

Pendant mes excursions en Cilicie, j'ai eu l'occasion de voir deux châteaux de l'époque arménienne sur les murailles desquels figuraient des lions. Ainsi, au-dessus de la porte principale du château de Lampron, appelé aujourd'hui par corruption *Nemroun-Kalessi* (1), on aperçoit deux lions marchant (2) sculptés et tout à fait dans le même style que ceux représentés sur les monnaies des premiers thakavors roupéniens.

(1) Paul Lucas (Voyage en Asie-Mineure, t. Ier) l'appelle *Nemrod*.   t. IV, p. 140, Lettre sur les antiquités de l'Asie-Mineure, par P. de Tchihattcheff.

(2) Journal Asiat., 1854, cinquième série,

De même, sur la porte du petit château de Mallus (1), on voit aussi deux lions affrontés sculptés en relief (2) et dans le même style que ceux dont on a tracé la figure sur les monnaies.

Comme on vient de le voir, le lion était, dès l'origine de l'établissement du royaume d'Arménie, l'emblème des thakavors, et il est probable que l'association des deux lions dut disparaître dans le blason à une époque voisine de l'avénement des Lusignans au trône.

Il existe un monument fort curieux qui nous a conservé la figure de l'écu du royaume d'Arménie. C'est une pierre tombale oblongue, que

M. L. de Mas-Latrie a vue encastrée au chevet de l'église du couvent latin de Nicosie, en Chypre, et dont il a rapporté un bon estampage qu'il

---

(1) *Mallus* est appelé *Mallo* par Sanudo (*Secr. fid. cruc.*, éd. de Bongars, liv. II, part. IV, ch. XXVI, p. 89), et *Cumbelefort* par Willebrand, dans les Σύμμικτα de L. Allatius. — Les Turcs ont donné le nom de *Karadasch-*

Burun aux ruines de l'ancienne Mallus.

(2) Arch. des miss. scient., t. IV, mon Rapport au Ministre, p. 90.—Cf. M. de Beaumont, *Orig. du blazon*, pl. X, n° 5.

a obligeamment mis à ma disposition. Cette dalle recouvrait sans doute les restes d'un chef arménien mort en Chypre. La légende arménienne monostique qui fait le tour de la pierre est presque entièrement détruite, mais les trois écus qui couvrent la dalle sont bien conservés. Sur celui de droite on voit une épée de chevalier, une escarcelle de pèlerin, et des besants disposés trois et quatre. L'écu du milieu représente le lion d'Arménie debout, tourné à gauche, lampant, armé et couronné. Sur l'écu de gauche sont les armes du royaume de Jérusalem, c'est-à-dire la croix potencée cantonnée de quatre croisillons.

Les armoiries du royaume d'Arménie sont donc parfaitement indiquées par l'écu du milieu. C'est le seul monument qui, avec les emblèmes figurés sur les deux châteaux de Lampron et de Mallus, nous ait conservé la figure authentique des armes du royaume d'Arménie (1) sous les Roupéniens et les rois de la maison de Lusignan.

[Imitation des carlins d'Anjou, des blancs d'argent de Chypre (2), etc.]

4. † ԼԵԻՈՆ ԹԱԳԱԻՈՐ ՀԱՅՈՑ·

LÉON, ROI DES ARMÉNIENS.

Le roi, revêtu de ses ornements royaux, est assis sur un trône dont les deux côtés sont terminés par des têtes de lions, tient une croix de la main droite et une fleur de lis de la gauche.

℣ † ԿԱՐՈՂՈԻԹԲՆ ԱՍՏՈԻԾՈՅ·

PAR LA PUISSANCE DE DIEU.

Deux lions debout et adossés, entre eux une croix ornée et cantonnée de quatre points ou besants.

(1) Buchon (Éclaircis. sur la Morée, t. Iᵉʳ, p. 404, note 1) donne pour armes à l'Arménie de gueules à trois rencontres de daims d'argent couronnés d'or. J'ignore où Buchon a puisé ce renseignement, que je n'ai trouvé mentionné dans aucun auteur.

(2) De Saulcy, Num. des Croisades. Cf. pl. x à xii.

6

Tahégan d'argent. Pl. I, n° 3. Sept variétés.

Collections du Musée asiatique de Saint-Pétersbourg, d'Alischan, des RR. PP. Mékhitaristes de Venise, du cabinet impérial.

Brosset, pl. I, n° 3, p. 59. — Sestini, p. 20, pl. II, 1. — Tchamitch, *Histoire d'Arménie*, t. III, p. 365. — Krafft, p. 8, 9, pl. I, 7.

5.   † Լեւոն թագոր ամենն Հայոց·

Lévon thak[av]or amen[aïn] Haïotz.

LÉON, ROI DE TOUS LES ARMÉNIENS.

Le roi, assis sur un trône dont les deux côtés sont terminés par des têtes de lions, tient un sceptre crucigère et une fleur de lis.

℣   † ԿԱՐՈՂՈՒԹԵՆ ԱՍՏՈՒԾՈՅ·

PAR LA PUISSANCE DE DIEU.

Deux lions debout et adossés, entre eux une double croix.

Tahégan d'argent. Pl. I, n° 4, et une variété pl. IV, n° 1.

Cabinets de France, d'Alischan, du Musée asiatique de Saint-Pétersbourg.

Brosset, *Monographie*, p. 59, pl. I, n° 3.—*Revue Archéologique*, dixième année, p. 470, pl. CCXXII, n° 1, Lettre au P. G. Aïwazowski.

6.   † ՆԵՈԵ (*sic*) թագոր ԱՄԵՆ Հայոց· Լ (*sic*).

LÉON (*nvoéL*), ROI DE TOUS LES ARMÉNIENS.

Le roi, assis sur un trône dont les deux extrémités sont terminées par des têtes de lions, tient une croix et une fleur de lis.

℣   † ՐՍՈՈՂՈՒԹԵՆ (*sic*) [ԱՍ]ՏՈՒԾՈՅ·

PAR LA PUISSANCE DE DIEU.

Deux lions debout et adossés, entre eux une double croix.

Tahégan d'argent. Pl. VI, n° 2.

Inédite. — Collection de feu **M**. le docteur Orta.

Les légendes du droit et du revers de cette médaille ont été entièrement altérées par le graveur, soit qu'il ne connût pas la valeur des lettres
qu'il avait à reproduire d'après le coin qui lui servait de modèle, soit
que cette pièce ait été fabriquée par un faussaire inhabile du temps.
C'est la seule pièce que j'aie rencontrée de ce genre parmi toutes celles
que j'ai étudiées. Je l'attribue au règne de Léon II, parce que le type et
les légendes sont tout à fait semblables à la médaille précédente, dont
le coin a sans doute servi de modèle au graveur. Les légendes du droit
et du revers doivent être ainsi restituées : Լեւոն Թագաւոր Հայոց,
et Կարողութբ Աստուծոյ. C'est sous cette forme qu'on les trouve
exprimées, avec les abréviations ordinaires, sur la médaille décrite précédemment.

7.   † ԼԵՒՈՆ ԹԱԳԱՒՈՐ ՀԱՅ[Ո]Յ·

LÉON, ROI DES ARMÉNIENS.

Le roi assis comme ci-dessus.

℞   † ԿԱՐՈՊՈՒԹԵՆ ԱՍՏՈՒԾՈ·

PAR LA PUISSANCE DE DIEU.

Deux lions debout et adossés, comme ci-dessus.

Tram d'argent ou demi-tahégan. Pl. IV, n° 2.

Revue Archéologique, dixième année, p. 470, pl. CCXXII, n° 2.

8.   † ԼԵՒՈՆ ԹԱԳԱՒՈՐ ՀԱՅԱՍԱՑ (*sic*)·

LÉON, ROI DES ARMÉNIENS.

Le roi, revêtu de ses ornements royaux et assis sur un trône, tient une
croix et une fleur de lis.

† ԿՍՐՈՂ ՈԻԹՔՆ ՍՈ (ԳԽԼԳ)·

Garorhouth[iam]pen A[sdouz]o. kdjlk.

PAR LA PUISSANCE DE DIEU. 3. 133 (1).

Deux lions adossés, entre eux une longue croix double.
Tahégan d'argent. Pl. VI, n⁰ 3.
Une variété avec la date զՅլզ (3, 50, 33). — Pl. VI, n⁰ 4.
Cabinet des Mékhitaristes de Venise et de Vienne.
Cappelletti, l'*Armenia*, t. I, p. 179, pl. n⁰ 9. — Krafft, p. 9, pl. I, 7.

Il n'y a pas de doute dans l'attribution à Léon II de ces médailles, dont les premières sont imitées des monnaies ducales de Venise, les autres des carlins d'Anjou et des blancs d'argent de Chypre. Le sceau de Léon II, dont Atto Placentius nous a donné la description (2), a beaucoup de rapports avec les pièces des Lusignans de Chypre, et surtout avec la monnaie que je viens de décrire en dernier lieu, ce qui rend certaine l'attribution de ces pièces au premier thakavor de la petite Arménie.

La dernière médaille dont on vient de lire la description offre, ainsi que sa variété, une singularité remarquable : c'est la date qui figure à la fin de la légende du revers. Mon savant confrère et ami, M. Éd. Dulaurier, à qui j'ai communiqué le dessin de ces médailles, a bien voulu me donner quelques renseignements que je me fais un plaisir de publier.

« Il est difficile, m'écrivit le savant professeur, de lire les deux dates sur lesquelles vous me demandez mon avis. La médaille décrite par Cappelletti porte la date զԽլզ (3,133), et celle donnée par Krafft est ainsi exprimée : զՅլզ (3, 50, 33), ce qui ne signifie absolument rien. Je crois que la médaille de Krafft est la même que celle de Cappelletti, et

(1) Les chiffres arméniens s'expriment avec les lettres de l'alphabet. La date qui est exprimée ici doit se lire ainsi : զ = 3, Խ = 100, լ = 30, et զ = 3. En supprimant le premier

զ· qui ne signifie rien, on lirait la date 133.
(2) Notices et extr. des mss., t. XI, Privil. de Léon II en faveur des Génois, p. 19-21. Cf. plus bas, p. 49, la description de ce sceau.

qu'il faut voir un ✗ au lieu d'un ♂ mis par erreur par le graveur. Il est aussi fréquent, dans les manuscrits ou dans les inscriptions monumentales, d'écrire les séries des centaines ou des mille par le chiffre qui leur est particulier, qu'il l'est d'employer l'unité de centaine ou de mille précédée d'un chiffre ordinal, comme dans les dates de vos médailles. Cependant il y a ici une difficulté : si ce sont des monnaies de Léon II, il est impossible de lire la date 333, attendu que l'année arménienne 333 a commencé le 17 avril 884, et que la date du règne de Léon II est 1185 d'après le P. Tchamitch. Toutefois cette détermination peut bien varier d'un ou deux ans, car les tables du savant historien sont fautives d'un bout à l'autre. Mais admettons le chiffre 1185 ; alors il faudrait lire ֏ (634), qui est l'année commencée le 3 février 1185 et finissant le 2 février 1186 inclusivement. Je vous ferai remarquer qu'ici il n'y a pas à songer à une ère particulière, comme serait la petite ère de Jean le diacre, parce que cette petite ère commença le 11 août 1084 : en effet, 1185—333 = 852, ce qui donnerait le cours de l'année 853 de Jésus-Christ pour le point initial de l'ère exprimée sur les médailles. C'est donc impossible, puisque 853 est de beaucoup antérieur à la correction du calendrier arménien par Jean le diacre et à l'invention de la petite ère. Il faut donc de toute nécessité ou admettre la correction proposée par moi, ֏ (634), ou supposer que ces lettres sont une abréviation, un sigle indiquant tout autre chose qu'une date. Toutefois, je réfléchis que s'il était permis de supprimer le premier ֆ, comme vous le proposez, on aurait alors 133, ce qui ajouté à 1084, point initial de la petite ère créée par Jean le diacre, nous donnerait l'année 1216, et indiquerait effectivement une date exprimée au moyen de cette ère particulière et rentrant parfaitement dans les limites du règne de Léon II, qui va jusqu'en 1219. Je pourrai discuter ce point dans mes *Recherches sur la Chronologie arménienne*, au chapitre de l'ère de Jean le diacre. »

— 46 —

[Imitation des pièces de Roger d'Antioche? (1) et des monnaies des sultans Seldjoukhides de Konieh (2).]

9. ✝ ԼԵՒՈՆ ԹԱԳԱՒՈՐ ՀԱՅՈՑ·

LÉON, ROI DES ARMÉNIENS.

Le roi à cheval, passant à droite et tenant un sceptre ayant la forme d'une ancre ou d'un harpon.

℞ ✝ ՇԻՆԵԱԼ Ի ՔԱՂԱՔԻՆ Ի ՍԻՍ·

Tchinial 'i khaghakhen 'i Sis.

FRAPPÉ DANS LA VILLE DE SIS.

Lion passant à droite, derrière lui une double croix.

Tahégan d'argent. Pl. I, n° 5.

Deux variétés.

Cabinets de France, de Vienne, de Lagoy.

Brosset, p. 59, pl. I, n° 5. — Krafft, p. 10-11, pl. I, n° 4.

10. ✝ ԼԵՒՈՆ ԹԱԳԱՒՈՐ ՀԱՅԻՈՑ·

LÉON, ROI DES ARMÉNIENS.

Le roi à cheval, passant à droite et tenant une croix double.

℞ ✝ ՇԻՆԵԱԼ Ի ՔԱՂԱՔԻՆ Ի ՍԻՍ·

FRAPPÉ DANS LA VILLE DE SIS.

Lion passant à droite, derrière lui une croix.

Tahégan d'argent. Pl. I, n° 6.

Cabinets de France, de Lagoy et du docteur Orta.

Brosset, p. 59, pl. I, n° 5. — Krafft, p. 10-11, pl. I, n° 4.

(1) De Saulcy, Croisades, pl. III, nos 1 à 3.

(2) Marsden, Num. orient., pl. VI, n° 83, t. Ier.

[Imitation de la monnaie des rois normands de Sicile et de Pouille (1).]

11.　　† ԼԵՒՈՆ ԹԱԳԱՒՈՐ ՀԱՅՈՑ·

LÉON, ROI DES ARMÉNIENS.

Tête de lion vue de trois quarts et ornée d'un diadème à trois fleurons.

℞　　† ՀԱՐԿԵԱԼ Ի ՔԱՂ ՍԻՓՆ Ի ՍԻՍ·

FRAPPÉ DANS LA VILLE DE SIS.

Double croix cantonnée aux deux cantons inférieurs d'une étoile.
Cuivre, grand module. Pl. I, n⁰ 7, et pl. VI, n° 1.
Huit variétés de types et de légendes. — Variété du type du droit : la
tête du lion vue de face, mais d'un style plus barbare. — Variétés de la
légende du droit : ՀԱՅՈ · ՀԱՅՅՒՈ · ՀԱՅՒՈՅ · — Variétés de
la légende du revers : Ի ՔԱՂ ՍԻՓ ՍԻՍ · Ի ՔԱՂ ՍԻՓՆ Ի ՍՍ ·
Ի ՔԱՂ ՍԻՓՆ ՒՍ·

On connaît, en outre, deux pièces scyphates qui sont inédites. L'une
se trouve dans les cartons du cabinet impérial de France.

Cabinets de France, de Vienne, de Venise, du musée asiatique de
Saint-Pétersbourg, de Lagoy, Orta, Soret, de Khœne, Alischan, etc.

Pembrock et le comte Montgommery, t. IV, pl. XL. — Pellerin, lettre deuxième, pl. I, p. 246, n⁰ˢ 6, 7. — Portrait de Pellerin ; collection
des estampes de la bibliothèque Sainte-Geneviève, à Paris. — Savorgnan
et Sestini, t. II, lettre neuvième, et t. IV, lettre huitième, p. 84.—Tchamitch, t. III, p. 365. — Brosset, *Monog.*, p. 58. — Lenormant, *Trésor
de Numismatique; Histoire de l'Art monétaire* (rois de la petite Arménie). —
Madras Journal, 1851, t. XVII, n⁰ xxxix, p. 151 et suiv.; VII, *Description
of a copper coin of Leo, king of Armenia, by S. Markar.*

(1) Pr. di San Giorgio Spinelli, *Monete
cufiche battute da principi Longobardi, Nor-
manni, nel regno delle due Sicilie.* Naples,
1844, in-4. — Fusco, *Tavole di monete del
reame di Napoli et Sicilia,* in-4°.

[Imitation de la monnaie des Lusignans de Chypre.]

12.   † ԼԵԻՈՆ ԹԱԳԱԻՈՐ ՀԱ·

LÉON, ROI DES ARMÉNIENS.

Le roi, assis sur un trône, tient une longue croix de la main droite et un globe crucigère de la gauche.

℞   † ՀԻՆԵԱԼ Ի ՔԱՂԱՔ ՍԻՍ·

FRAPPÉ DANS LA VILLE DE SIS.

Croix cantonnée de quatre olives, à l'extrémité de chacune de ses branches un point.

Cuivre, moyen module.

Cabinets de France, des Mékhitaristes de Vienne et des PP. de Venise.

Sibilian, pl. II, n⁰ 8, p. 20 (Léon V).

13.   † ԼԵԻՈՆ ԹԱԳԱԻՈՐ ՀԱՅՑՈ·

LÉON, ROI DES ARMÉNIENS.

Le roi, assis sur un trône, tient un sceptre fleurdelisé et un globe crucigère.

℞   † ՀԻՆԵԱԼ Ի ՔԱՂԱՔ Ի ՍԻ·

FRAPPÉ DANS LA VILLE DE SIS.

Croix potencée surchargée d'une croisillette en abîme.

Cuivre, moyen module. Pl. IV, n° 3.

Cabinets de France, des Mékhitaristes de Vienne et de Venise, etc.

L'*Europa* (Եւրոպա), journal des Mékhitaristes de Vienne, 1851, pl. n⁰ 9. — Sibilian, pl. II, n⁰ 8, p. 20 (Léon V). — *Revue Archéologique*, dixième année, p. 470, pl. CCXXII, n° 3.

Sceau de Léon II.

Dans un privilége de l'an 1201, accordé par Léon II aux Génois, on trouve la description du sceau d'or de ce prince.

Ce privilége, rédigé d'abord en langue arménienne, fut ensuite traduit en latin (1). Voici le passage relatif à la description du sceau :

« Anno incarnati Verbi 1201, mense marcii, ego Atto Placentius, notarii sacri palatii, hoc exemplum, ab autentico et originali instrumento translato in latinum, ab alio autentico scripto, ut credo, litteris armenicis in eodem pergameno, regis Armeniorum, filii domini Stephani de genere Rupinorum ; ejus sigilli auri impressione munitis in quo erat ab una parte ymago regia sculta cum corona in capite, tenens in dextra crucem, in leva vero tenens formam quasi floris lilii, et erant ibi littere, ut credito, armenice circumscripte, quas ignoro (2).

« Ab alia vero parte erant quedam forma quasi leonis coronati tenentis crucem in pede, cujus circumscriptio, sicut credo, litteris armenicis prenotatis (3)....transcripsi... jussu... domini Jacobi de Balduino, Janue potestatis... etc. »

Il y a une grande ressemblance entre la face de ce sceau et celle de quelques monnaies d'argent de Léon II décrites dans cet ouvrage. Quant au contre-sceau, il est parfaitement conforme à celui des monnaies de Léon III et de ses successeurs.

(1) Notices et extr. des mss., t. XI, p. 19. —Pièces tirées des arch. de Gênes, par S. de Sacy ; reg. des Traités, t. Iᵉʳ, fᵒ 231.

(2) Le notaire veut parler ici de la légende du sceau, qui portait sans doute les mots suivants : ԼԵՒՈՆ ԹԱԳԱՒՈՐ ՀԱՅՈՑ, Léon, roi des Arméniens.

(3) Au contre-sceau, la légende devait être sans doute semblable, à peu de différences près, à celles du Ŗ de certaines médailles du même prince, sur lesquelles on lit ces mots : ԿԱՐՈԳ ՈՒԹԲՆ ԱՆՍՈՒ ԾՈՑ, Par la puissance de Dieu.

ISABELLE ET PHILIPPE.

(1218-1226.)

Constantin (Կոստանդին), prince de Pardzerpert, connétable d'Arménie et parent de Léon II, d'accord avec les barons du royaume, remit la couronne à *Isabelle* (.Օ սաբէլ), fille du roi, conformément à la volonté de Léon. Sur ces entrefaites, Raimond Rupin, prince d'Antioche, qui avait des droits à la couronne, fit irruption en Cilicie à la tête d'une armée, s'empara de Tarse et s'y fit proclamer roi. Constantin leva alors des troupes, attaqua Raimond sous les murs de Malmistra, le fit prisonnier et le laissa assassiner par le peuple de Tarse (1).

En 1220, la reine Isabelle épousa, avec le consentement des barons, le prince *Philippe*, fils de Boémond IV d'Antioche et d'une princesse arménienne parente de Constantin.

Philippe s'attira bientôt, par sa conduite, la haine des barons et du peuple ; il fut emprisonné à Pardzerpert avec soixante-dix barons (2) complices de sa tyrannie, et mourut deux ans après (3). Le régent Constantin donna alors pour époux à Isabelle son fils *Héthum* (Հեթում), qui monta sur le trône en 1226 (4).

———

Aucune monnaie du règne de Philippe ne nous est parvenue.

———

(1) Lignage d'outre-mer, éd. Beugnot. — Sanudo, *Secr. fid. crucis*, liv. II, part. III, ch. x.

(2) Le P. Monnier, dans ses Lettres sur l'Arménie, n'en compte que vingt-six.

(3) Le Lignage d'outre-mer (ch. IV, p. 445),

dit que Philippe, « *lequel valut moult poi, et le tuèrent li baron d'Arménie.* »

(4) Aboulfaradj, Chr. syr., p. 435 et suiv. — Tchamitch, Hist. d'Arménie, t. III, p. 164 et suiv.—Lignage d'outre-mer, ch. IV, p.445.

HÉTHUM ET ISABELLE.
(1226-1270.)

En donnant un nouveau roi à l'Arménie, Constantin s'était réservé le pouvoir qu'il exerçait sous le nom de régent ou de baïle (* պայլ*). L'Arménie était alors tributaire du sultan de Konieh, auquel elle était tenue de payer le kharadj et de fournir en plus quatre cents lances par année. Sur le bruit que les Tatars allaient entrer dans ses états, le sultan Ala-Eddin Kaikobad envoya sa mère et sa sœur en Arménie pour les garantir des outrages des barbares. Constantin, contraint par des nécessités politiques, les livra aux Tatars et s'allia avec eux. Le sultan, justement irrité, vint en Arménie, mit le siége devant Tarse, et mourut dans cette expédition (1).

C'est à la suite de ce siége qu'Héthum fit rebâtir les murailles de Tarse, ainsi que le prouve l'inscription suivante que j'ai vue encastrée dans le mur extérieur de l'église arménienne de cette ville (2) :

† ԻՔՈՒ ։ ՀԱՅՑ ։
ՈՀԷ ։ ՆՈՐՈԳԵՑ
ԱՒ ՊԱՐԻՍԱՊՍ ՏԱՐՍ
ՈՆԻ ՁԵՌԱՄՔ ԹԳ ։
ՀԱՅՑ ՀԵՔՄՈՑ ։

« *Dans l'année des Arméniens* 677 (1228), *les remparts de Tarse ont été renouvelés par la main d'Héthum, roi des Arméniens.* »

Vers le même temps, Héthum, qui se sentait fort de l'appui des khans tatars, songea à édifier des châteaux (3) et à continuer les travaux de dé-

(1) Vincent de Beauvais, *Specul. histor.*, liv. XXXI, ch. cxliv, liv. XXXII, ch. xxix.
(2) Recueil des Inscr. de la Cilicie, n° 58, p. 26, pl. n° 1. — Mon Rapport au Ministre, dans les Archives des missions scient., t. IV, p. 70. — Revue Archéol., dixième année, p. 741, pl. ccxxx, n° 1.
(3) Recueil des Inscr. de la Cilicie, p. 48,

— 52 —

fense commencés à Sis par Léon II. Il augmenta d'une nouvelle ceinture la forteresse qui domine la ville, et éleva un donjon sur le pic le plus élevé de la montagne. L'inscription suivante(1), malheureusement mutilée, témoigne de ce fait :

† Ի ԹՈՒԱԿԱՆԻՍ ՀԱՅՈ8······
····· ՀԻ···ԱՅ8 ······ ԱՇԽԱՐՀ (?)
····· ՀԻ ՀԵԹՄՈ8 ԹԱԳ·

« *En l'année des Arméniens.......... le pays?.... sous le roi Héthum.* »

Cette inscription, dont la date a été martelée, est gravée dans l'intérieur de la chambre basse du donjon et à hauteur d'homme.

En contractant alliance avec les Tatars qui venaient combattre le sultan de Konieh, Héthum reçut d'eux plusieurs villes de la Syrie, de sorte que son royaume se composait de la petite Arménie, de la Cappadoce, de l'Isaurie et de quelques places à l'ouest d'Alep et au nord d'Antioche.

Après la mort de Gaïouk, Héthum résolut d'aller trouver en personne Mangoû-khan, qui venait de s'asseoir sur le trône de Djengis-khan, pour se lier plus étroitement avec lui et en obtenir des secours contre les Mamelouks d'Égypte qui menaçaient d'envahir ses états (2). En 1254, Héthum partit et contracta, à Karakorum, une alliance perpétuelle avec les Mogols. En 1255, il visita la grande Arménie et se fit prêter hommage par les princes arméniens indépendants des bords de l'Araxe (3). En 1265, à la prière du pape Clément IV, Héthum alla secourir Antioche menacée; mais, pendant ce temps, le sultan Malek-Mansour leva une

n° 145, et p. 54, n° 176. — Cf. l'inscription de l'une des tours du château de mer, à Gorighos, et celle de l'intérieur du château de Selefké.
(1) Recueil des Inscr. de la Cilicie, p. 17, n° 36. — Mon Rapport au Ministre, dans les

Archives des miss. scient., t. IV, p. 78.
(2) Joinville, éd. de Du Cange, p. 26.
(3) Cf. sur ces princes, les Mémoires sur l'Arménie de Saint-Martin, t. II, p. 479, 486 et suiv.

armée qui fit irruption en Arménie (1). Les fils d'Héthum, Léon et Thoros, essayèrent, mais en vain, de repousser les forces supérieures des infidèles (2) : le pays fut dévasté (3) ; Léon, fils aîné du roi, fut fait prisonnier, et Thoros fut tué en combattant (1266) (4). Héthum fut obligé de faire la paix, et céda quelques places pour racheter son fils (1268) (5). Il abdiqua alors, se fit moine sous le nom de Macar (6), et mourut dans un monastère en 1270 (7).

Les monnaies du règne d'Héthum Ier sont très-nombreuses et n'offrent pas de difficultés dans le classement. On peut les diviser en trois catégories : 1° Les pièces où Héthum est représenté avec Isabelle, sa femme ; 2° les pièces dont le revers est occupé par la légende arabe des sultans Kaikobad ou Kaikosrou, suzerains de l'Arménie ; 3° enfin, les monnaies où Héthum est représenté seul, à cette époque de son règne où il s'était délivré du joug du sultan de Konieh.

(1) Héthum (moine Ayton), Fleur des hist. d'Orient, ch. xxxiii. — Makrisi, Histoire des Ayoubites et des Mamelouks, *ad ann.* 664, dans les Extr. des hist. arabes des croisades, de M. Reinaud.

(2) Aboulfaradj, *l. c.*, p. 356. — Le Nain de Tillemont, Vie de saint Louis, éd. de Gaulle, t. IV, p. 459.

(3) Makrisi, dans les Extr. de M. Reinaud, p. 500 et suiv.

(4) Le Lignage d'outre-mer, ch. iv, p.445, dit que « *Thoros fu occis de Sarasins.* »

(5) Art de vérifier les dates. — Aboulfaradj et le Nain de Tillemont, *l. c.*

(6) Tchamitch, III, p. 269.

(7) Art de vérifier les dates. — Lignage d'outre-mer, *l. c.* — Sanudo, liv. XI, part.

xiii, ch. vii.—Lebeau, Bas-Empire, t. XVII, p. 449 et suiv. — Dans un *memento* écrit au milieu de l'Exode d'une Bible in-4° manuscrite conservée dans la bibliothèque du monastère d'Edchmiadzin (n° 3 du catal. des Bibles), on lit ceci : « *Cette année, qui est celle de l'ère arménienne* 719 (1270), *Héthum, le grand roi de tous les chrétiens, est passé à Dieu, laissant tous les Arméniens plongés dans le deuil et l'affliction. Que Dieu place son âme dans son royaume ! Amen. Le mois est celui d'octobre, le jour est le vingt-huitième, un mardi.*» A la fin du Deutéronome, on lit cet autre *memento:* « *Cette année mourut le roi Héthum, qui eut pour successeur son fils Léon* (III), *très-pieux, très-religieux et très-bon pour nous.* »

§ Iᵉʳ. HÉTHUM ET ISABELLE.

[Imitation des monnaies byzantines de Constantin XIII et d'Eudocie Dalassène (1).]

14.   † ՀԵԹՈՒՈՐ ԹԱԳԱՆՈՐ ՀԱՅՈՑ·

Héthoum thakavor Haïots.

HÉTHUM, ROI DES ARMÉNIENS.

Lion couronné passant à droite, derrière lui une croix dont le sommet empiète sur la légende.'

℟   † ԿԱՐՈՂ ՈՒԹԵՆ ԱՅ·

PAR LA PUISSANCE DE DIEU.

Le roi et Isabelle debout et vus de face, revêtus de leurs ornements royaux et tenant ensemble une double croix.

Tahégan d'argent. Pl. I, nᵒˢ 9 et 10.

Quatre variétés.—Variétés de la légende du droit : Հ, ՀԱ, ՀԱՅ· —Variété de la légende du revers : ԱՍՅ·—Variété du type du droit : le lion sans la croix.

Cabinets de France, de Vienne, des Mékhitaristes de Vienne et de Venise, du musée asiatique de Saint-Pétersbourg, du docteur Orta et de Khœne, etc.

Sestini, t. IV, lettre vIII (Héthum et Léon III). — Tchamitch, t. III, p. 365. — Brosset, *Monogr.*, p. 50. — Krafft, p. 16, pl. I, 21. — Borrell, *Revue numism.*, 1845, pl. suppl., nᵒˢ 1, 2, 3. — J. Lelewel, Supplément à l'ouvrage de Sawaszkiewicz, *le Génie de l'Orient*, p. 214 et suiv., pl. XI, nᵒ 94. — An. de Barthélemy, *Manuel de Numismatique moderne*, p. 403, 446, et atlas, pl. XI, nᵒˢ 541-3.

(1) De Saulcy, Numism. byzantine, pl. xxv, nᵒ 1. — Baron Marchant, nouv. éd. de ses Lettres, sixième lettre, p. 47, pl. v, nᵒ 1.

15.　　　　† ՀԵԹՈՒՄ ԹԱԳԱՒՈՐ Հ·

HÉTHUM, ROI DES ARMÉNIENS.

Lion à droite, derrière lui la croix.

℟　　　　† ԿԱՐՈՂՈՒԹԻՒՆ ԱՅ·

PAR LA PUISSANCE DE DIEU.

Le roi et la reine debout, comme ci-dessus.
Tram d'argent ou demi-tahégan. Pl. IV, nᵒ 5.
Cabinet de Khœne, à Saint-Pétersbourg.
Revue Archéologique, dixième année, p. 471. Pl. CCXXII, nᵒ 5.

[Imitation de la monnaie des sultans Seldjoukhides de Konieh.]

§ II *a*. HÉTHUM ET KAIKOBAD.

(1224-1236.)

16.　　　　† ՀԵԹՈՒՄ ԹԱԳԱՒՈՐ ՀԱՅՈՑ·

HÉTHUM, ROI DES ARMÉNIENS.

Le roi à cheval, la couronne sur la tête, le sceptre à la main et passant à gauche; derrière lui une croix.

℟

السلطان　　　　　　LE SULTAN

المعظم غياث الدين　　LE MAGNIFIQUE, RESSOURCE DE LA RELIGION,

كيقباد بن كي　　　　KAIKOBAD, FILS DE KAI-

خسرو　　　　　　　KOSROU.

Tahégan d'argent (sans date). Pl. IV, nᵒ 4.
Cabinet royal de Berlin.
Sibilian, p. 60, pl. I, nᵒ 1. — *Revue Archéologique*, dixième année, p. 471, pl. CCXXII, 4.

Le R. P. Sibilian, qui publia le premier cette médaille, avait mal lu la légende du revers, mais il avait bien attribué la pièce au sultan Kaikobad. J'ai trouvé à Tarsous un exemplaire semblable à celui qu'a décrit le P. Sibilian, et qui m'a servi à rectifier la lecture du savant Mékhitariste de Vienne.

§ II *b.* Héthum et Kaikosrou II.

(1236-1244.)

17.   † ՀԵԹՈՒՄ ԹԱԳԱՒՈՐ ՀԱՅՈՑ·

HÉTHUM, ROI DES ARMÉNIENS.

Le roi à cheval passant à droite et tenant un sceptre; sur la tête du cheval une étoile; derrière le roi une croix.

℣   السلطان الاعظم   LE SULTAN SUPRÊME,
غياث الدنيا والدين   RESSOURCE DU MONDE ET DE LA RELIGION,
كيخسرو بن كيقباد   KAIKOSROU, FILS DE KAIKOBAD.

Tahégan d'argent (sans date). Pl. I, n° 11.

Musée asiatique de Saint-Pétersbourg.

La Croze, *Christ. d'Éthiopie et d'Arménie*, liv. IV, p. 339 et suiv. — *Dict. arm. ms.* de La Croze. — Brosset, *Monogr.*, pl. II, n° 11. — Krafft, p. 15.

18.   † ՀԵԹՈՒՄ ԹԱԳԱՒՈՐ ՀԱՅՈՑ·

HÉTHUM, ROI DES ARMÉNIENS.

Le roi à cheval passant à droite et tenant un sceptre; au-dessus de la tête du cheval un croissant, au-dessous une étoile, et derrière le roi une petite croix.

℣   السلطان الاعظم   LE SULTAN SUPRÊME,
غياث الدنيا والدين   RESSOURCE DU MONDE ET DE LA RELIGION,
كيخسرو بن كيقباد   KAIKOSROU, FILS DE KAIKOBAD.

En marge :

ضرب بسيس سنة ثلاثين وستمـايـة

FRAPPÉ A SIS, L'AN 630.

Tahégan d'argent, grand module. Pl. I, n⁰ 12.

Collections Alischan et du docteur Orta.

Adler, *Mus. cuf. Borg.*, p. 61, 62, pl. XII C. — Tristan, *Comm. Hist.*, p. 588 et suiv. — Du Cange, éd. Joinville, p. 238, diss. xvi. — Baron Marchant, nouv. éd., p. 344.

19. † ՀԵԹՈՒՄ ԹԱԳԱՒՈՐ ՀԱՅՈՑ·

HÉTHUM, ROI DES ARMÉNIENS.

Même type que ci-dessus.

℣

السلطان الاعظم

LE SULTAN SUPRÊME,

غياث الدنيا والدين

RESSOURCE DU MONDE ET DE LA RELIGION,

كيخسرو بن كيقباد

KAIKOSROU, FILS DE KAIKOBAD.

En marge :

ضرب بسيس سنة اربعين وستمـايـة

FRAPPÉ A SIS, L'AN 640.

Tahégan d'argent, grand module. Pl. II, n° 1.

Une variété avec la contremarque الله, *d Dieu.*

Cabinets des Mékhitaristes de Venise, de Lagoy, Alischan.

Krafft, p. 15. — *Revue Archéol.*, septième année, p. 220.

L'usage de frapper des monnaies bilingues est dû à une obligation imposée par la politique. Ces pièces, qui se rencontrent en grand nombre dans les collections, furent frappées pour la première fois, au moyen âge, par les émirs du Moghreb (1) et par les khalifs (2), afin d'être com-

(1) Revue Archéol., septième année, p. 671, Mém. sur les dinars à légendes latines, par H. Lavoix.

(2) Marsden, Num. orient., pl. xvii.

prises, non-seulement par les peuples hétérogènes placés sous leur autorité, mais aussi par les nations avec lesquelles leurs sujets faisaient le négoce. Telle est l'origine de la fabrication des pièces bilingues des khalifs, où l'on observe, à côté des types calqués sur des prototypes grecs ou latins, des lettres koufiques ou arabes.

Tychsen (1) pense que « ces coins ont été frappés, soit par des chrétiens en vue de spéculations commerciales, pour en faciliter l'introduction dans l'empire des khalifs, soit par leurs sujets chrétiens réduits à cette extrémité par la force et la crainte (2). »

Cet usage singulier de frapper des monnaies bilingues fut suivi, dans tout le moyen âge, par les musulmans et les chrétiens, et ces derniers en firent un tel abus pendant la période des guerres saintes, qu'Innocent IV fut obligé, pour y mettre un terme, d'excommunier les princes croisés qui battaient monnaie en langue arabe (3). Clément IV, en 1266, réprimanda aussi, par une bulle datée de Viterbe (4), l'évêque de Maguelonne, qui frappait des monnaies avec le nom de Mahomet, « *cum titulo Mahometi*. »

Les raisons qui déterminèrent le thakavor Héthum Ier à inscrire les noms de deux sultans Seldjoukhides sur ses tahégans, ne sont pas dues aux mêmes causes qui engagèrent les khalifs à imiter les monnaies des princes chrétiens. Au treizième siècle l'Arménie, loin de pouvoir commercer facilement avec les peuples de l'occident et les musulmans de Konieh, ses voisins, et écouler dans le centre de l'Asie-Mineure les produits de son territoire et de son industrie, avait au contraire à guerroyer sans cesse contre ses implacables ennemis qui l'entouraient de toutes parts et la tenaient sous leur dépendance.

Nous avons vu plus haut que le roi Héthum avait été obligé de fournir quatre cents lances par année au sultan Seldjoukhide et à lui payer tri-

(1) *Introd. ad rem numm. moh.*, p. 96.
(2) Le Génie de l'Orient, par Sawaszkiewicz, p. 81-3.

(3) Rainaldi, ann. 1253, art. LII.
(4) Buchon, Éclaircissements sur la Morée, t. Ier, p. 392, note.

but. Il est donc probable que le sultan avait exigé que ce tribut lui fût compté avec une monnaie portant son nom, pour qu'elle pût avoir cours dans ses états. C'est, au surplus, ce qui explique pourquoi Héthum fit frapper à Sis un coin avec son effigie et le nom du sultan Seldjoukhide de Konieh, afin de pouvoir en même temps donner à ces monnaies un cours légal dans son royaume de Cilicie.

On peut encore supposer que ces monnaies bilingues, qui avaient cours forcé dans les deux pays, servaient aussi à faciliter les transactions commerciales, quand, à de rares intervalles, les deux monarques ennemis signaient une trêve ou un traité de paix.

[Imitation de la monnaie chypriote.]

§ III. Héthum seul.

20.　　　† ՀԵԹՈՒՄ ԹԱԳԱՒՈՐ ՀԱՅՈՑ·

HÉTHUM, ROI DES ARMÉNIENS.

Le roi, ayant la couronne sur la tête, est assis sur un trône et tient un sceptre et une croix; à sa droite une étoile.

℟　　　† ՇԻՆԵԱԼ Ի ՔԱՂԱՔՆ Ի ՍԻՍ·

FRAPPÉ DANS LA VILLE DE SIS.

Croix fourchée, cantonnée de quatre besants dans les fourches et de quatre olives aux cantons.

Cuivre, grand module.

Huit variétés du type du revers :

1⁰ Croix fourchée cantonnée de quatre olives simples.
2⁰ Croix pattée cantonnée de quatre olives. Pl. VII, n° 3.
3⁰ Croix pattée cantonnée de deux olives et de deux besants.
4⁰ Croix pattée cantonnée de quatre étoiles. Pl. VII, n° 1.
5⁰ Croix pattée cantonnée de quatre besants. Pl. VII, n° 2.

6⁰ Croix pattée surchargée d'une croisillette en abîme. Pl. VII, n⁰ 4.

7⁰ Croix cantonnée au premier et au quatrième d'un V, au deuxième et au troisième d'une étoile.

8⁰ Croix cantonnée de trois olives et d'un croissant au premier canton. Pl. II, nᵒˢ 2, 3.

Cabinets de France, de Lagoy, de Vienne, de Venise, de Genève, d'Alischan, de Khœne, etc.

Sestini, p. 24. — Brosset, p. 62, n° 54, pl. II, 15, 16. — Krafft, p. 18, 19, pl. II, 39, 41 (Héthum II).

21.　　　　† ՀԵԹՈՒՄ ԹԱԳԱՒՈՐ ՀԱՅՈՑ·

HÉTHUM, ROI DES ARMÉNIENS.

Le roi, couronné, assis à l'orientale, tient un sceptre et une croix ; à sa droite une étoile.

℣　　　　† ՀԻՆԵԱԼ Ի ՔԱՂԱՔՆ Ի ՍԻՍ·

FRAPPÉ DANS LA VILLE DE SIS.

Croix cantonnée de trois olives aux trois cantons et d'un croissant au premier.

Cuivre, moyen module. Pl. II, nᵒˢ 2 et 3.

Cabinets de France, de Lagoy, de Vienne, de Venise, et Alischan.

Sestini, p. 24. — Brosset, p. 62, n° 14. — Krafft, p. 18, 19, pl. II, 39, 41.

22.　　　　† ՀԵԹՈՒՄ ԹԱԳԱՒՈՐ ՀԱՅ·

HÉTHUM, ROI DES ARMÉNIENS.

Le roi, assis sur un trône soutenu par deux lions, tient un globe crucigère et un sceptre fleurdelisé.

℣　　　　† ՀԻՆԵԱԼ Ի ՔԱՂԱՔՆ Ի ՍԻՍ·

FRAPPÉ DANS LA VILLE DE SIS.

Croix ancrée cantonnée de quatre olives.
Cuivre, moyen module. Pl. VI, n⁰ 7.
Inédite.

LÉON III.

(1270-1289.)

Pendant les premières années de son règne, Léon III mit tous ses soins à réparer les maux que l'invasion des Égyptiens avait causés en Cilicie; il fit rebâtir les monastères et les églises qui avaient été ruinés, fit environner de murailles la ville de Sis, et y fit construire de magnifiques palais (1). En 1274, les Égyptiens revinrent en Cilicie et y commirent beaucoup de ravages; mais ils furent chassés, l'année suivante, par les armées des Tatars et des Arméniens (2). Le général des Tatars, Mangou-Timour, poursuivit l'armée égyptienne jusqu'à Émesse; mais il se fit battre à son tour, et repassa honteusement l'Euphrate. En 1289, Léon mourut après avoir fait, pendant le reste de sa vie, des préparatifs de défense contre les Mamelouks, qui cependant ne tentèrent pas, sous son règne, de nouvelles incursions en Cilicie (3).

(1) J'ai vu, à Sis, les ruines de ces palais et de ces fortifications, ainsi que les restes de l'église Sainte-Sophie bâtie par Héthum Iᵉʳ dans l'enceinte même du tarbas. Il y a un demi-siècle, ces ruines étaient encore fort belles; mais à cette époque le patriarche Guiraghos fit enlever des décombres les pierres de taille, avec lesquelles il éleva le nouveau monastère patriarcal qui sert aujourd'hui de résidence aux catholicos de Sis. (Voy., dans le Journal Asiat., 1855, la description des antiquités de Sis, dans mon mémoire intitulé : *Voyage à Sis*.)

(2) Héthum, Fleur des histoires d'Orient, ch. xxxiv-xxxvi.

(3) Héthum, ch. xxix, xxx, xxxi, xxxiv.— Aboulfaradj, Chr. syr., p. 519 et suiv.; Chr. arabe, p. 328 et suiv. — Aboulféda, Annales mus., t. V, p. 57 et suiv.—Tchamitch, Hist. d'Arménie, t. III, p. 219 et suiv.

[Imitation de la monnaie des sultans Seldjoukhides d'Iconium.]

23. † ԼԵՈՆ ԹԱԳԱԻՈՐ ԱՄԵՆԱՅՆ ՀԱՅՈ·

Léon thakavor amenaïn Haïo[tz].

LÉON, ROI DE TOUS LES ARMÉNIENS.

Le roi couronné, à cheval, passant à droite et tenant une double croix.

℟ † ՇԻՆԵԱԼ Ի ՔԱՂԱՔՆ Ի ՍԻՍ·

FRAPPÉ DANS LA VILLE DE SIS.

Lion tourné à gauche, derrière lui une double croix.

Tahégan d'argent. Pl. II, n° 4.

Variétés de la légende du droit : ՀԱՅՈՑ·

Variétés de types : 1° sur la tête du cheval un signe ressemblant à un T ; 2° sous le cheval une fleur de lis.

Variétés de la légende du revers : ԻՍԻ· Ի ՍԻՍԻ : ԻՍՍ·

Cabinets de France, de Vienne, de Venise, de Lagoy et Alischan.

24. † ԼԵՈՆ ԹԱԳԱԻՈՐ ՀԱ[ՅՈՑ]·

LÉON, ROI DES ARMÉNIENS.

Le roi à cheval, passant à droite et tenant une double croix ; sous le cheval une fleur de lis.

℟ † ՇԻՆ[ԵԱԼ Ի ՔԱՂ,ԱՔՆ] ԻՍ·

FRAPPÉ DANS LA VILLE DE SIS.

Lion passant à droite, derrière lui une croix double.

Tahégan d'argent muni d'un anneau. Pl. II, n° 6.

Cabinet des Mékhitaristes de Venise.

Mon *Essai*, p. 26, pl. II, 6.

25. † ԼԵՈ[Ն Թ]ԱԳԱԻ[ՈՐ ՀԱՅ]·

LÉON, ROI DES ARMÉNIENS.

Le champ de la pièce est effacé.

ᵸ⁄   [† ···· Թ**Ա**Գ**Ա**Ւ]ՈՐ ՀԱՅՈ·

Le champ est effacé.

Cuivre, moyen module.

Cabinet de M. Jean Rousseau, à Paris.

En attribuant ces monnaies à Léon III, je me fonde sur un fait historique. Ce prince, après avoir chassé les Mamelouks de ses états, et comptant sur l'appui du khan mogol, Abagha, qui l'avait aidé à reconquérir et à agrandir son royaume, prit le titre de Թագաւոր ամենայն Հայոց, que Léon II avait adopté aussi vers la fin de son règne. En effet, nous trouvons le titre de Թագաւոր ամենայն Հայոց employé sur la charte de Léon III en faveur des Génois, datée de 1288, et par laquelle il leur concède de nombreux priviléges (1). Elle commence ainsi :

Յանուն Հաւր, եւ որդւոյ, եւ սբ Հոգոյն. ամէն.

Այս մեր Թագաւորական բարձր Հրամանս է, եւ Հաստատութէ սրզեղ, Լեոնի Յշմարիտ ձռնայի աj եւ էորիի չնոր Հաւբ ողորմութ̄ Թագաւորի ամենայն Հայոց, զոր պարգեւեցաք ամաj Հաստատ գունծին Ճնվիզացն···

On voit par ce passage que les monnaies à la légende Լեոն Թագաւոր ամենայն Հայոց appartiennent à Léon III ; car celles de Léon II, avec le même titre, donnent à ce roi le nom de Լեւոն, et non pas Լեոն, qui est la seule forme usitée sur toutes les médailles du règne de Léon III.

(1) Notices et extr. des mss. Cf. le décret de Léon III , publié par Saint-Martin.

HÉTHUM II.

(1289-1293 ; *de nouveau* 1295-1296 ; *pour la troisième fois* 1300-1305 ; *mort* 1308.)

Héthum II (Հեթում), fils aîné de Léon III, succéda à son père, et, gagné par les sollicitations du pape Nicolas, embrassa avec son peuple, en 1290, la communion de l'Église romaine. En reconnaissance de cette réunion, Nicolas et Boniface VIII s'intéressèrent vivement à la défense de l'Arménie contre les infidèles qui menaçaient le pays d'une ruine complète. Héthum envoya des ambassadeurs à Rome et en France pour demander des secours. Le pape Nicolas, qui les admit en audience solennelle à leur passage, les chargea de lettres de recommandation très-pressantes pour Philippe le Bel ; mais elles firent peu d'effet.

Héthum, se voyant hors d'état de résister seul aux Sarrasins, descendit du trône en 1293, et prit l'habit monacal (1) sous le nom de Jean (Յովհաննէս). Il régna de nouveau en 1295, et abdiqua encore l'année suivante. Enfin, il régna une troisième fois en 1300, et résigna de nouveau le pouvoir en 1305. Héthum fut mis à mort, selon les uns en 1308, par Bilarghou-khan, gouverneur mogol de la Cilicie qui avait embrassé, comme toute la race tatare, la foi musulmane ; selon les autres, il fut tué par les Arméniens dissidents (2).

(1) Lignage d'outre-mer, ch. IV, p. 445.
(2) Nicéph. Grég., VI, VIII, p. 119 et suiv.
—Pachymère, Hist. d'Andron., III, V, p. 138
et suiv. — Jean Cantacuz., *In præm.*, I, 5.
— Héthum, Fleur des hist. d'Or., ch. XXXVI,

XLI, XLII, XLIII, XLIV. — Aboulfaradj, Chron.
syr., p. 628, 643, 644. — Aboulféda, Ann.
mus., t. V, p. 133 et suiv. — Tchamitch, t.
III, p. 285 et suiv.

[Imitation de la monnaie de Guy de Lusignan, roi de Jérusalem (1).]

26.   † ՀԵԹՈՒՄ ԹԱԳԱԻՈՐ

Héthoum thakavor

HÉTHUM, ROI

Tête de roi vue de face.

† ԱՄԵՆԱՅՆ ՀԱՅ8·

aménaïn Ha[io]tz.

DE TOUS LES ARMÉNIENS.

Croix potencée.

Billon. Pl. IV, n⁰ 6.

Revue Archéologique, dixième année, p. 471-2, pl. CCXXII, n⁰ 6.

Une variété inédite, ayant au revers la croix cantonnée de quatre be-sants. Pl. VII, n° 5.

[Imitation des monnaies anonymes des empereurs de Constantinople (2).]

27.   † ՀԵԹՈՒՄ ԹԱԳԱԻՈՐ ՀԱՅՈ8·

HÉTHUM, ROI DES ARMÉNIENS.

Tête du roi couronnée et vue de face.

† ՀԻՆԵԱԼ Ի ՔԱՂԱՔՆ Ի ՍԻՍ·

FRAPPÉ DANS LA VILLE DE SIS.

Croix double au pied orné.

(1) De Saulcy, Croisades, pl. ix, n° 4.   (2) De Saulcy, Croisades, pl. xiii.

9

Cuivre, moyen module. Pl. II, n⁰ 11.

Cabinets de France, de Vienne, de Lagoy, F. Soret, Alischan, etc.

Sestini (n° 4) et Krafft (p. 20, 21, pl. II, n⁰ 51) ont publié les premiers cette monnaie et ses variétés. Ces pièces sont le diminutif de la monnaie du même genre de Léon II; seulement le graveur s'est aidé, pour le type du revers, des monnaies anonymes des empereurs français de Constantinople, qui ont aussi au revers une croix au pied orné.

Cette croix au pied orné paraît avoir été un emblème particulier au royaume d'Arménie, car je l'ai vue représentée en bas-relief au-dessus de la porte de la deuxième enceinte du château de Lampron (*Nemroun*); mais celle-ci était cantonnée de rosaces aux deux cantons supérieurs. Sur la porte principale du château arménien de Selefké et au-dessus de l'inscription arménienne que j'ai publiée (1), et dont l'amiral Beaufort a donné un dessin dans son Voyage sur les côtes de la Karamanie (2), j'ai remarqué aussi la même croix cantonnée aux quatre cantons de rosaces. La même figure se retrouve encore au-dessus d'une porte intérieure du château de terre de Gorighos, qui appartenait aux rois d'Arménie, et où des princes de la même nation, leurs vassaux, faisaient leur résidence (3).

[Imitation des monnaies des Lusignans de Chypre.]

28.　　　 † ՀԵԹՈՒՄ ԹԱԳԱՒՈՐ ՀԱՅՈՑ·

HÉTHUM, ROI DES ARMÉNIENS.

Le roi, assis à la manière orientale et vu de face, tient un sceptre fleurdelisé et une croix.

⚌　　　 † ՇԻՆԵԱԼ Ի ՔԱՂԱՔՆ Ի ՍԻՍ·

FRAPPÉ DANS LA VILLE DE SIS.

(1) Mon Recueil d'inscr. de la Cilicie, p. 33, n° 175. — Arch. des missions scient., t. IV, mon Rapport au Ministre, p. 41, n° 1. — Cf. aussi Letronne, Journal des Savants, 1819. Compte-rendu du voyage de l'amiral Beaufort.

(2) *Karamania*, ch. xi, p. 212.

(3) Saint-Martin, Mém. sur l'Arménie, t. Iᵉʳ, p. 203.

Croix cantonnée de quatre olives aux quatre cantons.

Cuivre, moyen module.

Douze variétés. — Variétés de la légende du droit : ՀՍԻԿԲՌႪ ·
ԲՍՂՎ. — Variétés de celle du revers : ԲՍՂՍԿԲՆ · ԲՍՂՍԿԲ ·
ԴՍՂ Ի·

Variétés du type du revers :

1⁰ Croix cantonnée de quatre étoiles.

2⁰ Croix cantonnée de deux olives et de deux croissants.

3⁰ Croix cantonnée de deux olives et de deux étoiles.

4⁰ Croix potencée. Pl. II, n⁰ 7.

5⁰ Croix pattée. Pl. II, n⁰ 8, et pl. VI, n⁰ 6.

6⁰ Croix pattée cantonnée de deux besants.

Cabinets de France, de Lagoy, de Vienne, asiatique de Saint-Pétersbourg, du docteur Orta, de Reichel, de F. Soret et de S. Alischan.

Pellerin, n⁰ 8 de la pl. — Sestini, p. 14. — Krafft, p. 17, 18, 19, pl.
II, n⁰⁰ 42, 44. — Brosset, n⁰⁰ 13, 15, 16.

Il est difficile de reconnaître, sur quelques-unes de ces médailles, la
coiffure du roi. Sur la plus grande partie cependant, on distingue parfaitement la couronne avec des pendants de perles, tandis que sur deux
ou trois exemplaires, on croit voir une coiffure en forme de turban. Cet
emploi du turban par des princes chrétiens ne serait pas le premier
exemple en numismatique : Tancrède, régent de la principauté d'Antioche, est représenté sur plusieurs de ses médailles avec le costume
oriental et coiffé d'un turban (1); et Ibn-Alatir (2), en parlant du comte
Henri, nous apprend que c'était un homme d'un esprit doux et conci-
liant. Un jour il écrivit au sultan Salah-Eddin : « Vous savez que la robe
et le turban ne sonf pas en déshonneur parmi nous. Je ferai usage de
l'un et de l'autre par égard pour vous. »

(1) De Saulcy, Num. des Croisades, p. 18,   (2) Cf. Reinaud, Extr. des hist. arabes,
pl. ı, n⁰ 3 à 6.   p. 358.

On peut donc supposer sans trop de témérité que les rois d'Arménie, qui au surplus étaient des orientaux, ne craignaient pas de se faire représenter sur leurs monnaies dans le costume alors en usage dans toute l'Asie.

[Imitation de la monnaie des sultans Seldjoukhides de Konieh.]

29.   † ՀԵԹՈՒՄ ԹԱԳԱՒՈՐ ՀԱՅՈՑ·

HÉTHUM, ROI DES ARMÉNIENS.

Le roi à cheval, marchant à droite et tenant un sceptre fleurdelisé; sous le cheval un O.

℣   † ՇԻՆԵԱԼ Ի ՔԱՂ ԱՔՆ Ի ՍԻՍ·

FRAPPÉ DANS LA VILLE DE SIS.

Croix cantonnée de quatre olives.

Cuivre, moyen module. Pl. II, n⁰ 9.

Huit variétés :

Variétés de la légende du droit : ՀԹՈՒՄ· ՀԱՅ·

Variétés de la légende du revers : ՍԻ·

Variétés du type du revers :

1⁰ Croix cantonnée de quatre étoiles.

2⁰ Croix cantonnée de fleurs de lis.

3⁰ Croix cantonnée de quatre besants. Pl. II, n° 10.

Cabinets de Reichel, de France, de Khœne et de Vienne.

Je ne parle pas ici de la monnaie que Sestini (n⁰ 9) attribue au second règne d'Héthum, car j'ai dit précédemment que cette médaille avait été frappée par Étienne III Urosius II, roi de Servie.

THOROS III.

(1293-1295.)

Thoros III (Թորոս), ou Théodore, succéda à son frère Héthum, qui en prenant l'habit monacal n'abandonna point entièrement les affaires de l'état. En 1295, les deux frères se rendirent à Constantinople pour solliciter des secours d'Andronic Paléologue. C'est, sans doute, du roi Héthum, le moine Jean, dont Pachymère (1) entend parler quand il dit qu'un roi arménien demeurait à Constantinople et vivait avec les frères mineurs, qu'il appelle Ἰταλοι. Thoros, tourmenté par l'ambition de son frère Sempad, se retira dans un monastère, où il fut étranglé (2).

Sestini, le premier, publia une monnaie de Thoros qui faisait partie de la collection Ainsley. Cette pièce, dont MM. Brosset et Krafft ont soupçonné l'authenticité en raison de sa mauvaise conservation, n'est pas la seule qu'on connaisse du roi Thoros. M. de Saulcy (3) en a publié une seconde que son mauvais état de conservation ne lui permit pas de reconnaître pour une pièce arménienne, et qu'il donna à Jean II, roi de Chypre, dont les monnaies ont de l'analogie avec celles des rois d'Arménie. J'ai été assez heureux, pendant mon voyage dans la petite Arménie, pour en voir une troisième semblable à celle qu'a publiée M. de Saulcy, et sur laquelle se lit parfaitement le nom de Thoros.

[Type particulier à l'Arménie.]

30. † ԹՈՐՈՍ ԹԱԳԱՈՐ ՀԱՅՈՑ·

Thoros thak[av]or Haïotz.

THOROS, ROI DES ARMÉNIENS.

(1) Hist., liv. IX, ch. xx.
(2) Lebeau, Hist. du Bas-Empire, t. XVII, p. 476.

(3) Num. des Croisades, p. 174, pl. xix, n° 7.

Lion passant à droite; derrière lui une croix.

℞ † ՀԻՆԵԱԼ Ի ՔԱՂԱՔ Ի ՍԻ·

FRAPPÉ DANS LA VILLE DE SIS.

Lion passant à droite; derrière lui une croix.

Cuivre, moyen module. Pl. II, nº 12.

Cabinets de M. de Cadalvène et du docteur Orta.

De Saulcy, *Num. des Croisades*, p. 174, pl. XIX, 7.

31. † ԹՈՐՈՍ.....

THOROS.....

Lion passant à gauche.

℞ — Légende détruite.

Lion passant à gauche; derrière lui une croix.

Cuivre, petit module. Pl. III, nº 1.

Sestini, lettre IX, pl. II, nº 5.

SEMPAD.

(1295-1298.)

Profitant de l'absence momentanée de ses deux frères, qui étaient allés à Constantinople pour obtenir des secours contre les infidèles, Sempad (Սմբատ) s'empara du royaume d'Arménie et se fit couronner roi. En même temps l'usurpateur contracta alliance avec Ghazan-khan, et obtint de lui la confirmation de sa dignité. Ses deux frères, à leur retour, furent emprisonnés. Héthum eut les yeux brûlés, et Thoros fut étranglé (1). En 1297, Sempad envoya des ambassadeurs en France, à Rome et en Angleterre, pour solliciter des secours; mais avant le retour

(1) Lignage d'outre-mer, ch. IV, p. 445.

de ses envoyés, Constantin, son autre frère, se souleva contre lui, l'arrêta, le mit en prison, et en fit sortir Héthum, qui avait heureusement recouvré la vue. Sempad fut envoyé à Constantinople, auprès de l'empereur grec, auquel on en confia la garde.

[Imitation de la monnaie des Lusignans de Chypre.]

32.　　　　　† ՍՄՓԱՏ ԹԱԳԱ ՀԱՅՑ·

Sempad thak[av]or Haï[otz].

SEMPAD, ROI DES ARMÉNIENS.

Le roi, assis sur un trône et vu de face, tient un sceptre et une croix.

℟　　　　　　† ԿԱՐՈԳ ՈԻԹԲՆ ԱԱՏՈԻԾ·

PAR LA PUISSANCE DE DIEU.

Deux lions adossés, entre eux une longue croix.

Tahégan d'argent. Pl. IV, n⁰ 7.

Collections des Mékhitaristes de Vienne, et d'Alischan à Constantinople.
Sibilian, p. 14, pl. I, n⁰ 3. — *Revue Archéologique*, dixième année, p. 472, pl. CCXXII, n⁰ 7.

[Imitation de la monnaie des Seldjoukhides de Konieh.]

33.　　　　　† ՍՄՓԱՏ ԹԱԳԱՒՈՐ ՀԱ·

SEMPAD, ROI DES ARMÉNIENS.

Le roi à cheval, tenant un sceptre fleurdelisé et passant à droite.

℟　　　　† ՇԻՆԵԱԼ Ի ՔԱԳ ՍԻՔ Ի ՍԻՍ·

FRAPPÉ DANS LA VILLE DE SIS.

Croix cantonnée aux quatre cantons de fleurs de lis, dont le chef aboutit aux angles en abîme.

Cuivre, petit module. Pl. IV, 8.

Trois variétés :

Variétés de la légende du droit : Հ · ՀԱՅՑՈ·

Variétés de celle du revers : ՇԻՆԵԼ · Ի ՍԻ · ԻՍ·

Collections de France, des Mékhitaristes de Vienne et de Venise, de Reichel, de Khœne, d'Alischan, du docteur Orta et de Fr. Soret.

Sestini, pl. II, 9 (a attribué une pièce analogue à Constantin). — Brosset, p. 63, pl. II, 18 (a rangé ces pièces parmi les incertaines). — *Europa*, pl. III et IV. — Sibilian, pl. I, n⁰ 45, p. 14. — *Revue Archéol.*, dixième année, p. 472, pl. CCXXII, n⁰ 8.

Sestini (n° 5) a publié une monnaie d'argent qu'il attribuait à Sempad, et sur laquelle il avait cru lire le nom de ce roi; mais, pour cette pièce comme pour celle du second règne d'Héthum, l'érudition du savant numismatiste se trouva en défaut; car la monnaie en question n'appartient point à la dynastie des Roupéniens, mais bien à un des princes du royaume de Servie, Étienne Iᵉʳ Bencianus, qui régna de 1193 à 1224 (1).

CONSTANTIN II.

(1298-1300.)

Constantin (Կոստանդին) monta sur le trône d'Arménie après en avoir fait descendre Sempad, son frère. Héthum II (le moine Jean) voulut partager le gouvernement avec lui, comme il avait fait avec Thoros; mais n'ayant pu décider Constantin à accepter les conditions qu'il voulait lui imposer, il excita une révolte contre son frère Constantin, le déposa et l'envoya à Constantinople (2), où l'empereur grec le fit enfermer jusqu'à sa mort.

---

(1) Mém. de la Société d'arch. et de num. de Saint-Pétersbourg, 1848, p. 245-6, pl. xiii, n° 3. — Revue Num., 1850, p. 348 et suiv., ma Restitution aux rois de Servie de plusieurs médailles attribuées par Sestini à des rois d'Arménie.

(2) Lignage d'outre-mer, ch. iv, p. 445.

[Imitation de la monnaie des Seldjoukhides de Konieh.]

34.   † ԿՈՍՏԸԱՆԴԻՆ Թ·

Gosdhantin th[akavor].

CONSTANTIN, ROI.

Le roi passant à droite et tenant un sceptre fleurdelisé.

℟   [† ՀԻ]ՆԵԱԼ [Ի ՔԱՂՋԻՔ] Ի ՍԻ[Ս]·

FRAPPÉ DANS LA VILLE DE SIS.

Lion passant à droite, derrière lui une croix.

Argent. Pl. III, n° 2.

Cinq variétés dans la légende du droit.

Cabinets des Mékhitaristes de Vienne et du marquis de Lagoy.

Sestini, n° 7. — Krafft, p. 22-3, pl. I, n° 56.

35.   † ԿՈՍՏՐՆԲԻՆ ԹԱԳԲ Հ9.

CONSTANTIN, ROI DES ARMÉNIENS.

Le roi à cheval passant à droite.

℟   † ՀԻՆԵԱԼ Ի ՔԱՂՋԻՔՆ Ի Ս·

FRAPPÉ DANS LA VILLE DE SIS.

Lion passant à droite, derrière lui une longue croix.

Argent. Pl. V, n° 1.

Revue Archéologique, dixième année, p. 472-3, pl. CCXXIII, n° 1.

36.   † ԿՈՍՏԱՆԴԻՆ ԹԱԳԱԲ Հ8·

CONSTANTIN, ROI DES ARMÉNIENS.

Le roi à cheval passant à droite et tenant une croix.

℟   [† ՀԻՆԵ]ԱԼ Ի ՔԱՂՋԻՔ ՍԻՍ·

FRAPPÉ DANS LA VILLE DE SIS.

Le roi passant à droite, derrière lui une croix.

Argent.

Brosset, *Rapports sur un voyage archéologique en Géorgie et en Arménie*, 2ᵉ livr., premier rapport, p. 14. — Sibilian, p. 23, 24, 25, pl. III, nᵒˢ 12, 13, 14.

37.　　†　ԿՈՍ[ՏԱՆԴԻՆ ԹԱ]ԳԱԻՈՐ ՀԱ[ՑՈՑ]·

CONSTANTIN, ROI DES ARMÉNIENS.

Le roi à cheval passant à droite et tenant une croix ; sous le cheval J (?).

℞　　†　ՇԻՆԸՑԱԼ Ի ՔԱՂՂԱՔ] Ի ՍԻՍ·

FRAPPÉ DANS LA VILLE DE SIS.

Lion passant à droite, derrière lui une croix ; sous le cheval S (?).

Cuivre, petit module. Pl. III, nᵒ 3.

Cabinets de Vienne et de Lagoy.

Krafft, p. 24, pl. II, nᵒ 58 (avait rangé cette pièce parmi les incertaines).

En me communiquant les empreintes de sa riche collection de médailles arméniennes, M. le marquis de Lagoy voulut bien y joindre quelques notes qui m'ont été d'un grand secours pour mon travail. A propos de cette médaille, le savant académicien m'écrivait : « Cette pièce présente un grand rapport avec la médaille d'argent de Sestini gravée sous le nᵒ 7 ; mais, au lieu de l'arménien que Sestini a cru voir, je pense qu'il y a une croix. L'arménien pourrait bien être une illusion causée par un défaut du coin (1). »

(1) Lettre du 17 avril 1850.

LÉON IV.

(1305-1307.)

Léon IV (Լեվոն), fils de Thoros et de Marguerite de Chypre, fut choisi pour remplacer Constantin sur le trône d'Arménie, par le moine Jean (Héthum II), son oncle, qui exerça la régence pendant sa minorité (1). A la suite d'une expédition malheureuse contre le sultan d'Égypte, et malgré une victoire remportée par Léon IV (2), les musulmans ravagèrent l'Arménie. Léon sollicita en personne l'alliance des Tatars ; mais leur nouveau khan le mit à mort avec Héthum, son oncle, qui l'avait accompagné (3). Lorédano (4) accuse le lieutenant du khan de ce meurtre ; mais son récit est douteux, car le moine Héthum (5) parle avantageusement de Bilarghou-khan, qui avait embrassé le christianisme. Enfin, d'autres prétendent que c'est à l'instigation des Arméniens dissidents qu'Héthum fut mis à mort pour avoir fait tenir, en 1306, le concile de Sis (6), où l'Arménie se réunit à l'Église de Rome.

[Imitation de la monnaie des sultans Seldjoukhides de Konieh.]

38. † ԼԵՎՈՆ ԹԱԳԱՒՈՐ ՀԱ·

Lévon thakavor Ha[iotz].

LÉON, ROI DES ARMÉNIENS.

Le roi à cheval passant à droite.

℞ † ՇԻՆԵԱԼ Ի ՔԱՂԱՔԻՔ ԻՍ·

FRAPPÉ DANS LA VILLE DE SIS.

(1) Lettre de Clément V à Léon IV et Hé-thum, dans Rainaldi, *ad ann.* 1306, n° 13. —Wadding, *ad ann.* 1306, n° 20.—Lignage d'outre-mer, ch. IV, p. 445.

(2) Héthum, ch. XLI, XLII. — Sanudo, *Se-cret. fid. crucis*, liv. III, part. XIII, ch. VIII,

IX. — Guill. de Nangis, *ad ann.* 1299.

(3) Chr. fr. mss. Walsingh. Bzow.

(4) Liv. V, p. 233.

(5) Ouvr. cité, ch. XLIII.

(6) Galanus, *Conc. Arm.*, t. XIV.—Mansi, suppl., t. III.

Lion passant à droite, derrière lui une croix.

Argent. Pl. V, n° 2.

Cabinet des Mékhitaristes de Vienne et du docteur Orta.

Sibilian, p. 28, pl. III, n° 7 (Léon VI).—*Revue Archéologique*, dixième année, p. 473, pl. CCXXIII, n° 2.

[Imitation de la monnaie des Lusignans de Chypre.]

39.   † ԼԵՎՈՆ ԹԱԳԱԻՈՐ ՀԱՅՈ[8]·

LÉON, ROI DES ARMÉNIENS.

Le roi, assis sur un trône, tient une croix et un sceptre fleurdelisé.

ɴ/   † ՇԻ[Ն]ԵԱԼ Ի ՔԱՂՂԱՔ Ի Ս·

FRAPPÉ DANS LA VILLE DE SIS.

Croix cantonnée d'un besant à chaque canton.

Cuivre. Pl. V, n° 3.

Revue Archéologique, dixième année, p. 473, pl. CCXXIII, n° 3.

Il faut remarquer que le nom de Léon est écrit sur les médailles que je viens de décrire ici, de la manière suivante : Լ ԵԼՈՆ, tandis que, sur les monnaies des autres princes du même nom, on voit ce nom figuré ainsi : Լ ԵԼՈՆ, et plus rarement Լ ԵՈՆ. Il est probable que les graveurs des monnaies avaient modifié l'orthographe du nom de Léon, pour distinguer les pièces des rois homonymes, dont le poids et la valeur subissaient de notables variations à chaque règne. Ces différences d'orthographe étaient un moyen facile qui permettait aux changeurs et au peuple de contrôler les monnaies fausses ou altérées qui circulaient en grand nombre dans la Cilicie, et dont quelques-unes nous sont parvenues et figurent dans les collections.

OCHIN.

(1308-1320.)

Ochin (Ոխշին ou Օշին), frère du roi Héthum II, connétable d'Arménie et ichkhan de Gantkoi, succéda à Léon, son neveu, par le choix des barons. A son avénement au trône, il eut avec le roi de Chypre des différends qui ne furent aplanis qu'en 1311, par le pape Clément V (1).

Les Tatars et les Mamelouks ayant continué leurs courses en Arménie en 1317, Ochin sollicita l'appui des princes chrétiens ; mais il n'en obtint pas de secours, car en 1320 les musulmans n'avaient pas encore abandonné le pays (2). Dans le même temps, Ochin était en guerre avec les rois de Sicile et de Chypre, et le pape Jean XXII ménagea entre eux une trêve qui, en cette même année 1320, se convertit en une paix solide.

Au milieu de tant de péripéties, Ochin trouva le moyen de rebâtir les châteaux forts que de longs siéges avaient en partie détruits, d'en construire de nouveaux (3) et de bâtir des églises. La mosquée de Kilisè-Djami, à Tarsous, qui est une ancienne église placée sous le vocable de Saint-Paul (4), a été très-probablement élevée par les soins du roi Ochin, ainsi que semble l'indiquer l'inscription suivante en deux lignes, que j'ai vue au-dessus de la porte située à droite de l'abside (5) :

Սայս դուռն սիրարն է արդարոց ՛
և բնակարան երկնայնոց :
Պահեայ զՈխշին արք[այ] Հայոց ՛
Որ քաւիչն է ամենայն գործոց :

« *C'est la porte du Seigneur pour les justes et l'habitation céleste. Conserve Ochin, roi des Arméniens, toi qui pardonnes les fautes !* »

(1) Rainaldi, *ad ann.* 1311, n° 77.
(2) Rainaldi, *ad ann.* 1320, n° 21.
(3) Inscr. de la Cilicie, p. 27-8, n° 60.
(4) Michaud et Poujoulat, Corr. d'Orient, t. VII, p. 170. — C'est dans cette église, disent les chroniqueurs des croisades, que fut enseveli Hugues le Grand, comte de Vermandois. (Michaud, Croisades, t. Ier, liv. iv.)
(5) Inscr. de la Cilicie, p. 28, n° 61. — Arch. des miss. scient., t. IV, p. 73. Cf. mon Rapport au Ministre.

Ochin se montra très-zélé pour la réunion de l'Église d'Arménie. Ce fut par ses soins que se tint, en 1316, le concile d'Adana (1), où l'on confirma les décrets du concile de Sis.

———

[Imitation de la monnaie chypriote.]

40.　　　† ՍԻՐՇԻՆ ԹԱԳԱՒՈՐ ՀԱՅՈՑ·

Auchin thakavor Haïotz.

OCHIN, ROI DES ARMÉNIENS.

Le roi, revêtu de ses ornements royaux, est assis sur un trône, tient une croix et un sceptre fleurdelisé.

℣　　† ՇԻՆԵԱԼ Ի ՔԱՂԱՔԻՆ Ի ՍԻՍ·

FRAPPÉ DANS LA VILLE DE SIS.

Deux lions adossés, entre eux une double croix.
Tahégan d'argent.
Collection d'Alischan.
Revue Archéologique, dixième année, p. 473.

[Imitation de la monnaie des sultans Seldjoukhides de Konieh.]

41.　　　† ՍԻՐՇԻՆ ԹԱԳԱՒՈՐ ՀՅԱՑՈ·

OCHIN, ROI DES ARMÉNIENS.

Le roi à cheval marchant à droite et tenant un sceptre fleurdelisé; derrière le roi ·•·, devant le cheval un signe ressemblant à un fer à cheval, Ս (*sic*).

℣　　† ՇԻՆԵԱՆՈ (*sic*) Ի ՔԱՂԱՔԻՆ [Ի ՍԻՍ]·

FRAPPÉ DANS LA VILLE DE SIS.

Lion marchant à droite, derrière lui une croix.
Tahégan d'argent. Pl. III, n° 4, 5.

———

(1) Galanus, *Conc. Arm.*, t. XIV. — Le P. Monnier, Lettres sur l'Arménie.

Plusieurs variétés.

Variétés de la légende du droit : ՀԱՅ , ՀԱՅՈՑ·

Variétés de celle du revers : ՔԱՂ ՍՔԱ.····

Variétés des sigles du droit : Devant le cheval Ց, ou Ⴈ, ou Ⴑ.

Cabinets de France, de Vienne, de Venise, asiatique de Saint-Péters-bourg, d'Alischan et de Lagoy.

Brosset, *Histoire du Bas-Empire* de Lebeau, t. XX, p. 510, note du § 53 du liv. cx.—*Monogr.*, n⁰ 17.— Krafft, p. 21, pl. I, n⁰ˢ 53, 55.—*Europa.* 1851, pl. n⁰ 6.—Sibilian, p. 18, 19, pl. II, n° 7.

[Imitation de la monnaie chypriote.]

42.   † ԱՒՐՇԻՆ [ԹԱԳԱՒՈՐ] ՀԱ·

OCHIN, ROI DES ARMÉNIENS.

Le roi, assis sur un trône, tient un sceptre fleurdelisé et une croix.

℣   † ՇԻՆԵԱԼ Ի ՔԱՂ ՍՔԻՆ Ի ՍԻՍ·

FRAPPÉ DANS LA VILLE DE SIS.

Croix.

Cuivre, petit module. Pl. VII, n⁰ 8.

Collection du docteur Orta.

Revue Archéol., huitième année. — Lettre à M. Reinaud sur les mon-naies d'Arménie, p. 225, vign.

LÉON V.

(1320-1342.)

Léon V (Լ ԷՒՆՆ), fils d'Ochin, succéda à son père, sous la tutelle de sa mère et d'Ochin, ichkhan de Gorighos (1). Le commencement du règne

(1) Saint-Martin, Mém. sur l'Arménie, t. 1ᵉʳ, p. 204.

de ce prince fut marqué par de grandes divisions qui éclatèrent dans le royaume. Le sultan d'Égypte profita de ces troubles pour y faire une nouvelle irruption (1). Toutes les places de la plaine s'étant rendues sans coup férir, les Arméniens se retirèrent dans celles de la montagne, près desquelles ils battirent les Égyptiens qui s'en étaient approchés (1322). Les incursions des musulmans continuèrent ainsi jusqu'en 1341 (2). On peut juger de l'extrémité où ils réduisirent le royaume par les fréquentes ambassades que Léon envoya aux princes chrétiens pour en tirer des secours. Menacé de perdre ses châteaux, qu'il ne pouvait plus défendre, Léon écrivit au pape afin qu'il s'entremît pour offrir aux Hospitaliers les deux forteresses de Siguinum et d'Antiochette, et leur en confier la défense contre les envahisseurs (3). Enfin, poussé à bout par les Égyptiens, Léon envoya des ambassadeurs à Philippe de Valois, qui lui donna « diz mille florins d'or de Florence, pour estre convertis en la garde de ses chastiaux et pays (4). » Quelque temps après (1333), le pape Jean XXII, pressé par le roi de France, publia une croisade en faveur du roi d'Arménie. Les rois de Bohême, de Navarre, d'Aragon, prirent solennellement la croix ; mais la mort du pape, arrivée en décembre 1334, fit évanouir les projets de ces princes. Réduit à ses propres forces, Léon se retira dans un de ses châteaux du mont Taurus, et fut assassiné par les Arméniens en 1342 (5).

[Imitation de la monnaie des Seldjoukhides de Kouieh.]

43. † ԼԵՈՆ ԲԱԳԱՒՈՐ ՀԱՅՑՈՑ·

LÉON, ROI DES ARMÉNIENS.

(1) Héthum, ch. xlv.

(2) Aboulféda, Ann. mus., t. V, p. 205 et suiv.—Cantacuz., liv. III, ch. xxxi-xxxvii. — Tchamitch, t. III, p. 300 et suiv.

(3) Paoli, *Cod. dipl.*, t. II, n° 64, p. 81. Bref de Jean XXII (1332).

(4) Art. de vérifier les dates. Rois d'Arménie, Léon V, charte de 1332.

(5) Villani, liv. XII, 3.—Cappelletti (l'*Armenia*, t. II, 57) le fait mourir en Chypre, avec sa femme Constance.

Le roi à cheval passant à droite et tenant un sceptre fleurdelisé; derrière le roi ·⁚·

ᵚ ✝ ՇԻՆԵՈԼ Ի ՓԱՂԱՔՆ Ի ՍԻՍ·

FRAPPÉ DANS LA VILLE DE SIS.

Lion passant à droite, derrière lui une longue croix.

Tahégan d'argent. Pl. III, n⁰ 6.

Plusieurs variétés dans le sigle du droit : 1⁰ sous le cheval ᒪ; 2⁰ derrière le roi +; 3⁰ ou bien encore ⁝.

Cabinets de France, de Vienne et du docteur Orta.

Krafft, p. 13, pl. I, 21. — *Europa*, 1851, pl. n⁰ 5. — Sibilian, p. 17, pl. I, n⁰ 6.

44. ✝ ԼԵԻՈՆ ԹԱԳԱՒՈՐ ՀԱՅ·

LÉON, ROI DES ARMÉNIENS.

Le roi à cheval, marchant à gauche et tenant un sceptre fleurdelisé; en contremarque le mot arabe الملك, *le roi*.

ᵚ ✝ ՇԻՆԵՈԼ ԱԻ ՓԱՂԱՔՆ Ի ՍԻ·

FRAPPÉ DANS LA VILLE DE SIS.

Lion marchant à droite, derrière lui une croix.

Tahégan d'argent.

Cabinet Timoni.

Krafft, p. 13 et suiv.

[Imitation des monnaies de Chypre.]

45. ✝ ԼԵԻՈՆ ԹԱԳԱՒՈՐ ՀԱ·

LÉON, ROI DES ARMÉNIENS.

Le roi, vu de face, assis à la manière orientale, tient un sceptre fleurdelisé.

11

† ՀԻՆԵԱԼ Ի ՔԱՂԱՔՆ Ի ՍԻՍ·

FRAPPÉ DANS LA VILLE DE SIS.

Croix cantonnée de quatre besants.

Cuivre, pied fort. Pl. III, n° 7. — Deux variétés.

Cabinets des Mékhit. de Vienne, de Lagoy, de France et Wellenheim.

Krafft, p. 14, pl. II, n° 23 (incertaine). — Brosset, *Monogr.*, n° 7.

46. † ԼԵԻՈՆ ԹԱԳԱԻՈՐ ՀԱՅ·

LÉON, ROI DES ARMÉNIENS.

Le roi, assis sur un trône dont les deux côtés sont terminés par des lions, tient une croix et un globe.

† ՀԻՆԵԼ Ի ՔԱՂԱՔՆ Ի Ս·

FRAPPÉ DANS LA VILLE DE SIS.

Croix pattée.

Cuivre, petit module. Pl. V, n° 4.

Revue Archéologique, dixième année, p. 473, pl. CCXXIII, n° 4.

47. † ԼԵԻՈՆ ԹԱԳԱԻՈՐ ՀԱՅՈՑ·

LÉON, ROI DES ARMÉNIENS.

Le roi, assis sur un trône dont les deux côtés sont terminés par des lions, tient une fleur de lis et un globe crucigère.

† ՀԻՆԵԱԼ Ի ՔԱՂԱՔՆ Ի ՍԻՍ·

FRAPPÉ DANS LA VILLE DE SIS.

Croix surchargée d'une croisillette en abîme.

Cuivre, petit module, inédite. Pl. VII, n° 7.

Collection du docteur Orta.

48. † ԼԵԻՈՆ ԹԱԳԱԻՈՐ·

LÉON, ROI.

Le roi, assis à la manière orientale, tient une croix et un sceptre fleurdelisé.

℣ † ԼԵԻՈՆ ԹԱԳԱՒՈՐ·

LÉON, ROI.

Croix cantonnée de quatre besants.

Cuivre, moyen module. Pl. III, n⁰ 8.

Une variété d'un plus petit module, sans les besants. Pl. VI, n⁰ 8.

Cabinets de France, de Vienne, de F. Soret, de Khœne et de Reichel, à Saint-Pétersbourg.

Krafft, p. 14, pl. II, n° 24.

[Types particuliers à l'Arménie.]

49.　　† ԼԵԻՈՆ ԹԱԳԱՒՈՐ ՀԱՅՈՑ·

LÉON, ROI DES ARMÉNIENS.

Croix.

℣ † ՀԻՆԵՂԱԼ Ի ՓԱՂ ՂԱՔՆ Ի ՍԻՍ·

FRAPPÉ DANS LA VILLE DE SIS.

Lion passant à gauche.

Cuivre, moyen module.

Europa, 1850, pl. n⁰ 1.

50.　　† ԼԵԻՈՆ ԹԱԳԱՒՈՐ ՀԱՅ· ՍԻՍ·

LÉON, ROI DES ARMÉNIENS. SIS.

Lion passant à gauche.

℣ † ՀԻՆՑԱԼ (*sic*) Ի ՓԱԿԱՔՆ (*sic*)·

FRAPPÉ DANS LA VILLE.

Croix cantonnée de quatre étoiles.

Cuivre, moyen module. Pl. I, n⁰ 8.

Sestini, pl. II, n° 3. — Mon *Essai*, p. 17-8, pl. I, n° 8 (Léon II).

51.   [† ՆԵՒՈՆ ԹԱԳ[ԱՒՈՐ ՀԱՅՈՑ·]

LÉON, ROI DES ARMÉNIENS.

Lion passant à droite.

ℛ   † ՇԻՆԵՒԱԼ Ի Ք]ԱՂ ԱՔՆ Ի Ս[ԻՍ·]

FRAPPÉ DANS LA VILLE DE SIS.

Croix ancrée.

Cuivre, inédite.

Collection du docteur Orta.

52.   † ՆԵՈՆԻ (*sic*) ԹԱԳԱՒՈՐԻ (*sic*) ՀԱՈՑ·

LÉON, ROI DES ARMÉNIENS.

Croix potencée.

ℛ   † ՀԱՏԵԱԼ Ի ՔԱՂ ԱՔՆ ՍԻՍ·

Hadial i khaghaken Sis.

BATTU DANS LA VILLE DE SIS.

Lion passant à gauche.

Cuivre, moyen module.

Cabinet des Mékhitaristes de Vienne.

Sibilian, p. 11 et suiv., pl. I, n⁰ 2 (Léon III).

Le savant et respectable J. Lelewel a publié, dans le supplément de l'ouvrage de M. Sawazkiewicz, une médaille de Léon V surfrappée sur un flan musulman. Cette pièce est une imitation de la monnaie des sultans Seldjoukhides de Konieh.

53.   † ՆԵՒՈՆ [ԹԱԳԱ]ՒՈՐ ՀԱՅՈՑ·

LÉON, ROI DES ARMÉNIENS.

Le roi à cheval passant à droite. On aperçoit encore les restes de la légende arabe du premier coin :

. . . .

ا[ا]لسلطان [الا]عظم

. . . .

. . . .

LE SULTAN SUPRÊME

. . . .

⅄ [† Ⴀ[ԻՆ]ԵԱԼ Ի ՔԱՂ,ԱՔՆ Ի ՍԻՍ·

FRAPPÉ DANS LA VILLE DE SIS.

Lion passant à droite, derrière lui une croix. On voit encore le mot arabe suivant :

. . . . . . النصر

. . . .

LE SECOURS. . . .

. . . .

Argent. Pl. VI, n° 5.

Sawaszkiewicz, le *Génie de l'Orient*, p. 215, pl. XI, n° 95.

La médaille sur laquelle a été surfrappée l'empreinte arménienne est une pièce de Gaïath-Eddin Kaikosrou ben Kilidj-Arslan (1188-1210), sultan Seldjoukhide, dont le nom est écrit de cette manière sur les médailles : غياث الدين كيخسرو بن قلج ارسلان, et dont Marsden a donné la description dans son ouvrage intitulé : *The oriental coins ancient and modern*, t. Ier, p. 88, pl. VI, n° 82.

ROIS FRANÇAIS DE LA MAISON DE LUSIGNAN, SOUVERAINS DE LA CILICIE ET DE LA PETITE ARMÉNIE.

—

Les Lusignans s'étaient alliés aux Roupéniens dès le règne de Léon III, qui avait marié Isabelle, l'aînée de ses filles, à Amaury, comte de Tyr, frère de Hugues II, roi de Chypre (1295). Amaury ayant détrôné Henri, son frère, se fit reconnaître pour roi par le clergé et la noblesse chypriotes, et s'assit sur le trône; mais bientôt une révolte qui éclata à la cour de Nicosie mit fin au règne d'Amaury, qui tomba sous le poignard d'un assassin (1).

La reine Isabelle et ses trois fils, Henri, Jean et Guy (2), arrivèrent à Sis avec une nombreuse suite de Latins de la Syrie et de Chypre. Léon V y régnait alors sous la tutelle du baïle Ochin. Ce dernier, qui voyait l'influence arménienne diminuer à la cour, fit des représentations au thakavor son pupille; mais elles ne furent point écoutées. Une révolution éclata alors dans le palais, et Isabelle leva l'étendard de la révolte contre Ochin; mais elle fut vaincue et enfermée dans le château de Sis, avec son fils Henri. Les deux autres princes, Jean et Guy, fils d'Amaury, s'enfuirent et passèrent en Chypre, près de leur oncle Henri II, qu'ils mirent dans leurs intérêts. Ce prince, qui cherchait depuis longtemps l'occasion de se venger d'Ochin et des Arméniens, s'apprêtait à mettre à la voile pour faire invasion en Arménie, quand le pape Jean XXII, imposant sa médiation en 1322, fit échouer les projets du roi de Chypre.

Trompés dans leur attente, les deux fils d'Amaury passèrent en Grèce.

(1) Cf. Mas-Latrie, Hist. des Lusignans de Chypre, t. II, p. 115; extr. du *Songe du viel pélerin*, de Ph. de Maizières (bibl. imp., ms. fr., fonds Sorbonne, n° 323), fol. xii, viij.

(2) Le P. Étienne de Lusignan (Hist. de Chypre) donne à Amaury cinq fils et une fille: Hugues, Jean, Guy, Boemond, Henri, et Agnès, qui épousa Léon V, son cousin.

où ils se firent remarquer par leur bravoure, jusqu'à l'époque où les grands d'Arménie offrirent à l'aîné, Jean de Lusignan, le trône vacant du dernier des descendants de Roupène (1).

CONSTANTIN III.

(1342-1343.)

A la mort de Léon V, les barons d'Arménie confièrent à *Jean de Lusignan* la régence du royaume, pour donner à son frère Guy, qui était en Grèce, le temps de revenir en Cilicie. Celui-ci arriva bientôt, et les Arméniens tinrent conseil pour savoir auquel des deux princes on donnerait la couronne. Le baïle Jean fut choisi pour roi, et le nom de *Constantin* lui fut donné par acclamation en 1342. A peine assis sur le trône, Constantin voulut réparer les maux que l'incapacité de Léon V avait accumulés sur l'Arménie ; mais les invasions des musulmans et les querelles religieuses qu'il eut à soutenir avec le pape (2) ne lui permirent pas d'accomplir ses projets. Suspecté d'avoir favorisé les Latins et l'ordre des Unitaires, Constantin fut assassiné par les barons qui s'étaient révoltés contre lui (3).

Dans un règne aussi court, il n'est pas probable que Constantin III ait

(1) Revue Orientale, mon Essai sur les Lusignans de la petite Arménie, t. Ier, ch. II, p. 422 et suiv.

(2) Ce fut un patriarche déchu, Nersès Balientz, évêque d'Ormia, qui suscita ces embarras à l'Arménie, en entraînant à sa suite par ses machinations les frères de l'ordre des *Unitaires*, qui envenimèrent la querelle. C'est ce même Nersès qui traduisit l'Histoire des Césars et des Pontifes du Pol. F. Martin. Dans cette histoire, qui s'arrête en 1277, au pontificat de Nicolas III, Nersès trouva le moyen de placer dans la liste des Césars, des renseignements sur les rois Roupéniens. (Cf. Tchamitch, III, p. 346. — Sukias de Somal, *Quadro della letterat. armen.*, Venise, in-8°.)

(3) Revue Orient., t. Ier, p. 425-6.

fait frapper de monnaies. C'est au règne de Constantin IV, qui fut de longue durée, que j'attribue les médailles portant le nom de Constantin.

GUY.

(1343-1345.)

Une nouvelle assemblée de barons, tenue à Sis, s'occupa du choix d'un nouveau roi. Les suffrages se portèrent sur le frère du prince assassiné, *Guy de Lusignan*, appelé Ֆուքիստն par les Arméniens et Συργης par les Grecs. Guy était alors en Grèce, occupé à faire la guerre à l'empereur Cantacuzène, qui tentait d'envahir sa principauté d'Occident (1). Ce prince passa aussitôt en Arménie pour y recueillir l'héritage de son frère.

Sur ces entrefaites (1344), les Égyptiens continuaient leurs ravages en Cilicie. Guy écrivit au pape, qui lui envoya mille byzants d'or et autant de cavaliers. Mais ces troupes franques, qui traitaient les Arméniens plutôt en vaincus qu'en alliés, attirèrent sur Guy la haine des barons. Un an après, il mourut (2), victime d'une révolution de palais (3).

[Imitation de la monnaie des Seldjoukhides de Kouieh.]

54.　　　† ԿԻ ԹԱԳԱԻՈՐ ՀԱՅՈՑ·
　　　Gui thakavor Haïotz.

GUY, ROI DES ARMÉNIENS.

Le roi à cheval, passant à droite, tenant une croix; à droite et à gauche du personnage un besant.

(1) Cantacuzène, III, 31, 37, 49. — Nicéph. Grégoras, XII, 15, 13, 1.

(2) Nersès Balientz (Chronique) nous donne la date exacte de la mort de Guy : « Clé-

ment VI *régna en* 1342, *et sous son pontificat, la troisième année* (1345), *Guy fut tué par ses sujets.* »

(3) Revue Orient., t. Ier, p. 426-7.

† Ճ ŀ Ն Ե ԱԼ [Ւ ֆ Ւ ՜ Ղ Ջ Լ ֆ Ն Ի] Ս·

FRAPPÉ DANS LA VILLE DE SIS.

Lion passant à droite, derrière lui une croix.

Tahégan d'argent. Pl. V, nᵒ 5.

Collections des Mékhitaristes de Vienne, et de S. Alischan.

Sibilian, pl. II, nᵒ 11, p. 21-3. — *Revue Archéol.*, dixième année, p. 474, pl. CCXXIII, nᵒ 5.

CONSTANTIN IV.

(1345-1363.)

Après ce double forfait, les barons placèrent sur le trône un prince de la famille de Léon V, nommé Constantin (1), fils de Baudoin, maréchal d'Arménie (2). Le règne de ce prince fut employé tout entier à se défendre (3) contre les émirs musulmans d'Égypte, de Syrie et de Babylonie, qui s'emparèrent de Lajazzo (4), ville maritime de la Cilicie.

(1) Minas d'Hamit, dans son histoire ms. (bibl. des Mékhitaristes de Venise), l'appelle par erreur Léon VI; mais le rituel arménien composé par *Machdotz* en 1345, dit ceci : « *A été composé sous le règne de Constantin, l'année de son avénement au trône.* » Le Vartabed Martyros, qui était contemporain des rois latins, place d'abord, dans sa chronologie, Jean (Constantin III), puis Guy, enfin Constantin IV. En cela il est d'accord avec tous les historiens.

(2) Quelques auteurs ont prétendu que Constantin IV était fils d'un baron du nom d'Héthum. Ce fait est faux; car j'ai trouvé, dans un *memento* écrit au dernier feuillet d'un Évangile ms. qui est conservé dans le trésor

de l'église patriarchale de Sis, le passage suivant, qui prouve que Constantin était fils du maréchal d'Arménie Baudoin : « *Ce livre appartient au roi Constantin, qui l'a laissé à cette église pour le salut de son père, le baron Baudoin, maréchal, mort, et pour celui de ses deux fils, Léon et Ochin.* »

(3) Friedlaender, *die Münzen der Joh. Ordens*, p. 11.

(4) L'ancienne Ægée, aujourd'hui Aïas, était le port principal de l'Arménie au moyen âge. (Voy. de Marco Paulo, I, 2.—Pegolotti, dans Pagnini, t. III, p. 44. — Voy. de Barbaro, *in Ramuzz.*, t. III, p. 100.) On voit encore à Aïas les restes d'une tour octogonale sur laquelle on lit une inscription arabe que

12

Constantin écrivit au pape pour en obtenir des secours qui lui furent accordés à la condition d'extirper l'hérésie qui infestait l'église d'Arménie (1). Le thakavor promit tout ce que le pape demandait, ce qui occasionna à Sis une révolte que Constantin apaisa à grand peine. Ce prince mourut en 1363.

[Imitation des monnaies des Seldjoukhides de Konieh et des comtes de Tripoli (2).]

55. † ԿՈՍՏԱՆԴԻՆ ԹԳ ՀԱՅՑՑ·

Gosdantin th[a]k[avor] Haïotz.

CONSTANTIN, ROI DES ARMÉNIENS.

Le roi à cheval passant à droite, tient une épée.

ℛ/ † ՍՍՈՑ ԲԵՐԴՆ Է ԹԱԳԱՒՈ·

Sesotz perten é thakavor[agan].

C'EST LE CHATEAU ROYAL DE SIS.

j'ai copiée, et dont voici le texte avec la traduction, que je dois à l'obligeance de mon savant ami M. le docteur Sanguinetti :

امر بعمارة هذه القلعة الملتصقة السلطان
سليمان [بن ال]سلطان سليم خان سنة ثلا....

« *Celui qui a ordonné la construction de cette tour adjacente est le sultan Soliman, [fils du] sultan Selim khan, l'année 3......* »

Non loin de cette tour se trouvent, à l'est, deux châteaux, dont l'un, celui de terre, a été restauré, au seizième siècle, par le sultan Soliman. Il est fait mention du château de terre dans une quittance notariée du connétable d'Arménie au consul vénitien de Lajazzo, datée de 1304 : « *Hoc fuit actum in Lajaccio, in castro de terra, ante portam...* » (Mas-Latrie, Hist. de Chypre, docum., t. III, p. 677 et 678.)—Arch. de Venise, *Commém.*, I, 115 v°.) C'est, sans doute, dans l'un de ces châteaux que la princesse de Tyr fut mise en ôtage, lorsque les envoyés du saint-siége et le roi d'Arménie arrêtèrent les conditions du retour du roi Henri en Chypre : « *que si debba metter la dama de Sur et soi figliol in una corte* (lis. *torre*) *che è apresso el porto de la Giazza* (Lajazzo)... » (Chron. d'Amadi, bibl. imp., n° 369, ms., et Mas-Latrie, Hist. de Chypre, t. II, docum., p. 113.)

(1) Revue Orient., t. Iᵉʳ, p. 427-9.

(2) De Saulcy, Croisades, pl. vɪɪ.

Châtel à trois tours.

Ténar d'or. Pl. III, n° 9.

Cabinet des Mékhitaristes de Venise. ·

En comparant la légende et le type du revers de cette monnaie avec le contre-sceau de Baudoin d'Ibelin,sire d'Arsur et connétable du royaume de Jérusalem (1), on remarque le même château à trois tours avec cette légende :

$\dagger$: CE : EST : LE : CHASTIAV : DARSVR :

Le type du châtel se remarque aussi sur les monnaies des comtes de Tripoli que M. de Saulcy a publiées dans sa *Numismatique des Croisades* (2).

Le château de Sis dont on voit la figure représentée au revers de cette médaille, est sans doute celui qui subsiste encore aujourd'hui sur le rocher au pied duquel la ville de Sis est bâtie en amphithéâtre. Ce château, qui occupe les trois mamelons du rocher, était, au moyen âge, une forteresse redoutable dans laquelle les Arméniens soutinrent de longs siéges contre les Seldjoukhides de Konieh et les Égyptiens (3). La forteresse de Sis fut prise en 1374, par les troupes du sultan de Bagdad, qui l'occupèrent longtemps. Elle ne fut complètement abandonnée que lors de l'annexion de la Karamanie à l'empire des Ottomans, sous le règne du sultan Bajazet II, au quinzième siècle. On voit encore, sur l'une des portes, les traces d'une inscription arabe dont il ne reste que quelques mots.

[Imitation des médailles des Seldjoukhides de Konieh et des empereurs de Constantinople.]

56. $\dagger$ ԿՈՍՏԱՆԴԻԱՆՈՍ ԹԱԳՈՐ ՀԱՅ·

Gosdantianos thak[av]or Haï[otz.]

CONSTANTIN , ROI DES ARMÉNIENS.

(1) Paoli, *Cod. dipl.*, t. 1er, pl. VI, n° 64. —Rev. Arch., dixième année, p. 467 et suiv.

(2) Pl. VII, nos 4-8.

(3) Cf. mon Mémoire sur Sis , dans le Journal Asiatique, 1855, p. 257.

Le roi à cheval, tenant une épée ; devant le cheval .·.

Ӈ   † ԿՈՐՈՂ ՊԻՓԵՆ ԱՅԻ ԹԱԳՈՐ·

Garoghouth[iam]pen A[sdouzo], thak[av]or.

PAR LA PUISSANCE DE DIEU , ROI.

Le roi, debout et vu de face, tient une épée et un sceptre fleurdelisé.
Tahégan d'argent. Pl. III, n° 10.
Cabinet de Vienne.
Krafft, p. 23, pl. I, n° 57.

[Imitation des monnaies chypriotes.]

57.   † ԿՈՍՏՐՆՓԻՆ ԹԱԳ·

Gosdentin thak[avor.]

CONSTANTIN , ROI.

Le roi, assis et vu de face, tient un sceptre et un globe crucigère.

Ӈ   † ՇԻՆԵԼ Ի ՔԱՂ SԱՐ·

Tchini[a]l i khagh[aken] Dar[soni].

FRAPPÉ DANS LA VILLE DE TARSE.

Croix potencée.
Cuivre, petit module. Pl. V, n° 6.

Deux variétés : avec la croix du revers cantonnée de quatre besants
(inédite), pl. VII, n° 6, ou surchargée d'une croisillette en abîme (Sibilian).

Cabinets des Mékhitaristes de Vienne et d'Alischan.

Revue Archéologique, dixième année, p. 474, pl. CCXXIII, n° 6. — Sibilian, p. 26, pl. III, n° 15.

Cette médaille et ses variétés, dont l'une est inédite, sont la preuve de l'existence d'un atelier monétaire à Tarse sous les Lusignans (1). Jusqu'à ce jour on supposait que les thakavors n'avaient battu monnaie que dans la ville de Sis.

Il n'y a pas de doute dans la lecture des trois lettres ՏՍԷՐ, qui sont les initiales du nom de Tarsous, en arménien Տարսոն, car la forme monogrammatique de l'Ս, et du Ր se voit figurée de la même manière sur une inscription arménienne de Tarse que j'ai donnée plus haut (2), et dont j'ai publié le dessin dans mon *Recueil des Inscriptions de la Cilicie* (3) et dans la *Revue Archéologique* (4). Le P. Sibilian a donné, dans sa brochure (5), la figure d'une médaille semblable à celle que je viens de décrire ; seulement il n'a pas lu les lettres ՏՍԷՐ qui forment, ainsi que je viens de le dire, le commencement du nom de Տարսոն.

PIERRE Ier.

(1368-1369.)

Les barons ne voulant pas appeler au trône de princes étrangers à leur nation, laissèrent vacante la couronne d'Arménie. Cependant des prétendants se mettaient sur les rangs : les uns, de race franke et parents des Roupéniens, invoquaient leurs droits; les autres, d'origine cilicienne, faisaient valoir leur bravoure et leurs richesses. La faction

(1) J'ai vainement cherché, à Tarsous, l'emplacement du palais des rois de Cilicie. Cependant, d'après toutes les probabilités, ce palais, duquel faisait partie l'hôtel des monnaies, devait être situé sur le lieu occupé par l'ancien sérai des gouverneurs, qui tombe aujourd'hui en ruines. Pendant la domination égyptienne, Ibrahim-pacha avait établi dans ce sérai son quartier général. Les fondations de cet édifice sont en pierres de taille, et sur

quelques-unes on voit encore des lettres arméniennes qui étaient autant de numéros de repère.
(2) P. 51. Cf. Héthum Ier.
(3) Cf. la pl. n° 1, lig. 3 et 4.
(4) Dixième année, p. 744, pl. ccxxx, n° 1, note sur trois inscriptions arméniennes de l'église de la Vierge, à Tarsous.
(5) P. 26, pl. iii, n° 15.

latine ou franke, dont la puissance semblait dominer le parti arménien, proposa d'offrir la couronne à *Pierre de Lusignan*, roi de Chypre, qui était alors en Europe. Pierre, qui avait déjà accepté la défense des deux forteresses de Gorighos (1), pouvait, en ramenant des renforts de l'occident, marcher à la tête de l'armée alliée et chasser les Égyptiens qui continuaient leurs dévastations en Cilicie (2).

Le roi de Chypre accueillit à Rome la députation des grands d'Arménie, alla s'embarquer à Venise, et arriva en Chypre, espérant trouver des chevaliers qui l'aideraient à sauver le royaume d'Arménie; mais à peine était-il arrivé à Nicosie, qu'il fut assassiné (3).

Malgré le silence des chroniqueurs chypriotes, Strambaldi, Amadi et Florio Bustron, les détails que donne Machaut dans sa chronique rimée (4) paraissent assez formels et assez sûrs pour nous autoriser à considérer Pierre Ier comme ayant été réellement investi du titre de roi d'Arménie dans les derniers mois de son règne.

Voici un extrait de la chronique de Guillaume de Machaut (5), qui raconte en ces termes l'élection de Pierre au trône d'Arménie :

> Li roys se parti de la court;
> Mais sa renommée qui court
> Par tous païs, par tous chemins,
> L'essaussa tant, que les Hermins (6)
> L'ont pour leur signeur esleu,
> Pris et nommé et receu;
> Nom pas en sa propre personne,
> Mais chascuns d'eaus sa vois li donne,

(1) Lorédano, *Istorie de' Lusign.*, p. 353. — Machaut, *La prinse d'Alixandre*, ms., fol. 313, dans l'Hist. de Chypre de L. de Mas-Latrie, t. II, p. 267, note.

(2) G. de Machaut, *La prinse d'Alixandre*, lieu cité.

(3) Mas-Latrie, Hist. de Chypre, p. 310.

(4) Mss. de la bibl. imp. de Paris, ancien fonds franç., 7609, fol. 354, et Lavallière, 25, suppl. franç. 43.

(5) *La prinse d'Alixandre*. Cf. Mas-Latrie, ouvr. cité, t. II, p. 310-1.

(6) Arméniens.

A tousjours perpetuelment,
Et de commun assentement.
Et par coy la chose ait durée,
Tuit li milleur de la contrée,
Et les villes l'ont scélé
Par leur foy et leur scélé,
Tous ensamble, c'est assavoir
Que c'est au roy et à son hoir.

    Et les clés des milleurs fortresses
Qui dou païs sont plus maistresses,
Ont baillée au prince son frère,
Par quoy la chose soit plus clère.
Et s'en a la possession
Paisible, sans rebellion ;
Et tient toute la signourie
Dou bon royaume d'Erménie
Pour le roy, qui procheinnement
Y sera s'il puet nullement.

    Quant li roys oy la nouvelle
Moult li fu plaisant et nouvelle
D'un tel royaume conquérir,
Sans labeur et sans cop férir.
Si que li roys s'achemina
Et tant hasté son chemin a,
Qu'en la cité vint de Venise,
Où on aime forment et prise.

    Li roys n'i fist pas lonc sejour ;
Car un dimanche, au point dou jour,
A grant joie et à grant déduit,
L'an mil CCC LX VIII,
Se parti, moult bien m'en remembre,
XXVIII jours dedens septembre,

Pour aler faire l'ordenance
Dou païs et la gouvernance
Qui à son hoir li est donnez
Ligement et abandonnez.

C'est Pierre de Lusignan, sur lequel les historiens d'Arménie gardent le silence, qui vient compléter la série des cinq princes latins qui paraît être indiquée par l'inscription du tombeau de Léon VI, qu'on lira plus loin.

Le témoignage de Machaut sur l'élection de Pierre, roi de Chypre, comme roi d'Arménie, est confirmé par l'existence d'une médaille que j'ai vue dans la collection du docteur Orta d'Adana. Cette médaille porte en abrégé le nom de Pierre, qui se dit Պետրոս en arménien.

[Imitation de la monnaie des Seldjoukhides de Konieh.]

58. † ՊՏՐՍ ԹԱԳԱԲ ԱՄԵՆ ՀԱՅՑ·

B[é]dr[o]s thak[av]or amén[ain] Haïo[tz.]

PIERRE, ROI DE TOUS LES ARMÉNIENS.

Le roi à cheval, passant à droite et tenant une croix; sous le cheval une étoile.

℞ † [Շ]ԻՆ[Ե]ԱԼ Ի ՔԱՂԱՔՆ Ի ՍԻՍ·

FRAPPÉ DANS LA VILLE DE SIS.

Lion passant à droite, derrière lui une croix.

Tahégan d'argent, inédit. Pl. VI, n° 9.

Collection de feu le docteur Orta.

Cette pièce est fort intéressante, en ce qu'elle appuie le seul témoignage historique qui nous soit parvenu de la royauté de Pierre Ier en Cilicie, et parce qu'elle comble une lacune dans la série numismatique des Lusignans d'Arménie. Cette médaille confirme aussi l'opinion de M. de Mas-Latrie (1), qui dit « qu'il ne serait pas impossible qu'on découvrît des monnaies de Pierre portant des légendes arméniennes. » En effet, Pierre Ier put bien faire acte d'autorité pour le royaume de Cilicie entre la fin de septembre 1368, époque à laquelle il s'embarqua à Venise, et le 16 janvier 1369, jour où il fut poignardé en Chypre.

LÉON VI.

(136.?-1375+1393.)

L'interrègne durait depuis la mort de Constantin IV, arrivée en 1363, Pierre de Lusignan n'étant pas venu en Arménie. Le pape, voyant les malheurs que cet état de choses allait amener en Cilicie, proposa aux barons arméniens d'élire pour roi le prince *Léon*, né d'une mère arménienne de la race du roi Guy, et parent de Pierre, roi de Chypre (2). A la recommandation du pape, Léon fut sacré à Sis (3). C'est à partir de son installation sur le trône que les Égyptiens revinrent en Cilicie pour dévaster le pays et conquérir le royaume. La ville de Sis fut prise d'assaut et rasée. Léon s'enfuit dans les montagnes et se cacha si bien, que le bruit de sa mort se répandit dans tout le pays (1371); mais il reparut quelque temps après à Tarse, ce qui causa une grande joie dans tout le royaume. Malheureusement la perte de Léon et de ses états était résolue! Le sultan de Bagdad envoya une armée en Cilicie, sous la

(1) Hist. des Lusignans de Chypre, t. II, p. 311, note 1, col. 2.

(2) Lettres d'Urbain V, p. 355-6.—Selon le P. Étienne de Lusignan (Hist. de Chypre, ch. xxxiii, fol. 201 ; généal., fol. 32), Léon était fils d'un autre Léon, également roi, fils de Hugues, fils d'Amaury de Lusignan, seigneur de Tyr, et frère de Henri II, roi de Chypre,

qui monta sur le trône en 1284. Ces deux Léon auraient succédé à un troisième prince du même nom, leur proche parent, aussi roi d'Arménie, et comme eux issu du comte de Tyr, par Amaury.

(3) Saint-Martin (Mém. sur l'Arménie, t. Ier, p. 436) donne la date 1365 comme celle de l'avénement de Léon VI.

conduite d'Ahmed (1374), avec ordre d'anéantir le royaume et de massacrer tous les chrétiens qui s'y trouveraient. Ahmed entra en Cilicie et exécuta ponctuellement les ordres de son maître. Le Vartabed Martyros fait un tableau touchant des malheurs qui fondirent alors sur l'Arménie. Toutes les villes furent dévastées et ruinées, les couvents pillés, les églises brûlées et les habitants traînés en captivité (1). Léon et sa famille se retirèrent dans la forteresse de Gaban (2), où la famine les obligea à se rendre (3). Les princes furent conduits prisonniers d'abord à Jérusalem et ensuite dans la citadelle du Kaire. Le royaume fut partagé entre divers princes musulmans et devint une province égyptienne (4).

Léon sortit de prison en 1383, passa en Espagne (5), de là en France, et vint mourir, dix ans après, à Paris. Son corps fut inhumé aux Célestins, où il resta jusqu'à la révolution. Son tombeau fut depuis transporté au musée des Petits-Augustins, et enfin dans la sépulture

(1) Revue Orientale, t. Iᵉʳ, p. 434.

(2) Cette forteresse est située dans les gorges du Taurus, à quelques heures au sud-ouest du principal village du Zeithun. Elle est tout à fait ruinée, et s'appelle encore aujourd'hui Gaban-Kalessi. Cf. sa position dans les cartes de MM. Kiepert et de Tchihattchef, sur le 34° long. et 38° lat.

(3) Grég. Bar-Hebr., Chr. syr., p. 283 et suiv. — Tchamitch, III, p. 297-360 et suiv.

(4) Mém. de l'Acad. des inscr. et belles-lettres, t. XII, IIᵉ part., p. 147. Cf. Vie de Léon VI, par Saint-Martin.—Revue Orient., t. Iᵉʳ, p. 432 et suiv.

(5) Teatro de las grandezas de la villa de Madrid, de G. Gonzalès d'Avila, p. 152 et suiv. — Cf. Mas-Latrie, III, doc., p. 759 et suiv.; les Lettres de Pierre IV, roi d'Aragon, au sultan et à l'amiral d'Égypte, pour les prier de rendre à Léon VI la liberté (3 sept. et 3 oct. 1380); pièces des archives de Perpignan, reg. 987, fol. 152. — A la suite de cette pièce se trouve une autre lettre que Pierre IV écrivit à l'amiral d'Égypte pour s'intéresser à la délivrance de Léon. M. de Bofarull a publié ces deux documents d'après le texte des archives de Barcelone. Cf. Coleccion de doc. ineditos del archivo general de la corona de Aragon, t. IV, p. 370.—Presque tous les rois d'Occident assistèrent Léon VI dans sa détresse. En 1383, comme il rendait visite à Charles II, roi de Navarre, ce prince lui donna une riche nef d'argent contenant 2,000 florins d'Aragon. 15 florins furent remis en même temps au bouffon (yuglar) qui accompagnait le roi, et 20 à son héraut. Cf. Jose Yanguas y Miranda, Diccionario de antiquedades del reino de Navarra, t. III, p. 131 (Pampelune, 1840). — Note communiquée par M. L. de Mas-Latrie.

royale de Saint-Denis. Voici l'inscription telle qu'elle est gravée sur la tombe de ce roi :

Cy gist très noble et excellet prince Lyon de Lizingne quiī roy latī du royaume d'Arménie qui rēdi lame à Dieu à Paris le XXIXe *jour de novēbre l'an de grace* M CCC IIII *et* XIII. *Pries pour luy.*

Quelques auteurs ont pensé, et cela d'après l'autorité du P. Tchamitch (1), corroborée par une mauvaise interprétation de l'inscription, que Léon de Lusignan ne devait être que le cinquième du nom, au lieu du sixième. Toute la difficulté de l'inscription réside dans le placement de la virgule, qui doit être mise entre les mots *Lizingne* et *quint.* En effet, Pierre, comme seigneur de Gorighos, et plus tard comme roi d'Arménie, fut le quatrième roi latin, et Léon, qui est cité le dernier dans les annales , est nécessairement le *quint roÿ latin d'Arménie,* et le sixième du nom (2).

Cependant, à la suite d'une ordonnance rendue par Léon VI, pendant son séjour en Espagne (3), l'éditeur a donné la description du sceau du roi, qui portait l'inscription suivante : REGIS ARMENIÆ LEONIS V. Gonzalès le nomme constamment Léon V, d'où on peut induire que les Arméniens ayant considéré Léon VI comme le cinquième du nom, auraient fait commencer la liste des princes du nom de Léon au roi Léon II, en excluant de la série des dynastes Roupéniens l'ichkhan Léon Ier,· qui avait pris le titre de roi sans avoir reçu l'onction royale. C'est pour se conformer à cette convention que Gil Gonzalès d'Avila et le P. Tchamitch ont donné à Léon le cinquième rang dans la série des rois homonymes, tandis qu'il est en réalité le sixième (4).

(1) Hist. d'Arménie, t. III, Léon V.

(2) Revue Orient., t. Ier, p. 431.—De Mas-Latrie, Hist. de Chypre, t. II, p. 309.

(3) Gil David Gonzalès d'Avila, *Teatro de las grandezas de Madrid*, p. 152-6.

(4) Սանեաց աղաւնի (La Colombe du Massis). Léon VI, n° 1 (1855), p. 18-20. Notice par le P. G. Aïwazowski, en arménien et en français.

[Imitation des monnaies des Seldjoukhides de Konieh.]

59. Le roi à cheval, passant à droite et tenant un sceptre fleurdelisé.

℞ Lion à droite, derrière lui une croix double.

Argent, pièce rognée. Pl. V, n° 7.

Collection Alischan.

Revue Archéologique, dixième année, p. 475, pl. CCXXIII, n° 7.

[Type particulier à l'Arménie.]

60.   † ԼԵՒՈՆ ԹԱԳԱՒՈՐ ՀԱՅ·

LÉON, ROI DES ARMÉNIENS.

Lion à droite.

℞   † ՇԻՆՔԵԱԼ Ի ՔԱՂՔԱՔՆ Ի] ՍԻՍ?

FRAPPÉ DANS LA VILLE DE SIS.

Croix pattée.

Billon. Pl. III, n° 11.

Collection de M. de Cadalvène.

De Saulcy, *Num. des Croisades*, p. 174, pl. XIX, n° 5 (Chypre).

[Imitation de la monnaie chypriote.]

61.   † ԼԵՒՈՆ ԹԱԳԱՒՈՐ ՀԱ·

LÉON, ROI DES ARMÉNIENS.

Le roi assis sur un trône et vu de face, tenant un sceptre fleurdelisé et une croix.

℞   † ՇԻՆԵԱԼ Ի ՔԱՂՔԱՔՆ Ի Ս·

FRAPPÉ DANS LA VILLE DE SIS.

Croix pattée.

Cuivre, petit module.

Une variété avec la croix du revers surchargée d'une croisillette.

Cabinets des Mékhitaristes de Vienne et du docteur Orta.

Sibilian, p. 20-1, pl. II, 9, 10 (Léon V).

[Type particulier à l'Arménie.]

62.　　　　　　　† ԼԵԻՈՆ ԲԱԳԱԻՈՐ]

LÉON, ROI

Lion passant à droite.

℣　　　　　† ԱՄԵՆԱՅՆ ՀԱՅՈ·

DE TOUS LES ARMÉNIENS.

Croix pattée.

Cuivre, petit module. Pl. V, nº 8.

Revue Archéologique, dixième année, p. 475, pl. CCXXIII, nº 8.

63. Lion passant à droite.

℣ Croix pattée.

Cuivre, pièce rognée, semblable à la précédente, mais d'un module infiniment petit. Pl. V, nº 9.

Revue Archéologique, dixième année, p. 475, pl. CCXIII, nº 9.

SCEAU DE LÉON VI.

La description du sceau de Léon VI nous a été conservée dans un ouvrage espagnol que j'ai déjà eu l'occasion de citer (1), à la suite d'une ordonnance rendue par le roi comme seigneur de Madrid, de Villa-

(1) *Teatro de las grandezas de Madrid*, p. 156.

real et d'Andujar, dans la ville de Ségovie, le 19 octobre 1427 de l'ère
d'Espagne (1). Voici la description de ce sceau donnée par Gonzalès :

« La firma està de letra colorada, y el sello de cera colorada ; tiene un castillo
con dos leones, en cima una corona real, y por timbre dos ramos ; en medio un
grifo con esta letra : REGIS ARMENIÆ LEONIS V. »

La description des sceaux de Léon II et de Léon VI, décrits par Atto
Placentius (2) et Gil Gonzalès, sont les deux seuls documents importants
qui nous soient parvenus sur la sigillographie des Roupéniens et des
Lusignans d'Arménie.

(1) L'ère d'Espagne commença le 1ᵉʳ janvier de l'an 38 av. J. C., ce qui nous donne
pour cette pièce l'année de J. C. 1391.

(2) Cf. plus haut, p. 49.

MONNAIES INCERTAINES.

—

[Imitation de la monnaie des Seldjoukhides de Konieh.]

64. Légende illisible.

Un roi passant à cheval et allant à droite tient un sceptre fleurdelisé.

℣ Légende illisible.

Lion passant à droite, derrière lui une croix.
Billon et cuivre. Pl. III, n° 12.
Cabinets de France et Timoni.
Krafft, pl. II, n° 58, p. 24.
Cette pièce paraît être l'œuvre d'un faussaire inhabile.

65. † ..... ԹՍԳՍԻՈՐԻ ՍԻԵIՍԻ .....

..... *thakavori amenaï[n] ?....*

..... ROI DE TOUS .....

Un roi à cheval passant à droite.

℣ † ..... Ո՗ՈՈ .....

..... *aed]oudzo ?....*

..... DE DIEU .....

Lion passant à droite, derrière lui une croix.
Cuivre, petit module.
Krafft, p. 24, pl. II, n° 58.

66. † ..... ՍԻՈՐ ՀՍՑ·

..... ROI DES ARMÉNIENS.

Un roi à cheval, passant à gauche.

Ք

† ՀԻՆԵԱԼ Ի ՔԱՂԱԿ·

ₐₐₐ FRAPPÉ DANS LA VILLE.

Croix cantonnée de quatre fleurs de lis.

Cuivre.

Collection autrefois de W. von Wellenheim.

Verzeichniss der Münz und Medaillen Sammlung des H. L. Welzl von Wellenheim, vol. II, t. II, p. 571, n⁰ 12,062.

J'ai publié, dans la *Revue Archéologique* (1), une médaillé du roi d'Arménie Tigrane IV (*Dikran*), sur laquelle j'avais cru lire, en contremarque, le mot *բարի*, qui signifie *bon*. M. Séropé Alischan m'a fait observer que c'était plutôt une contremarque arabe, comme celles qui se remarquent sur beaucoup de monnaies chrétiennes ou autres, auxquelles les princes musulmans donnaient cours forcé en y imprimant une légende pieuse, telle que الله, *à Dieu* (2), ou bien d'autres mots, comme طيب, جايز, الملك, etc. (3). S'il en est ainsi, et c'est mon opinion, cette pièce ne doit pas être considérée comme se rattachant aux suites numismatiques arméniennes du moyen âge.

(1) Huitième année, p. 225, lettre à M. Reinaud.

(2) De Saulcy, Num. des Croisades, pl. XIII, n° 5.— Baron Marchant, nouv. éd., lettre XXIX, mes notes.

(3) Cf. la liste des principales expressions lues sur les médailles arabes, dans la lettre adressée à J. Lelewell par le savant Frédéric Soret (Revue Numism. belge, t. IV, 2ᵉ série, 1854).

ROIS FRANÇAIS DE CHYPRE DE LA MAISON DE LUSIGNAN, TITULAIRES DU ROYAUME D'ARMÉNIE.

—

En 1393, à la mort de Léon VI, dernier roi d'Arménie, une nouvelle couronne échut au roi de Chypre Jacques Ier. C'est à partir de cette époque que Jacques et ses successeurs joignirent dans leurs actes officiels le titre de roi d'Arménie à ceux qu'ils avaient déjà (1). Mais cette royauté, comme celle de Jérusalem, était purement nominale et n'apportait au roi de Chypre aucun accroissement de puissance; car les chrétiens ne possédaient plus en Arménie que les deux forteresses de Gorighos, qui ne tardèrent pas à leur être enlevées (2).

Voici la liste des souverains de Chypre qui héritèrent du titre de roi d'Arménie :

JACQUES Ier, roi titulaire d'Arménie en 1393 — 1398.
JANUS, 1398 — 1432.
JEAN II, 1432 — 1458.
CHARLOTTE ET LOUIS DE SAVOIE, 1458 — 1464.
JACQUES II, 1464 — 1473.
JACQUES III, 1473 — 1475.
CATHERINE CORNARO, 1475 — 1489.

(1) Arch. de l'Empire (J. 433. 7.), procuration à Jean de Lusignan, seigneur de Beyrouth, pour traiter d'une alliance en son nom (1395).

(2) De Saulcy, Croisades, p. 88. — Il existe des pièces de Jean II, roi de Chypre, conservées aux archives de Malte et relatives à la conquête de Gorighos par le grand Karaman (Ibrahim-bey). M. de Mas-Latrie a publié ces documents dans son Hist. de Chypre, doc., t. III, p. 48-56.

JACQUES II.

De tous ces princes titulaires du royaume d'Arménie, un seul, Jacques II, inscrivit sur sa monnaie le titre dont il avait hérité de ses aïeux (1). Voici la description de deux médailles, dont la seconde, qui fait partie de la collection de S. A. S. le prince de Furstemberg, a été publiée pour la première fois par M. de Saulcy.

[Type particulier aux Lusignans de Chypre.]

67. † IACO.... DEI G..... REX

Jaco[bus] Dei g[racia] rex

JACQUES, PAR LA GRACE DE DIEU, ROI

Lion passant à gauche.

℞ † ...... CIP.... ERMENE.

[Jerusalem] Cip[ri et] Ermen[i]e.

DE JÉRUSALEM, DE CHYPRE ET D'ARMÉNIE.

Croix de Jérusalem.

Cuivre, moyen module.

Münter, *Om frankernes Mynter i Orienten*, part. III du Catal., p. 69. — Buchon, *Recherches sur la princ. de Morée*, p. 413. — Mas-Latrie, *Monnaies de Chypre*, p. 435 du t. V de la *Biblioth. de l'École des Chartes*. — *Dict. de Numismatique* de l'abbé Migne, v⁰ Chypre, p. 217.

68. † IACOBVS DEI GAA REX

JACQUES, PAR LA GRACE DE DIEU, ROI

Lion passant à gauche.

(1) C'est par erreur que Münter, dans son Catalogue (III, p. 69), attribue à Jacques II une pièce avec la légende ERMENE ; cette pièce a été mal lue et appartient au règne de Pierre Iᵉʳ. (Cf. Buchon, Éclaircissem. sur la conquête de la Morée, t. Iᵉʳ, p. 406 et suiv.)

B/ † IE........ ARME.

DE JÉRUSALEM, DE CHYPRE ET D'ARMÉNIE.

Croix potencée de Jérusalem, cantonnée aux quatre cantons de croisillons.

Cuivre, moyen module.

De Saulcy, *Num. des Croisades*, p. 111, pl. XII, n⁰ 8.—*Dict. de Num.*,
v⁰ Chypre, p. 233 et suiv.—*Manuel de Num. mod.* de Barthélemy, p. 398.

Les médailles que j'ai décrites dans cette monographie constituent
la *Numismatique de l'Arménie au moyen âge*. J'ai été assez heureux pour
faire connaître quelques pièces nouvelles, qui font de cette série l'une
des plus importantes de la *Numismatique des Croisades*.

SUPPLÉMENT.

—

HÉTHUM II (1).

29 *bis.* † ՀԵԹՈԻՄ ԹԱԳԱԻՈՐ ՀԱ·

HÉTHUM, ROI DES ARMÉNIENS.

Croix cantonnée de quatre étoiles.

℟ † ՀԻՆԵԱԼ Ի ՔԱՂ ՂԻՔՆ Ի ՍԻՍ·

FRAPPÉ DANS LA VILLE DE SIS.

Lion couronné passant à droite; derrière lui une croix.

Cuivre, moyen module.

Verzeichniss der Münz und Medaillen Sammlung des H. L. Welzl von Wellenheim, vol. II, t. ɪɪ, p. 571, nº 12,061 (inédite).

———

SUPPLÉMENT AU § III DE L'INTRODUCTION

SUR LES NOMS ET LA VALEUR DES MONNAIES ARMÉNIENNES (2).

Pendant l'impression de cet ouvrage, plusieurs espèces de monnaies que je n'avais pas mentionnées m'ont été signalées par mon savant ami et confrère M. Édouard Dulaurier. J'ai donc jugé nécessaire de donner un supplément au § III, et de citer en même temps quelques passages importants des historiens arméniens Moïse Galcandouni et Sépêos, où il est question de monnaies étrangères qui avaient cours en Arménie à l'é-

(1) Cf. plus haut, p. 64 et suiv.   (2 Cf. plus haut, p. 7 et suiv.

poque des invasions qui eurent lieu dans ce pays pendant la première
période du moyen âge.

Monnaie d'or. — Nous trouvons la mention du *tahégan d'or*, dont j'ai
parlé plus haut (1), dans un passage de l'histoire des Aghouans de Moïse
Galcandouni (2), où il est dit : Տէր Եղիազար... սա եգիտ զսուրբ խաչն
համձեայն ի Մեսրոպայ ի Գիս գեղ . և ինոյն կենարար փայտէն ման
առեալ եղ ի ջի դահեկանի ոսկւոյ : « Le seigneur Éléazar... ayant trouvé
la sainte croix, cachée par Mesrob dans le village de Kis, prit une partie
de ce même bois et le plaça dans 120 tahégans d'or. »

Monnaie d'argent. — Un autre passage de cette même histoire des
Aghouans de Moïse Galcandouni (3), en nous faisant connaître que le
didrachme persan des Sassanides avait cours en Arménie, ajoute qu'il
était perçu d'après la capitation en usage chez les Perses : Ο ամենայն
պահանջէր և դիդրաքմայն բստ սովորութեան աղխարհագրէն Պարսից
թագաւորութեան : « Il exigeait de tous (les habitants) le didrachme,
suivant l'usage de la capitation du royaume des Perses. »

Dans son histoire d'Héraclius, l'historien Sépéos (4) nous donne le
nom d'une monnaie arménienne totalement inconnue jusqu'à présent :
c'est le *tram baïrasig*, այրասիկ դրամ. Il est probable que ce nom de
monnaie a été altéré par le copiste, et que Sépéos voulait sans doute
parler de la drachme sassanide (5), qu'il appelle *tram persan*. Voici la traduction du passage arménien où il est question de cette monnaie : « Les
Mèdes se révoltèrent à cette époque, parce que les Arabes exigeaient
d'eux, par tête, chaque année, une somme de 365 trams baïrasig
(drachmes persans). »

(1) P. 10.
(2) Liv. III, ch. xxiii, fol. 169.
(3) Liv. II, ch. xvi, fol. 117.
(4) Il y a, à Edchmiadzin, une copie manuscrite de Sépéos, contenue dans le recueil
n° 5 du catalogue historique de la bibliothè-

que du monastère, dressé par M. Brosset, et
publié dans ses Rapports sur un voyage archéologique en Arménie et en Géorgie.
(5) Ad. de Longpérier, Numism. des Sassanides, 3° § de la p. iv de l'Introduction.

PETITES MONNAIES ARMÉNIENNES. — Le nouveau dictionnaire arménien des RR. PP. Mékhitaristes de Venise (1) m'a fourni, outre les indications monétaires que j'ai données au § III de l'introduction (2), d'autres noms de monnaies de peu de valeur qui avaient cours en Arménie. Je vais en donner successivement le détail.

Le *ph'schid* ou *ph'schdid*, ֆշիտ, ֆշտիտ, équivalait à l'obole. C'était une monnaie du genre du *loma'* et du *pholi*. Il pesait trois grains d'orge. En partageant le tahégan en petites parties, on a 43 grains ou 32 ph'schid (3).

Le *louma'* ou *loma'*, լումայ, լոմայ, correspondait aux monnaies grecques λεπτόν, κοδράντης, ἀσσάριον, et à l'*obolus* romain.

Le *nak'araguid*, նաքարակիտ, était une monnaie équivalant à la quatrième partie du *pogh*.

Le *pnion*, բնիոն, était, à ce que l'on suppose, une monnaie en bois ou en plomb. Elle est citée dans la traduction arménienne du commentaire de saint Jean Chrysostôme sur le prophète Isaïe : և դու զիարդ կամիս բիւր բնիոն փայտեայ կամ կապարեայ գտանել եթէ մի մարգարիտ պատուական : « Et vous, lequel préférez-vous, de trouver dix mille pnion de bois ou de plomb, ou bien une perle précieuse ? »

On pourrait encore citer plusieurs textes et d'autres noms de monnaies qui ont trait à la numismatique de l'Arménie; mais comme ils ont rapport à l'antiquité et que le cadre de cet ouvrage n'embrasse que la période du moyen âge, je n'en ai point fait mention. Tous ces documents, qui sont assez considérables, trouveront place dans un autre ouvrage, que j'ai l'intention de publier, sur la Numismatique de l'Arménie pendant les temps antiques.

---

(1) 2 vol. in-fol. (en arménien).
(2) P. 7 et suiv.

(3) Anania de Schirag, cité par le nouv. dict. arm., v° ֆշիտ.

FIN.

TABLE DES MATIÈRES.

—

FIN DE LA TABLE.

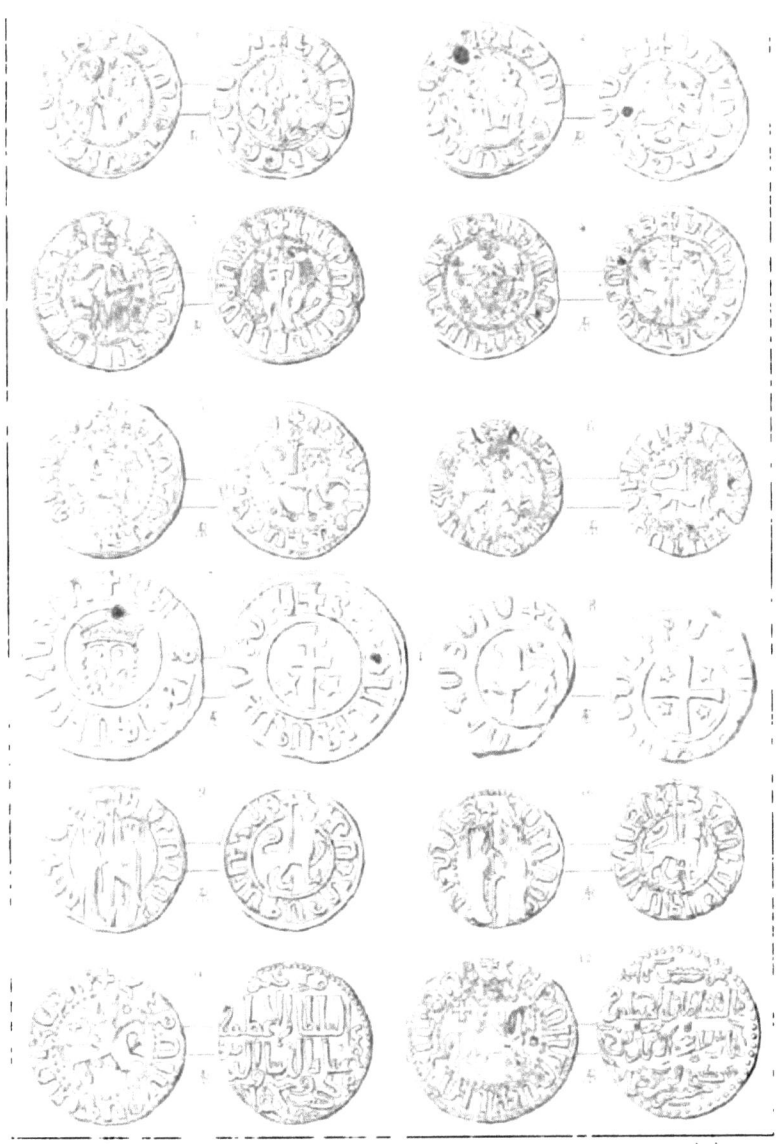

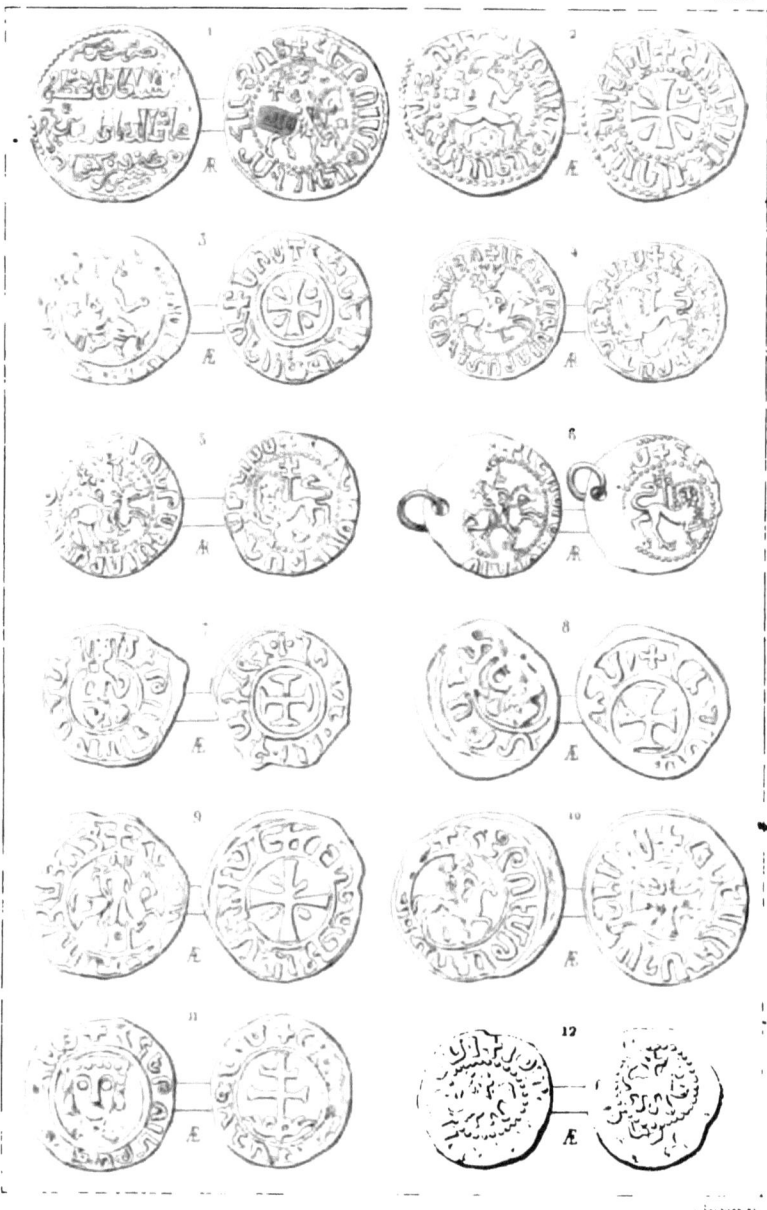

MONNAIES ARMENIENNES

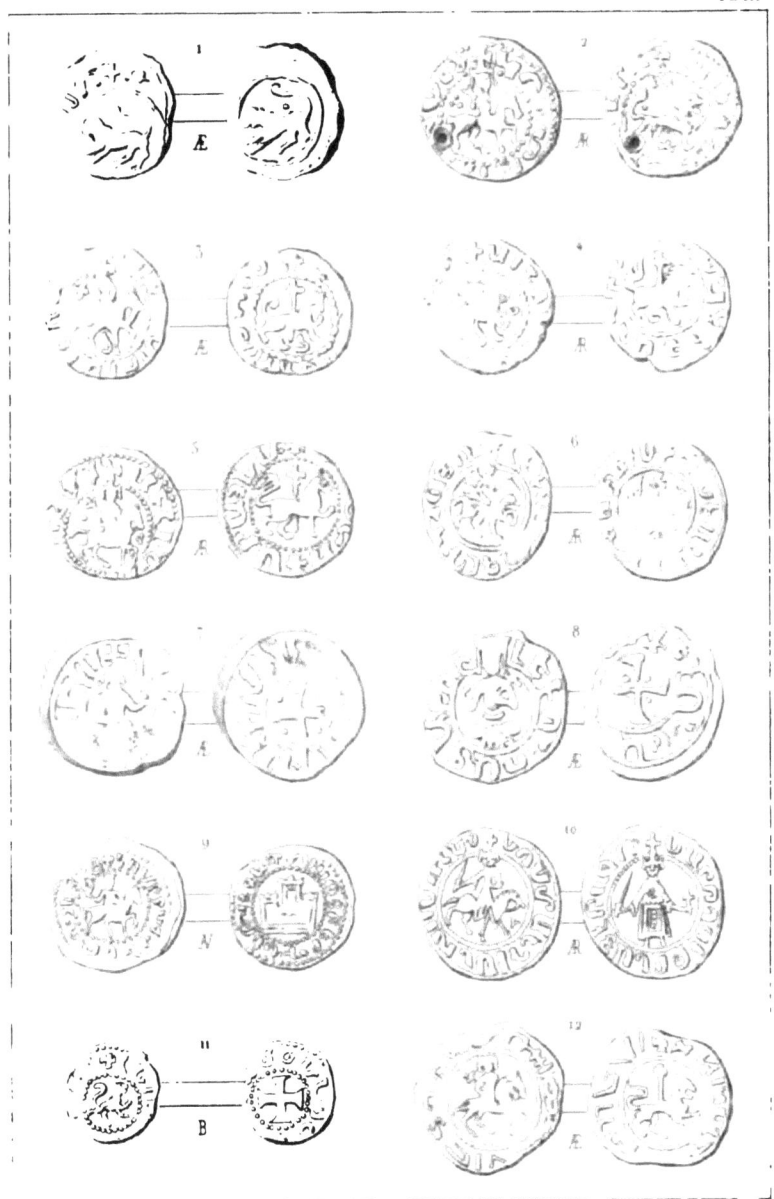

Ch Saunier sc

MONNAIES ARMÉNIENNES

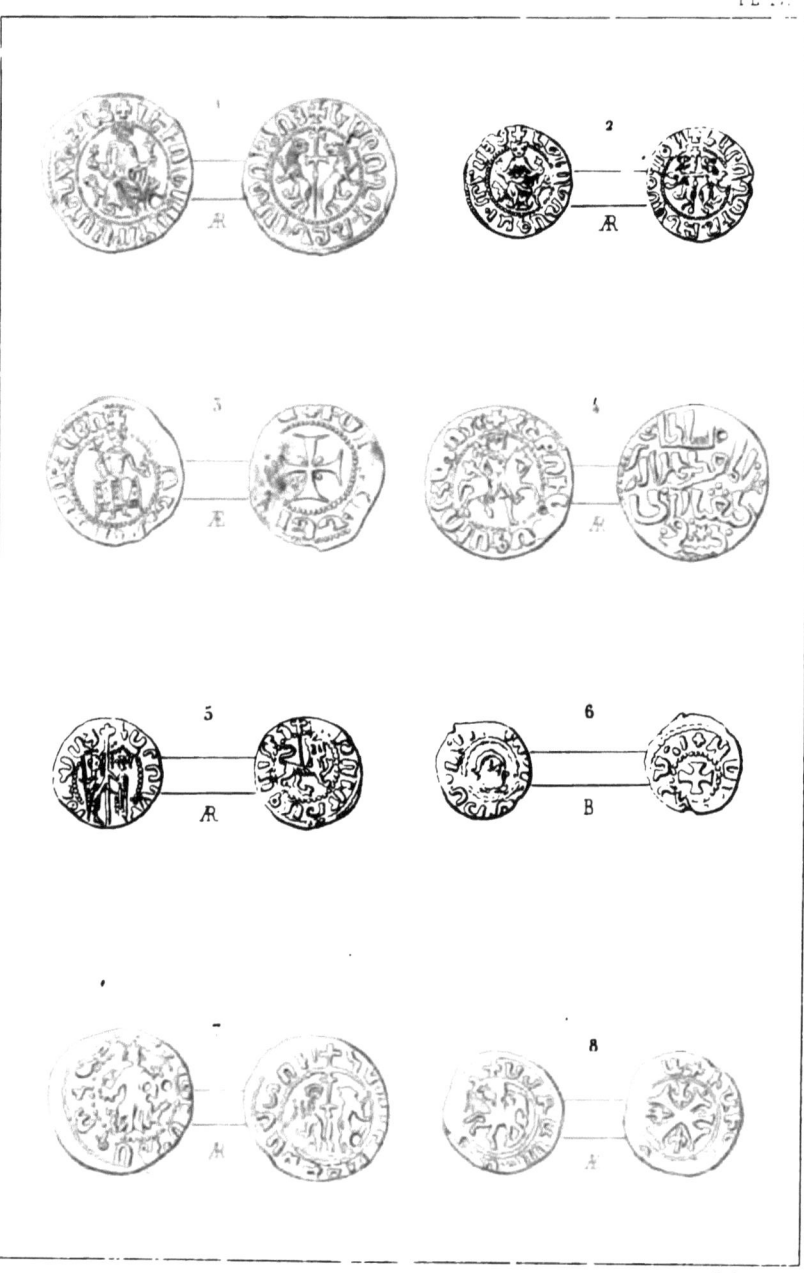

MONNAIES ARMÉNIENNES

Pl V

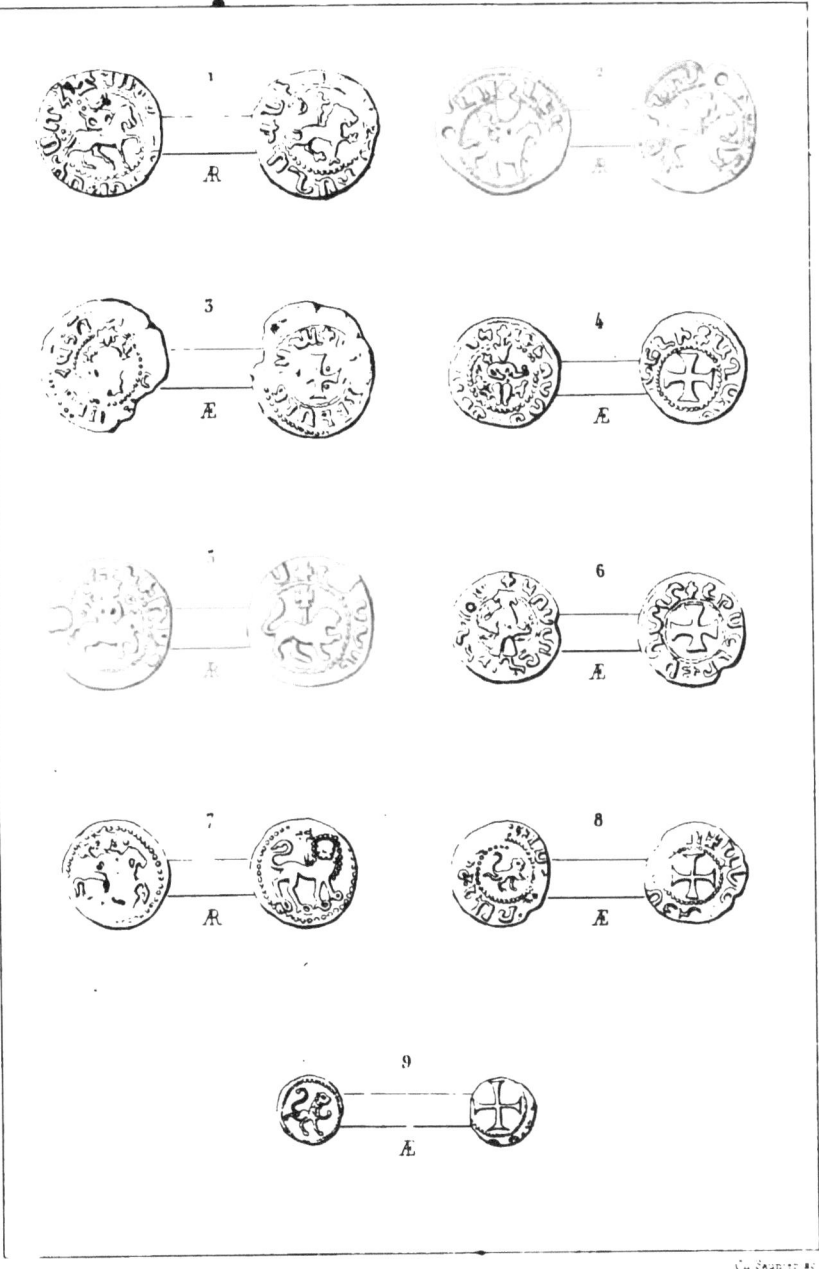

MONNAIES ARMENIENNES

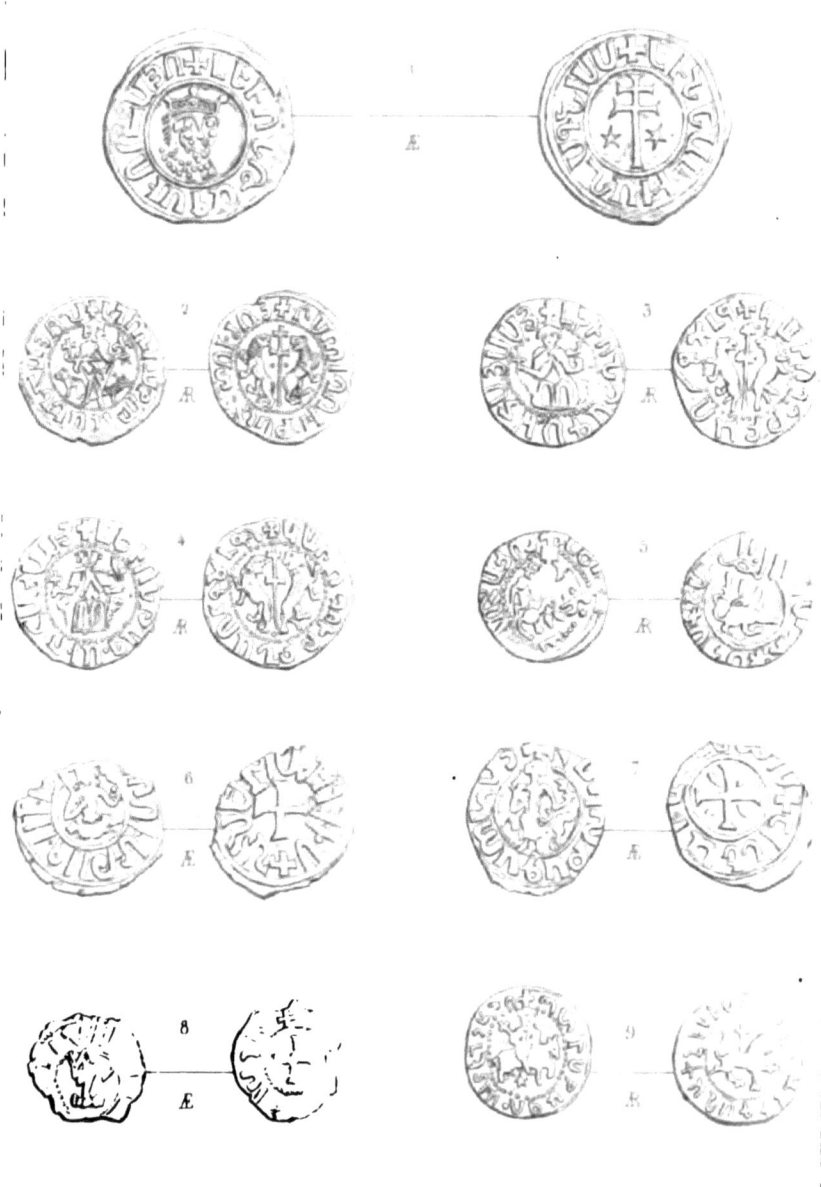

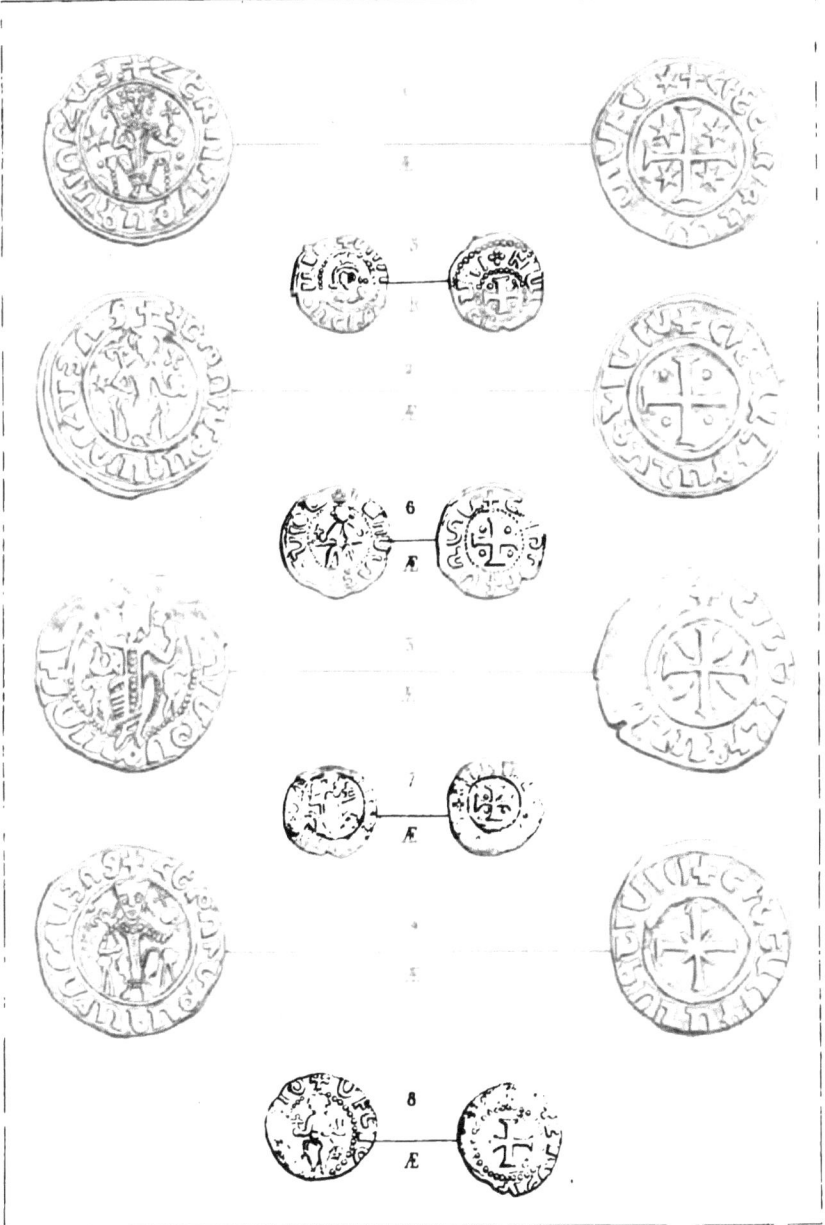